# 精神健康與輔導

認知行為治療的理論與案例

# 精神健康與輔導

## 認知行為治療的理論與案例

楊劍雲　吳日嵐　主編

商務印書館

精神健康與輔導 —— 認知行為治療的理論與案例

主　　編：楊劍雲　吳日嵐

責任編輯：蔡柷音

封面設計：涂　慧

出　　版：商務印書館（香港）有限公司

　　　　　香港筲箕灣耀興道 3 號東滙廣場 8 樓

　　　　　http://www.commercialpress.com.hk

發　　行：香港聯合書刊物流有限公司

　　　　　香港新界荃灣德士古道 220–248 號荃灣工業中心 16 樓

印　　刷：美雅印刷製本有限公司

　　　　　九龍觀塘榮業街 6 號海濱工業大廈 4 樓 A 室

版　　次：2023 年 2 月第 1 版第 3 次印刷

　　　　　©2016 商務印書館（香港）有限公司

　　　　　ISBN 978 962 07 6587 2

　　　　　Printed in Hong Kong

# 序一

　　在高度發展和現代化的大都會，生活壓力一般十分沉重，很多人受情緒病和精神病困擾。根據資料顯示，約百分之十三的香港成年人患上情緒病，包括抑鬱症和焦慮症，部分嚴重情緒病者更有自殺危機。事實上，抑鬱症已成為導致現代都市人死亡的第二號病患。

　　由於情緒病為香港人造成嚴重的影響，所以為情緒病患者提供適當的治療和支援是十分重要的。除藥物治療外，心理輔導是有效的治療方法，例如在過去數十年的實證研究顯示，認知行為治療是一項有效治療情緒病的心理輔導手法。

　　本書由香港浸會大學吳日嵐教授和楊劍雲博士編著，介紹如何在不同情緒病和精神病患上應用認知行為治療，並附以個案實例說明有關輔導手法，是一本難能可貴而值得輔導員和社工參考的著作。


錢大康
香港浸會大學校長

# 序二

　　在精神復康工作上，十分講求和推崇實證為本介入法（evidenced-based practice）。在過去數十年的實證研究顯示，認知行為治療對改善情緒病和精神病有明顯療效。本書主要是介紹由 Dr. Judith. Beck 所發展的高階認知行為治療法（Advanced model of cognitive behavioural therapy），並以個案實例說明如何運用這治療法於不同的情緒和精神病者上。

　　本書值得欣賞的地方，除了以深入淺出的方式，介紹高階認知行為治療法，並附以不同的個案實例，包括抑鬱症、焦慮症、飲食失調、病態賭徒、妄想症和精神分裂症等，說明有關介入手法。此外，本書附上很多圖表，讓讀者更容易掌握和應用有關的介入技巧，值得讚賞！

　　本書另一值得欣賞的地方，是將認知行為治療法結合其他理論，包括靈性和信仰（spirituality and faith）、正向心理學（positive psychotherapy）和污名化（stigmatization）等理論，以拓展認知行為治療的應用範圍和有關介入手法，實在難能可貴，很值得讀者參考。

　　最後，祝賀楊劍雲博士和吳日嵐教授成功出版這書，讓眾多讀者、輔導員、社工和學生受惠。

陳麗雲
香港大學思源基金健康及社會工作學教授
香港大學社會工作及社會行政學系教授

# 序三

　　隨着社會的快速發展，威脅人們精神健康的因素越來越多。根據中國衛生部公佈的資料顯示，全國精神疾病的患者約一億人，其中重型精神疾病患者約一千六百萬，需要精神健康專業服務的人羣至少有上億人。目前內地精神疾病的治療主要以藥物治療為主，心理治療遠遠不能滿足精神病患者治療與康復的需要。一方面是由於心理諮詢與心理治療專業人員的嚴重不足，另一方面是對精神疾病患者的心理治療缺乏有效的理論、模式和方法。

　　閱讀香港浸會大學楊劍雲博士編著的《精神健康與輔導——認知行為治療的理論與案例》的電子書稿，我一下子被吸引了，真想一口氣讀完它。相比國內很多認知行為治療或其他心理治療的書籍，這本書的特色鮮明且實用，通俗易懂，操作性強，實用價值高。全書以深入淺出的方式，介紹了認知行為治療理論與方法，並精心挑選了不同的個案實例，如抑鬱症的青少年和母親，有賭博成癮，精神病或妄想症的個案等，説明對不同的情緒病及精神病如何應用認知行為治療，每個案例都描述了個案的成長背景，疾病的形成和影響因素，治療的詳細過程和所使用的心理治療技巧方法，以及治療效果的評估。

　　此外，尤為難得的是，本書作者不僅僅通過各類精神疾病的心理治療呈現認知行為治療療法的應用，還引入對精神病患者去污名化、信仰、靈性和積極認知行為治療方法，使傳統的認知行為治療法在應用上避免只聚焦個體病理性的問題，還考慮到如何積極應用個體已有的信仰、中國傳統文化等自身優勢力量來解決問題；不僅僅關注問題的解決，還關注去污名化的重要性，以此呼籲社會為遭受心理問題困擾的人羣構建積極和支持的良好環境。

近年來，隨着心理諮詢與心理治療的發展，國內出版了多本認知行為治療的譯著和專著，但更多是專注於理論的介紹，像這本整合了認知行為治療理論與實際應用的專著還比較少見，本書正好填補了中文文獻的不足，是一本在精神健康治療領域中不可多得的參考書。

我深信本書的出版將對中國的社會工作者、心理諮詢師、心理治療師以及精神科醫生，尤其是精神疾病治療與康復領域中的同行有重要的指導意義和參考價值。我強烈地推薦本書，特別地，我向國內的同行強烈地推薦此書。


樊富珉
清華大學心理學系臨床與諮詢心理學教授
中國心理學會臨床與諮詢心理學分會副主任

# 序四

　　精神與身體健康是人生不可取代的需要。在今天忙碌的社會，我們很少運動，也生活在壓力下。本書非常及時地滿足了社區精神衛生業者的需求。

　　本書是一個很好的例子，從大學的知識轉移，以惠及社會。通過知識轉移，浸會大學繼續服務社區作為我們全人教育的一部分。我們的大學希望繼續回饋社會。

　　最後，祝賀楊劍雲博士和吳日嵐教授成功出版這書，讓他們深刻的知識使世界受益。


陳慶忠 (Ir. Dr. Alfred TAN)
香港浸會大學知識轉移處主管

# 編者序一

首先，多謝讀者的支持！我在 2013 年出版的著作《精神復康輔導工作——理論與個案》，一直受到讀者歡迎。讀者大多欣賞這書以深入淺出的方法，介紹應用於精神復康工作的幾個重要理論，並附以個案實例仔細介紹有關的介入手法。我對讀者這些正面評價和支持，感到十分鼓舞。因此，開始籌劃編著這新著作——《精神健康與輔導——認知行為治療的理論與案例》。

這本書的出版，是香港浸會大學知識轉移計劃（Knowledge Transfer Project）之一。這本書能順利完成，要多謝香港浸會大學知識轉移辦事處的支持，尤其是對本書出版事宜和相關培訓工作，給予寶貴的意見。另外，也要多謝這計劃的合作伙伴——靈火使團——對此計劃和出版本書的支持和參與。參與此計劃的靈火使團輔導員，全都是香港浸會大學青年輔導學碩士（現改為輔導學碩士）課程的畢業生。這些靈火使團輔導員，連同參與此計劃的其他輔導員，以個案研習方式，撰寫如何應用認知行為治療於個案工作上。

此外，要多謝香港浸會大學社工系系主任吳日嵐教授和其他老師，為本書撰寫一篇重要的文章——積極認知行為治療。吳教授揉合了積極心理學和認知行為治療理論，並結合多年輔導實踐經驗，發展出一種適合華人的積極認知行為治療，十分具參考價值。

這書的出版，也要多謝香港浸會大學校長錢大康教授、香港大學社會工作和行政學系陳麗雲教授、清華大學心理學系臨床與諮詢心理學教授樊富珉教授，和香港浸會大學知識轉移處主管陳慶忠博士為這新書撰序。他們對此書的正面評價和推薦，令這書被廣泛讀者、輔導員、社工和學生的信任和接受。

　　最後，我要獻這書予我內子程慧儀，答謝她一直對我在大學教書的工作和寫本書的支持和鼓勵，好讓我能專心寫作，完成此書。我也要獻這書予我兩名兒子——楊溢朗和楊溢生，讓他們知道在主耶穌基督的幫助下，我希望藉着出版此書，讓眾多讀者、輔導員、社工和學生，能提升其輔導技巧和果效，以協助患了情緒病和精神病的朋友，擺脫病患的困擾，重拾身心靈安康。

楊劍雲

# 編者序二

　　世界衛生組織的資料顯示，精神健康問題將會是重要的全球性疾病，其中以抑鬱症為甚。作為社會工作教育的老師，楊劍雲博士和我一直關注如何為受精神健康問題困擾的人士提供適當的治療或心理輔導，以培養他們解決困難的能力。我們積極從事精神健康輔導及教學工作多年，一直有志將過去從事認知行為治療的經驗編撰成書，以作為從事精神健康輔導工作同工的參考。

　　故此，於 2015 年開始，楊博士及本人聯同香港浸會大學青年輔導學碩士課程的畢業生以實踐經驗為基礎，結合華人心理學、積極心理學、靈性及信仰知識，撰寫成《精神健康與輔導——認知行為治療的理論和案例》一書。透過個案實例的討論及分析，促進從事心理輔導工作者的啟迪和反思。此書的完成，除有賴楊博士的努力堅持及各師生的參與外，我們亦感謝香港浸會大學知識轉移計劃的支持，謹此致謝。

吳日嵐

# 目錄

序一 錢大康 *i*

序二 陳麗雲 *ii*

序三 樊富珉 *iii*

序四 陳慶忠 *v*

編者序一 楊劍雲 *vi*

編者序二 吳日嵐 *viii*

前言 *xii*

作者簡介 *xiv*


**第一章 認知行為治療簡介**

第一節 認知行為治療學派 *2*

第二節 基本模式 *4*

第三節 高級模式 *5*

第四節 治療特點 *14*

第五節 如何應用在華人社會 *15*

第六節 三大介入法及成效研究 *19*


**第二章 改善抑鬱症：都市常見情緒病**

第一節 抑鬱症簡介 *24*

第二節 認知行為治療模式 *26*

第三節 個案工作實例一——容易被忽略的青年抑鬱症 *29*

第四節 個案工作實例二——學習壓力沉重的中五生 *53*

第五節 個案工作實例三——過分憂慮的母親 *67*

第三章　　針對厭食症、懼學症和病態賭徒的治療

第一節　　厭食症：日趨年輕化的進食失調症　　84
- 進食失調症簡介
- 厭食症的認知模式
- 個案工作實例——過度減肥的後果

第二節　　懼學症：情緒困擾，拒絕上學　　102
- 懼學症簡介
- 懼學症的認知模式
- 個案工作實例——考試帶來的焦慮感

第三節　　病態賭徒：香港病態比率較外國高　　122
- 病態賭博簡介
- 病態賭博的認知模式
- 個案工作實例——債台高築，眾叛親離


第四章　　妄念：引發思考和認知偏差

第一節　　妄念簡介　　142
第二節　　妄念的認知模式　　142
第三節　　個案工作實例一——妄想老師同學刻意針對　　148
第四節　　個案工作實例二——精神分裂症的殘餘病徵　　164


第五章　　靈性認知行為治療

第一節　　靈性與精神健康　　178
第二節　　靈性認知行為治療簡介　　180
第三節　　個案工作實例——以信仰改善負面信念　　182


第六章　　自我污名：內化負面觀點與偏見

第一節　　自我污名簡介　　198
第二節　　自我污名的認知模式　　200
第三節　　認知行為治療小組抗自我污名　　202

## 第七章　積極認知行為治療的實踐

第一節　　　積極認知行為治療簡介　*230*

第二節　　　積極認知行為治療法　*234*

第三節　　　積極認知重組研習——龜兔賽跑的啟迪　*248*


## 附錄一　內化污名量表　*256*

## 附錄二　認知行為治療常用輔導技巧　*258*

## 附錄三　積極認知行為治療方案　*265*

## 附錄四　系統減敏治療方案　*269*

## 參考資料　*273*

# 前言

根據香港近期的全港大型抽樣調查研究顯示，介乎 16 至 75 歲的本港人中，13.3% 患了情緒病[1]，2.5% 患了嚴重精神病。[2] 另外，根據香港政府統計處資料，香港於 2016 年中，介乎 15 至 74 歲人口數目約為 596 萬人。以此推算，估計香港約有 94 萬名青少年及成人患有情緒病及精神病，而當中約有 15 萬人患有嚴重精神病。此外，根據醫管局的統計，本港的精神病患者數目一直持續上升，這些病患者大多在社區居住和接受治療。[3]

治療精神病，藥物治療只是其中一種方法。實證研究顯示，個案心理輔導和社區支援服務亦有助病患者的治療和康復。在本港，論述精神病的個案心理輔導理論的中文書籍不多，尤其是將有關理論，附以個案工作實例作說明，更是寥寥可數。

本書主要介紹輔導員如何運用認知行為療法（Cognitive-Behavioural Therapy）的理論和特點，透過個案研習方式，介紹如何在不同的情緒病及精神病上應用認知行為治療，以及當中的輔導技巧。本書第一章主要介紹由 A.T.Beck 和 J.S.Beck 發展的認知行為治療基本模式和高級模式，會對這兩個模式的理念、特點和技巧作說明，並附以個案例子作詳細解釋。此外，亦會討論認知行為治療是否適用於華人社會。

第二至四章說明如何在不同的情緒病及精神病病患中應用認知行為治療，包括：抑鬱症青少年（第二章）、抑鬱症母親（第二章）、厭食症（第三章）、懼學症（第三章）、賭博成癮（第三

---

[1] Lam et al., 2015.
[2] Chang et al., 2015.
[3] 醫院管理局，2009。

章）、妄想症（第四章）和精神分裂症（第四章）等。透過個案研習，作者會分享他們運用認知行為治療進行輔導時的過程和技巧，包括：個案轉介原因、接案評估、個案成長和家庭背景、應用認知行為治療作個案分析、個案的自動化思想、思考偏差、中介信念和核心信念等，另外，還包括輔導目標、輔導技巧，輔導成效和輔導員的反省等。

此外，本書亦介紹兩個特別應用認知行為治療的方法，分別是協助受助者運用信仰和靈性（spirituality）處理情緒困擾（第五章），和協助受助者抵抗自我污名（self-stigmatization）（第六章）。靈性和信仰對促進精神病的治療和痊癒能起積極作用，包括：減輕精神病症狀、降低自殺率、降低藥物濫用率、改善生活質素等。靈性認知行為治療法（Spiritual Cognitive Behavioural Therapy）與傳統的認知行為療法不同之處，是嘗試運用案主的個人靈性和信仰、宗教誡命、宗教經典著作、詩歌和冥想等，去抗衡案主所持的非理性和不合理的負面思想。第五章介紹如何透過靈性認知行為治療小組，協助精神病患者從絕望中建立希望，以促進其痊癒和減輕病情。

自我污名是由於患者內化了社會對精神病患者的負面觀點和偏見，如精神病患者是情緒化的，是家庭的負累等。據編者的本地調查顯示，約四成精神病患者出現自我污名的情況，引致自尊感低和有抑鬱情緒。第六章會介紹如何透過認知行為治療小組協助精神病患抵抗自我污名，並會介紹小組內容和成效等。

最後，第七章會介紹積極認知行為治療的輔導技巧。作者結合正向心理學與認知行為療法的理論和多年實踐經驗，發展出一套適合華人的積極認知行為治療的輔導技巧。這套輔導技巧特別適合處理受助者的負面核心信念。另會介紹積極認知行為治療的輔導技巧。

# 作者簡介

楊劍雲　　香港浸會大學社工系助理教授

麥珮珊　　香港浸會大學青年輔導學（碩士）畢業生

殷詠詩　　香港浸會大學青年輔導學（碩士）畢業生

林淑蕙　　香港浸會大學青年輔導學（碩士）畢業生

吳惠卿　　香港浸會大學青年輔導學（碩士）畢業生

李彩燕　　香港浸會大學青年輔導學（碩士）畢業生

葛思恆　　香港浸會大學青年輔導學（碩士）畢業生

陳愷蓓　　香港浸會大學青年輔導學（碩士）畢業生

陳潔深　　香港浸會大學社會工作系兼職導師

吳日嵐　　香港浸會大學社工系主任

潘佳雁　　香港浸會大學社工系助理教授

趙芊嵐　　香港浸會大學社工系博士研究生

蘇細清　　香港浸會大學社會工作系講師

# 第一章

## 認知行為治療簡介

楊劍雲

# 第一節　認知行為治療學派

現代認知行為治療（Cognitive Behavioural Therapy, CBT）學派是包含不同理論和介入技巧的一個輔導或心理治療學派（family of interventions）。不同理論對於治療不同精神健康問題，可能會有不同的治療焦點和技巧，但這些不同的理論都認同認知行為治療的基本理念。[1] 較著名的理論，分別有：

（1）B. F. Skinner（史金納）的行為治療法（Behavioural Therapy, BT）；

（2）Albert Ellis（艾利斯）發展的理性情緒行為療法（Rational Emotional Behavioural Therapy, REBT）

（3）Aaron Beck（亞倫貝克）發展的認知治療法（Cognitive Therapy, CT）。

## 史金納：行為約制（Conditioning）

行為治療法中最具代表的學者為史金納。Skinner（1953）主張個人的行為是受着行為的後果所約制。因此，輔導員可透過強化（reinforcement）和懲罰（punishment）方法，有效改變受助者的行為。

## 艾利斯：非理性的思想規條（Irrational beliefs）

Ellis（2001）提出，每個人都有一套個人 "規則"（personal rules）（例如，我必須成功，我應該……）。這些規則決定我們如何應對生活。每個人的規則是獨特和不同的。有些規則是合理的（rational），有些則是弄巧成拙的（dysfunctional）或不合理的（irrational）。不合理的規則對個人的發展構成障礙，甚至會造

---

[1]　Holfman & Reinecke, 2008.

成情緒病。根據艾利斯的研究，常見的非理性的思想規條包括：

1. 我需要被身邊的人喜愛和肯定。我必須避免任何人不喜歡我或不肯定我。

2. 我必須在每一件事情有好表現、有成就，及沒有任何錯誤，做人才有價值。

3. 每個人必須行為正確。如果我的行為令人感到討厭，不公平或自私時，我必須被指責和處罰。

4. 當事情沒有按照我的期望發生時，我會覺得很糟糕。

5. 所有不愉快事件的發生，都不是我所能控制的。我能夠做到的實在太少，許多外部因素都超出了我的控制範圍。

6. 我必須要常常擔憂那些可能是危險的、不愉快的或可怕的事情，否則它們可能會發生。

7. 當困難來臨時，我認為設法逃避比面對困難容易。

8. 每個人都需要依賴比自己強大的人。

9. 我現在的困難，都是由我過往的問題造成，這些問題一直都困擾我的心情和行為。

10. 每當別人有困難時，我應該感到煩惱；當他們傷心時，我應該感到不開心。

11. 我不應該感受痛苦。我不能忍受痛苦。為逃避這些痛苦，我不惜一切代價。

12. 每個問題都應該有一個理想的解決方案。我不能忍受找不到解決方案。

## 亞倫貝克：思考偏差（Cognitive distortion）

亞倫貝克（Beck, 1976; Beck & Dozois, 2010）主張，個人持有負面思想內容，是因為個人在資訊處理上存在偏差和錯誤（思考偏差）。此外，亞倫貝克亦提出個人的思想、情緒、行為和生理病徵是相互影響的。當面對生活壓力事件，個人會建立負面思想，而這負面思想會造成負面情緒、行為和生理病徵。根據亞倫貝克的研究，情緒病患者存在以下常見的思考偏差：

1. 無根據主觀判斷（Arbitrary inference）
2. 斷章取義（Selective abstraction）
3. 以偏蓋全（Over-generalization）
4. 誇大貶低（Magnification and minimization）
5. 諉過於己（Personalization）
6. 先入為主（Labeling）
7. 非黑即白（Polarized thinking）

## 第二節　基本模式

現代認知行為治療包含以上三個理論和其他相近的理論。簡單來說，認知行為治療提出，個人的思想、情緒和行為是相互影響的。一個人受情緒困擾是由於他／她面對壓力事情時，他／她抱持負面思想和偏差評價，而引發他／她的負面情緒和不良行為。

表 1.1：思想、情緒和行為的關聯表

| 事件 | 對事件的評價和看法（思想） | 引發相關情緒 | 相關行為問題 | 相關生理問題 |
|---|---|---|---|---|
| 曾多次在工作上失誤 | 認為公司計劃解僱他 | 焦慮和不安 | 逃避上司 | 手心冒汗 |
| 當親人病重入院 | 認為親人即將病逝 | 哀傷 | 躲起來，不願意見人 | 胃口欠佳 |
| 當蒙受巨額金錢損失 | 認為是被欺騙所致 | 憤怒 | 向人投訴 | 睡眠欠佳 |

　　認知行為治療主張，要協助情緒患者改善負面情緒，需要改變患者的負面思想。透過輔導員的輔導和介入，患者能將所持的負面思想，改變為較正面的思想。伴隨着思想從負面改變為正面，個人的情緒亦隨即從負面改變為正面。這種認知行為治療理論模式，是認知行為治療的基本模式，亦被稱為"認知行為治療A-B-C-D-E 模式"。[2]

認知行為治療 A-B-C-D-E 模式

A　➡　B　➡　C
　　　⬆
　　　D　➡　E

A（Activating event）：壓力事件
B（Beliefs）　　　　：負面思想和信念
C（Consequences）：負面情緒和行為後果
D（Dispute）　　　 ：認知介入（如辯論、反思），將負面思想改變為正面思想
E（Effects）　　　　：新情緒和行為後果

## 第三節　高級模式

　　在 20 世紀 90 年代，認知行為治療有進一步發展。Judith S. Beck（2011）發展出高級認知治療模式（Advanced model of cognitive behavioural therapy）。她提出個人的負面情緒，受三個不同層次的負面思想影響，分別是自動化思想、中介信念

自動化思想

中介信念

核心信念

---

[2]　Ellis, 2001.

和核心信念。這三個不同層次的負面思想，又會互相影響另一次的負面思想。

表 1.2：自動化思想、中介信念和核心信念之比較

| 核心信念 | 中介信念 | 自動化思想 |
|---|---|---|
| 基礎 | 規條、假設 | 思想迅速出現 |
| 固定 | 相對核心信念，較容易修訂 | 暫時性 |
| 絕對化 | 應用於生活各範圍 | 由特定處境引發 |
| 負面："我是失敗者。"<br>正面："我 OK!" | "我必須……"<br>"如果……就必會……" | 思考偏差<br>"我一生將毫無成就！"<br>（災難化） |

## 自動化思想（Automatic thought）

自動化思想是指一些負面思想的內容，會慣性及快速地被引發出來，好像沒有經過深思過程，及被受助者沒有批判地接受了（uncritically accepted）。這些自動化思想的思想內容，可透過言語表達出來，容易被別人察覺。此外，自動化思想較為不固定（unstable）、暫時性（temporary）和由特定處境引發（situation-specific）。然而，因着受助者思考偏差（cognitive distortion）的影響，這些自動化思想的思想內容傾向重複和有偏頗。

常見的思考偏差包括以下各種：

- **妄下判斷（Arbitrary inference）**：在沒有客觀證據支持下，對人和事作出負面結論。例如："我 DSE 成績很差，現重讀中六。我的朋友都能升上大學。他們一定看不起我！我不想跟他們聯絡。"

- **諉過於己（Personalization）**：每當問題出現時，往往把

責任歸咎於自己身上，並認為是自己的錯。例如："都係我唔好，我沒有好好督促兒子讀書！他現在越來越無心機讀書，令他學業成績越來越差，科科都不合格。都係我的錯！"

- 選擇性選取（Selective abstraction）：傾向專注於人和事之負面方面，並基於這些負面資料下結論。受助者傾向選取有關自己、世界和未來的負面經驗和資訊，以支持他們對這三方面的負面看法，並完全忽略在這些方面的正面經驗和資訊。例如："媽媽很偏心，她只喜歡妹妹！媽媽送給妹妹的生日禮物特別趣緻，但她送給我的生日禮物只是一個普通的銀包。此外，媽媽常常叫我做很多家務，但妹妹只需做很少很輕巧的家務！"

- 以偏概全（Over-generalization）：從一些個別事件和不重要經驗所得出的結論，應用於生活的多個方面。例如："我覺得周圍的人都對我不好！我今早起床梳洗後，被母親話我弄濕地板，容易令人滑倒。此外，當我外出食早餐，又被收銀員話我說話細聲，講説話不清楚。我覺得沒有一個人對我好！"

- 非黑即白（Dichotomous thinking）：看事情傾向只有一種絕對的結果，不是"對"便是"錯"，不是"全部都是"就是"全部都不是"，沒有中間灰色地帶。例如："我數學考試只得 55 分，十分差！另外，我只考到鋼琴二級，都唔夠別人叻。我沒有任何優點！"

- 誇大和貶低（Magnification and minimization）：傾向過分高估不愉快經驗的重要性，並同時低估生活正面經驗的重要性。持這種思考的人甚至會將負面經驗的嚴重程度設想至災難化（catastrophic）程度。例如："我班有三位同學常常欺負我，取笑我！其他同學則很少和我傾談。我不知點做⋯⋯但我受夠了，我忍受不了，我不想返學！"

- 感情用事（Emotional reasoning）：指受助者以感覺作判斷或結論，而忽略客觀事實。例如："我今早心情一直欠佳。我知道我下午見工面試註定失敗！"

- "應該或必須"句子（Should / must statement）：受助者對自己有很多應該要做或必須要做的要求。當他們未能達到這些應該或必須的要求時，往往感到內疚和挫敗。例如："我爸爸是成功商人。爸爸一直對我的要求很高。我對自己的要求也很高。我必須有優異的學業成績和領導才能！"

- 以他人評價來衡量自我價值（Externalization of self-worth）：受助者以其他人如何評價自己，作為自我評價的準則。例如："在母親眼中，我是個最沒出息的女兒，成績和課外活動表現都唔夠好！令她在親戚朋友前丟臉！我真無用！"

- 完美主義（Perfectionism）：受助者做事追求完美，對自己構成很大壓力。例如："我要在工作上將每一事情都做到最好，沒有任何錯誤，否則我會被上司批評。那時，我會覺得自己很失敗！"

- 完全控制（Control fallacy）：受助者必須控制所有人和事上可能出現之危機。例如："在太太準備生 BB 一事，我要思考所有可能發生的處境和問題，並訂定對策，務求排除任何可能出現的問題！"

自動化思想的負面思想內容除了受思考偏差影響外，也受着受助者的不良信念所影響，如 "做人要有價值，就要被所有人所接受及喜愛"。這些不良信念被視為深層認知層面（deep cognition），而自動化思想屬表層認知層面（surface cognition）。作為深層認知層面，不良信念不易被別人察覺。這些不良信念傾向固定（rigid）、極端（extreme）和有不良效果（counter productive）。而深層信念分為兩種：核心信念（core beliefs）和中介信念（intermediate beliefs）。

## 核心信念（Core beliefs）

核心信念是指人對於自己、他人和世界所持的一些特殊及基本信念。核心信念屬深層認知層面，是基本的、固定的、絕對化及可應用於生活各範圍。這些核心信念往往是在幼年時期開始發展的。成長後，這些核心信念被埋藏在記憶中，當遇上壓力或危機時，才被引發出來，並影響着受助者的思想、情緒和行為。患有抑鬱症的受助者往往透過負面的核心信念（例如："我無用！""我無價值！"）來解釋周圍的人和事，像戴了一副有色眼鏡看世界一樣。

核心信念大致分為兩類：無助和不討人喜歡。無助的核心信念是與無助感和沒有能力有關；不討人喜歡的核心信念與得不到別人接受和沒有價值有關。以下是一些有關這兩類的核心信念的例子[3]：

表 1.3：核心信念

| 無能力的核心信念 | 不討人喜歡的核心信念 |
| --- | --- |
| 我是無助的 | 我是不可愛的 |
| 我是無法掌控的 | 我是不受歡迎的 |
| 我是容易受傷的 | 我是得不到別人關心的 |
| 我是軟弱的 | 我是沒有人要的 |
| 我是無能的 | 我會被別人拒絕 |
| 我是個失敗者 | 我會被別人遺棄 |
| 我是不夠好的 | 我不值得別人愛我 |

---

[3] Beck, 2011;Westbrook, Kennerley & Kirk, 2007 及楊劍雲，2013。

## 中介信念（Intermediate beliefs）

當人們持有核心信念時，他們會形成一些假設和規則。當他們面對特定的情境時，他們會用一套一般性的規則去理解、預測和回應該情境。而精神病患者因持有一些負面的核心信念，以致他們形成一些負面的、不良的假設和規則（Dysfunctional rules and assumptions），並利用它們去面對日常生活。這為他們在患病的時間裏帶來沉重的壓力、挫敗、失望和氣餒。負面和不良假設的其中一些例子有："如果我不能獲取好成績，我便是一個失敗的人"和"如果別人不理睬我，我一定是做得不好"。負面和不良的規則的其中一些例子有："我必須得到別人的讚賞"和"我應該把事情做得盡善盡美"。這些規則可能曾為他們在過去的一段人生歷程中帶來成長動力，但在患有情緒病的處境下，這些規則成為他們沉重的心理壓力，往往帶給他們失望、挫敗、沮喪和無助感。

個

案

### 對子女期望過高

以下以個案實例顯示上述有關認知行為的觀念，如：思考偏差、中介信念和核心信念等觀念，如何應用於情緒病患者身上。

自幼父母親對受助者阿傑有很高的期望，期望阿傑的學業成績優異和未來事業有卓越發展。父親常喜歡將阿傑與兩個堂兄姊比較，他們均有良好的學業成績和工作成就。母親花了很多時間照顧患有活躍症的弟弟，他學業成績和自我照顧能力欠佳。阿傑從他的父母獲得較少關愛。此外，父親以較嚴厲的方法管教阿傑，並督促阿傑在生活的各個方面（如研究、音樂和體育）多加努力，以取得優異的表現。當阿傑沒有努力讀書和溫習時，爸爸便非常生氣，並會責罵阿傑。

當時，阿傑發展出個人的核心信念有：“我是一個失敗者。”，“我毫無價值。”。為了獲得父母的關注和讚賞，阿傑付出很大的努力去讀書和學彈鋼琴。漸漸他發展出其中介信念：“我需要有成就，否則，我是一個失敗者。”（假設），“我必須努力，才能有成就。”（規則），“如果我努力學習，我可以有良好的學術成果。”（假設）。在小學時期，由於阿傑能在學業和音樂獲取令人滿意的表現，他可以對自己保持積極的核心信念：“我 OK！”。此外，小學老師對他很好，阿傑因此認為別人、世界和未來都是積極的：“我的父母和老師都喜歡我，他們總是誇獎我。”，“我可以進入聲譽良好的中學讀書！”。

在中學時期，阿傑在一所聲譽良好的中學就讀，但同學間出現高度競爭的氣氛。阿傑希望獲得成功，能進入最好的班。但是他的社交技巧欠佳，其他同學不歡迎他，令他缺乏朋輩支持。他很擔心自己的學業成績，對考試感到很大壓力。如果學業成績未如理想，他會感到十分挫敗和不開心。然而，在唸中四後，阿傑發現即使他付出額外的努力學習，他的成績仍然持續退步。在中四下學期，阿傑出現睡眠欠佳，上課時不能集中精神等問題。

高考時，阿傑感到壓力很大，睡眠欠佳，不能集中精神溫習，食慾不佳。最後高考成績欠佳，他不能升讀大學。他和父母都非常失望。繼而，阿傑的負面核心信念（“我是一個失敗者”，“我毫無價值”）成為主導思想。他還相信：“我不能在高考有好成績，我將不會有任何成就。”，“如果我沒有任何成就，我就成為一個失敗者。”，“即使我付出額外的努力，仍不能得到更好的高考成績。”（負面假設）。同時，他對重考高考信心不足，對重讀缺乏動力，認為：“重讀高中或參加補習班是浪費時間。”（態度）。現在，每當談到受助者的讀書計劃，阿傑總是說：「我的高考成績非常糟糕。」（非黑即白），「我不可能得到更好的高考成績。」（妄下判斷），「我沒有任何成就。」（以偏概全），「我一生沒希望，沒出息。」（災難化）。此外，阿傑拒絕參加社交聚會，表示「我無法升上大學，其他同學會取笑我，看不起我。」（讀心術）。

　　阿傑常關在房間哭，常常流露對「自我」和四周人物持有的負面看法，如：「我是一個失敗者。」，「沒有任何人可以幫助我。」，「我是沒有前途的。」等等。此外，阿傑有退縮行為，不願意參加社交聚會，又缺乏學習動機，拒絕參加補習班。假期常閒置在家休息，不願意做家務，花了很多時間在玩網絡遊戲，拒絕參與其他活動。同時，阿傑表示睡眠欠佳，常訴說頭痛，日間常感疲倦等。後來，他被醫生診斷患上抑鬱症。

# 抑鬱症的認知模式

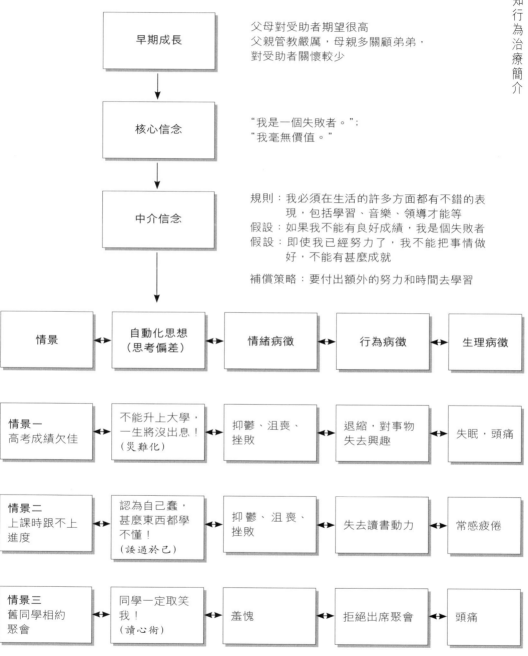

| 早期成長 | 父母對受助者期望很高<br>父親管教嚴厲，母親多關顧弟弟，<br>對受助者關懷較少 |

| 核心信念 | "我是一個失敗者。"；<br>"我毫無價值。" |

| 中介信念 | 規則：我必須在生活的許多方面都有不錯的表<br>　　　現，包括學習、音樂、領導才能等<br>假設：如果我不能有良好成績，我是個失敗者<br>假設：即使我已經努力了，我不能把事情做<br>　　　好，不能有甚麼成就<br><br>補償策略：要付出額外的努力和時間去學習 |

| 情景 | 自動化思想<br>（思考偏差） | 情緒病徵 | 行為病徵 | 生理病徵 |

| 情景一<br>高考成績欠佳 | 不能升上大學，<br>一生將沒出息！<br>（災難化） | 抑鬱、沮喪、<br>挫敗 | 退縮，對事物<br>失去興趣 | 失眠，頭痛 |

| 情景二<br>上課時跟不上<br>進度 | 認為自己蠢，<br>甚麼東西都學<br>不懂！<br>（諉過於己） | 抑鬱、沮喪、<br>挫敗 | 失去讀書動力 | 常感疲倦 |

| 情景三<br>舊同學相約<br>聚會 | 同學一定取笑<br>我！<br>（讀心術） | 羞愧 | 拒絕出席聚會 | 頭痛 |

修訂自 Beck J.S.（2011）認知治療模式

# 第四節　治療特點

綜合眾多學者的觀點，[4] 認知行為治療的特點包括：

## 1. 治療風格（therapeutic style）

輔導員多採取主動和引導的治療風格，主動向受助者提問，獲取受助者困擾的資料，以作進一步分析和評估，並完成個案概念化（case conceptualization）。

## 2. 與受助者建立合作式的治療關係（collaborative relationship）

輔導員需與受助者建立合作式的治療關係，並透過各種輔導技巧，包括同理心、專注聆聽、真誠的關心，與受助者建立信任、接納、尊重和關懷的治療關係。

## 3. 目標取向（goal-directed）

在輔導初期，輔導員和受助者會協議清楚要處理哪些情緒問題和治療目標，適時檢討治療進展和目標達成的程度。

## 4. 結構和有時限（structured and time limited）

面談有既定程序，包括：檢視當刻的情緒、回顧上次面談後進展、討論是次面談議題、設定家課（home assignment）等。此外，面談的次數是有時限的，一般由數次至十四次。但有個別個案需要較長的輔導時間。

## 5. 檢查和改變負面思想

認知行為治療強調受助者對生活事件的負面思想，造成負面情緒和行為，主張協助受助者檢查和改變負面思想，藉此改變負面情緒和行為。

## 6. 多元化的介入技巧

輔導員會運用多元化的介入技巧，包括認知治療法、情緒

---

[4] Beck, 2011; Simmons & Griggiths, 2009; Wills, 2008.

治療法和行為治療法等，幫助受助者（詳見下文）。

**7. 教導受助者成為他們自己的治療師（being their own therapists）**

輔導員在治療初期會採取較主動角色，但在治療中和後期，輔導員鼓勵受助者擔當主動角色，教導他們如何處理自身的情緒困擾，包括：檢視情緒困擾程度，運用從輔導中學習的技巧，藉此改變相關的負面思想、情緒和行為。

# 第五節　如何應用在華人社會

認知行為治療理論主要在西方文化和社會發展出來，[5] 曾有學者質疑認知行為治療能否直接應用於非西方文化和社會，包括華人社會。[6] 近期的研究顯示，認知行為治療能適應（compatible with）中國文化[7]和其他文化。[8]認知行為治療的一些特點，包括：結構（structure）、目標明確、解難導向（solution focus）、着重思想和行為的糾正（thinking and behaviour）、輔導員主動和引導式取向（active and guided therapeutic style）等，均受華人受助者歡迎。[9]

受傳統中國文化尤其是儒家思想的影響，華人對權威（authority）和專家（expert）十分尊重，因此對認知行為治療輔導員採取主動和引導式取向，並不抗拒，[10] 並認為能從輔導員的專業意見中，得到幫助和指引。[11] 此外，受助者很害怕丟臉（loss

---

[5] Henrith, Heine &Norenrzayan, 2010.
[6] Cheung, 2012.
[7] Lin, 2002; Hodges & Oei, 2007.
[8] Miranda et al., 2003.
[9] Lin, 2002; Hodges & Oei, 2007; Wong, 2011.
[10] Lin, 2002; Hodges & Oei, 2005.
[11] Lin, 2002.

of face），[12] 因此對分享內心感受有保留，擔心其內心感受不被別人接受，甚至被別人批評。[13] 中國文化重視教育和學習，對於糾正負面的思想和行為，較容易被華人受助者接受。此外，華人多期望心理輔導能有清楚目標、清楚輔導手法、短期、具結構和規則，並期望從輔導員學習到些實務（practical）和有效（effective）的方法，去處理其情緒困擾。[14] 相對地，對輔導目標和方法模糊，並在輔導初期強調探索深層感受的心理輔導，較為抗拒。[15]

學者和研究指出，認知行為治療經過適當的修訂下，能更有效協助華人受助者處理情緒困擾。[16] 事實上，認知行為治療曾成功協助華人受助者處理其抑鬱症症狀、[17] 精神分裂症症狀、[18] 長期病患引發的情緒困擾等。[19] 適當修訂認知行為治療的方法包括：

1. 雖然華人受助者接受輔導員以權威、主動和引導的取向，但輔導員亦需要與華人受助者建立合作式的治療關係（collaborative relationship），並透過這合作式的治療關係，與受助者建立信任、接納、尊重和關懷，鼓勵受助者為他／她自身的困擾，扮演積極的角色，[20] 尤如輔導員助理般，[21] 配合輔導員的引導，完成家課、技巧訓練，糾正負面思想等。

2. 將認知行為治療的觀念，從西方文化概念翻譯為中國文化的概念。例如，認知偏差（cognitive distortion）翻譯為思想陷阱 [22] 或思考偏差；將中介信念（intermediate beliefs）

---

12 Ng et al., 2013.
13 Chen & Devenport, 2005; Ng et al., 2013.
14 Hodges & Oei, 2005.
15 Chen & Davenport, 2005.
16 Lin, 2002; Hodges & Oei, 2007; Wong, 2007; Ng et al., 2013.
17 Shen & Alden, 2006; Wong, 2009.
18 Li et al., 2015.
19 Wong, 2007.
20 Lin, 2002.
21 Chen & Devenport, 2005.
22 Wong, 2011.

翻譯為偏執思想或思想規則；將核心信念（core beliefs）翻譯為自我信念。這些翻譯，會令華人受助者容易接受和明白。

3. 輔導員可多運用認知行為治療的圖表工具，如認知概念圖（case conceptualization）、思想記錄（thought record）、圓形圖（pie chart）、得失衡量表（cost and benefit analysis）、量度尺（scaling ruler）等，以幫助華人受助者明白和接受認知行為治療。[23]

4. 受傳統中國文化影響，華人受助者接受一些固有的觀念，如要孝順和順服父母。子女難以抗拒父母的教導，當中包括一些從他們角度來看難以做到的信念和教導方式（如必須努力、出人頭地、為家族爭光）。要求華人受助者在改變負面思想時（如 "我必須出人頭地，為家族爭光，否則我是無用的"），會令他們覺得自己違背父母的教導，是不孝順的表現，因而抗拒改變這些負面思想，甚至可能會加強了個人負面情緒。[24] 輔導員可引導他們了解父母持有這些信念和教導方式，是從父母獨特的成長背景發展而成，但這些信念和教導方式未必適切受助者現時的處境和條件（如現今社會競爭激烈但進升機會卻日漸減少，縱使努力，也難以達致出人頭地），如果過分執着這些信念和教導方式，往往會為他們帶來壓力、挫敗和沮喪。要他們改變這些負面思想，並不表示受助者不孝順父母，只是父母的教導和信念，不再適合受助者現時的處境和條件。

另一方面，傳統中國文化一些優良思想和哲學，也可以運

---

[23] Wong, 2011.
[24] Chen & Davenport, 2005.

用在認知行為治療中。

1. 傳統中國文化的陰陽理論（Yin-yang theory）可作適切融入治療中，更有效協助華人受助者。[25] 陰陽理論指出任何事物（包括個人），都同時擁有陽光面和陰暗面。在個人的情緒層面，個人同時有陰暗面和陽光面，即每個人內心同時有負面和正面情緒。陰陽理論進一步指出，當個人陰陽失衡，會形成疾病。例如個人在一段時間內，抑鬱情緒持續過分高漲，遠遠超過開心情緒，便可能患上抑鬱病。因此，個人需尋求陰陽平衡，即負面和正面情緒的平衡，以達致心理和情緒健康。輔導員可以運用這陰陽理論於認知行為治療中。例如，雖然情緒病患者受持續高漲的負面情緒困擾，輔導員可提醒和鼓勵患者仍可發現和運用其內在陽光面，包括個人強項、優點、應付能力、環境資源和其他人的幫助等，藉此協助受助者面對情緒病患的同時，能建立克服病患的信心，和保持正面的自我形象。

2. 傳統中國文化思想有正反相生，陰陽轉化的辯證轉化（dialectic）特點。[26] 其中，物極必反就是這個意思。很多辯證轉化思想可以用在個人生命歷程上，例如：塞翁失馬，焉知非福；船到橋頭自然直；苦盡甘來等，都表示個人在面對人生困難時，往往有出人意表的結果，因而不必灰心絕望。認知行為治療可運用這些傳統中國文化辯證轉化思想，藉此改變案主的負面思想。例如，曾有個案人士常為兒子的未來發展擔心和焦慮，"船到橋頭自然直"這思想配合其他治療，能稍為幫助她減少擔心和焦慮情緒。

---

[25] Lee et al., 2009; Ng et al., 2013.

[26] 吳，2013。

# 第六節　三大介入法及成效研究

認知行為治療的介入技巧十分多元化，一般來說可分為三大類：認知治療法、情緒治療法和行為治療法。[27]

## 1. 認知層面介入法（Cognitive intervention）

- 引導發現（Guided discovery）
- 思想記錄（Thought record）
- 行為實驗（Behavioural experiment）
- 重新歸因（Re-attribution）
- 去災難化（De-catastrophizing）
- 挑戰二分思維（Challenging dichotomous thinking）
- 理性情緒的角色扮演（Rational-emotional role play）
- 成本效益分析（Cost-benefit analysis）

## 2. 情緒層面介入法（Emotional intervention）

- 描述情緒反應（Labeling emotional response）
- 呼吸和放鬆（Breathing & relaxation）
- 引導意象鬆弛（Guided imagery relaxation）
- 認知彩排（Cognitive rehearsal）
- 系統減敏法（Systematic de-sensitization）
- 分散注意力（Distraction）
- 重新專注（Refocusing ）
- 正念（Mindfulness）

---

[27] Beck, J.S., 1995; Freeman et al., 2004; MacLaren & Freeman, 2007; Mulhern, Short, Gant & Mills, 2004; Willis, 2008; 楊劍雲，2013。

## 3. 行為層面介入法（Behavioural intervention）

- 活動重新調度（Activity re-scheduling）
- 技能培訓（Skills training）
  - ➤ 角色扮演（Role play）
  - ➤ 教練（Coaching）
- 解決問題的能力（Problem solving skills）
- 等級任務分配（Graded task assignment）
- 暴露療法（Exposure therapy）
- 適當的應付技巧（Appropriate coping skills）
- 家課（Home work assignment）

有關認知行為治療基本介入技巧的簡介，請見書末附件一。

## 負面信念（包括核心）的介入技巧

運用上述認知行為治療（高級模式）作輔導時，其中一個重要環節，是協助受助者改變其持有的負面核心信念。為此，筆者和其他同事在結合了理論和實踐經驗後，嘗試發展出能協助本地華人轉變負面信念（包括核心）的介入技巧。請見表 1.4 作簡介，並參閱第七章，有關運用這介入技巧的介紹。

## 認知行為治療成效研究

早於 1970 年代，便開始有研究員以隨機對照研究探討認知行為治療對情緒病患者的治療效果。近期，有學者檢視超過三百多份有關認知行為治療的成效研究，結果顯示認知行為治療能有效治療多種精神病，包括抑鬱症（Depression）、焦慮症（Anxiety）、精神分裂症（Schizophrenia）、燥狂抑鬱症（Bipolar）、成癮（Addiction）、飲食失調（Eating disorder）、性格失調

（Personality disorder）、身心症（Somatoform disorder）和暴力（Aggression）等。[28]

---

[28] Beck, 2010; Bulter et al., 2006; Hofman et al., 2012; Jauhar et al., 2014; Twomey et al., 2015.

情景（時間、地點、人物、事件）
_____

| ↓ | ↑ |
|---|---|
| **情緒困擾**<br>當上述情景發生時，你有哪些情緒 / 感受？<br>（0 -100）分 | 以開放積極思想面對上述情景發生時，你有哪些正面情緒 / 感受？<br>（0 -100） 分 |

| ↓ | ↑ |
|---|---|
| **思考偏差**<br>當上述情景發生時，你有上述感受時，你當時有甚麼想法？ | **開放積極思想**<br>以正面核心信念 / 自我信念對上述情景發生時，你有哪些開放積極思想？<br>_____ |

|  |  |
|---|---|
| 諉過於己 | 以偏概全 |
| 非黑即白 | 誇大和貶低 |
| 災難化 | 妄下判斷 |
| 讀心術 | 完美主義 |
| 其他： | |

| ↓ | ↑ |
|---|---|
| **負面核心信念 / 自我信念**<br>現在回想，上述想法對你有甚麼意義？<br>現在回想，上述想法反映你內心一直追求 / 堅持的那些信念和想法嗎？<br>從上述想法來看，你對自己有何看法？<br><br>_____ | **正面核心信念 / 自我信念**<br>如要轉化上述負面自我信念後，你認為你會以甚麼正面自我信念取代負面自我信念<br>_____<br>_____<br>_____ |

|  |  |
|---|---|
| 無助 | 不被別人喜愛 |
| 其他： | |

**轉化負面核心信念 / 自我信念** ↓     ↑

| | |
|---|---|
| 如轉換了時間（如以前或將來），他們會怎樣評價你？<br>_____<br>這樣你對自己有何不同看法？<br>_____ | 如轉換了地點 / 處境，他們會怎樣評價你？<br>_____<br>這樣你對自己有何不同看法？<br>_____ |
| 如轉換了人物（如朋友），他們會怎樣評價你？<br>_____<br>這樣你對自己有何不同看法？<br>_____ | 如轉換了事件，他們會怎樣評價你？<br>_____<br>這樣你對自己有何不同看法？<br>_____ |

# 第二章

## 改善抑鬱症：

### 都市常見情緒病

楊劍雲
麥珮珊
殷詠詩
林淑薰

# 第一節　抑鬱症簡介

　　抑鬱症是一種漸趨普及的情緒病。根據精神健康世界聯合會[1]的資料顯示，全球的抑鬱症發病率為 5.0%，約有超過 3.5 億人患有抑鬱症，患者遍佈各個年齡組別。按現時的情況推測，2020 年，引致非正常死亡及殘疾的病症，抑鬱症將升至第二位。

　　2005 年香港進行一項全港性抽樣電話調查，隨機訪問了超過 5,000 名年齡介乎 18 至 64 歲的成年人，按照《精神疾病診斷準則手冊第四版》（DSM-IV）來評估本地的抑鬱症發病率。調查結果顯示整體 12 個月的嚴重抑鬱症發病為 8.4%。[2] 2009 年另一項類同的調查顯示，在金融海嘯後，香港成人抑鬱症的發病率上升至 12.5%。[3] 調查顯示患者來自各年齡組別和社會階層，女性的發病率（9.7%）是男性發病率（6.8%）的 1.43 倍；失業者發病率（18.4%）是在職人士發病率（7.7%）的兩倍。抑鬱症引致自殺危機明顯增加。調查亦顯示 32.5% 的抑鬱症成年患者曾經想過自殺；16.9% 有自殺計劃；5.5% 曾經自殺不遂。[4]

## 抑鬱症症狀

　　根據美國精神病學會 DSM-V 的診斷準則，[5] 抑鬱症的症狀有以下各方面：

A. 在兩週內同時出現以下五項（或更多）症狀，並影響功能；症狀中至少包含以下症狀之一（1）憂鬱情緒或（2）失去興趣或愉悦感。

　　1. 幾乎每天整天心情憂鬱，由主觀報告（如感到悲傷、空

---

[1]　World Federation of Mental Health, 2012.
[2]　Lee, Tsang & Kwok, 2007.
[3]　Lee et al., 2010.
[4]　Lee , Tsang & Kwok, 2007.
[5]　American Psychiatric Association, 2013; 台灣精神醫學會，2014。

虛或無助）或由其他人觀察（如看起來在哭）得知。

2. 幾乎每天整天明顯對所有活動的興趣或愉悅感都減低（主觀說明或他人觀眾）。

3. 體重明顯減輕或增加（一個月內體重變化超過 5%），或幾乎每天食慾降低或增加。

4. 幾乎每天都失眠或嗜睡。

5. 幾乎每天都亢奮或遲緩（別人觀察到，不只是主觀感受不安或緩慢）。

6. 幾乎每天都感到疲倦或無精打采。

7. 幾乎每天自我感到無價值，或者有過度或不恰當的罪惡感（可能達妄想的程度；不僅是對生病自責或內責）。

8. 幾乎每天思考能力和專注力降低，或是猶豫不決（主觀報告或他人觀眾）。

9. 反覆想到死亡（不只是害怕死亡），反覆有自殺意念而無具體計劃，或有自殺舉動，或是有具體的自殺計劃。

B. 這些症狀引起臨床上顯著的苦惱，社交、職業或其他重要領域功能減損。

C. 這些症狀無法歸因於某一物質或另一身體病況的生理效應。

準則 A–C 適用於抑鬱症病發。

D. 抑鬱症病發無法以情感性思覺失調症、思覺失調症、類思覺失調症、妄想症或其他特定思覺失調症和其他失調症作更好的解釋。

E. 從未有抑鬱症或輕躁症發作。

　　簡單來說，抑鬱症患者所表現的症狀大致有四類：思想、行為、情緒和生理徵狀。不同年齡組別的患者表現的也會有輕微不同。成年患者可能會出現持續原因不明的身體不適或疼痛，如經常感到疲倦及渾身乏力或痠痛、頭痛、胃痛、肩頸痛或長期痛症等。青少年患者會把抑鬱症狀 "行為化"，變得叛逆，如逃學、酗酒或濫藥，又或會出現飲食失調、自殘或做出其他破壞性行為，如打架和店舖盜竊等。故此，如果患上抑鬱症，輕則會損害日常生活功能（如埋解記憶力下降、專注力降低而影響工作效率、對社交活動失去興趣等等），重則或會引致自殺危機明顯增加，可惜此病症很容易被忽視。事實上，抑鬱症是可治之症，如患者能及早接受妥當的治療，絕大部分的病人可以痊癒，回復正常的生活。

## 第二節　認知行為治療模式

### 認知三角（Cognitive triad）

　　根據 Beck 的認知模式中，抑鬱症患者具有三種認知特徵，以致他們容易產生抑鬱情緒。這三種認知特徵包括認知三角、思想陷阱和負面信念。[6] Beck 認為抑鬱症患者與外界互動時對於自己、世界和未來所產生的認知內容都是負面的。患者面對一些事情時，覺得自己充滿缺點和短處，做甚麼事情都是不好的，得不到別人欣賞。他們會利用大量貶抑的形容詞來形容自己，如"我是不受歡迎的"、"我是無能力的"、"我是愚笨的"。當他們面對周遭的人、事以及世界時，都只是充滿非常多的挫敗、不滿

悲觀、無望的未來觀
(Future)

負面的世界觀
(Others and world)

抑鬱

負向的自我概念
(Self)

---

6　Kennard, Mahoney, & Mayes, 2011; Mor, & Haran, 2009 ;Westbrook, Kennerley, & Kirk, 2007；姜忠信、洪福建，2000；楊劍雲，2013。

意、痛苦和無奈。他們不能克服和逃避這些環境壓力，只能被這些環境壓力操控和箝制。他們還覺得未來是灰暗的、無望的，甚至是絕望的。他們看到的未來充滿困難、障礙，令他們找不到可行的方向。[7]

## 思考偏差

認知三角屬自動化思想，因着受助者思考偏差（cognitive distortion）的影響，這些自動化思想的思想內容傾向重複和負面。常見的思考偏差包括：諉過於己（personalization）、讀心術（mind reading）、災難化（catastrophizing）、無根據主觀判斷（jump to conclusion）、非黑即白（polarized thinking）、以偏蓋全（overgeneralization）、自我責備（self-blaming）、誇大貶低（magnification）及必須的（should）等等。

## 核心信念和中介信念

認知三角的負面思想內容除了受思考偏差影響外，也受着受助者的不良核心信念和中介信念所影響。較普遍的負面核心信念，包括認為自己無用、不被別人喜愛，和會失去一切等。中介信念包括不良假設（例如：做甚麼都失敗，不會有好結果）和不良好規條（例如：我要入讀精英班，父母才會欣賞我，並引我為榮）。

當遇到一些壓力和不利的情景，患者便出現一些負面自動化思想、思考偏差、不良假設和不良好規條等，最後令患者出現抑鬱情緒，甚至生理不適。

---

[7] Westbrook, Kennerley, & Kirk, 2007; 姜忠信、洪福建，2000；楊劍雲，2013。

## 抑鬱症的認知概念圖

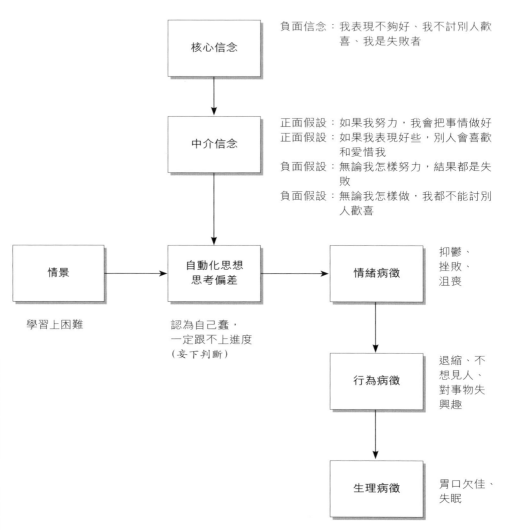

核心信念 — 負面信念：我表現不夠好、我不討別人歡喜、我是失敗者

中介信念 —
正面假設：如果我努力，我會把事情做好
正面假設：如果我表現好些，別人會喜歡和愛惜我
負面假設：無論我怎樣努力，結果都是失敗
負面假設：無論我怎樣做，我都不能討別人歡喜

情景 → 自動化思想 思考偏差 → 情緒病徵 — 抑鬱、挫敗、沮喪

學習上困難

認為自己蠢，一定跟不上進度（妄下判斷）

行為病徵 — 退縮、不想見人、對事物失興趣

生理病徵 — 胃口欠佳、失眠

修訂自 Beck J.S.（2011）認知治療模式。

　　我們會利用以下三個個案去顯示上述有關認知行為治療模式，如何應用在抑鬱症患者身上。

## 第三節　個案工作實例一
### ── 容易被忽略的青年抑鬱症

　　受助者艾力在一間男子中學就讀畢業班。艾力於初中時，成績理想，不用父母擔心。而且艾力的老師在過去的家長日中表示，艾力的功課質素理想，上課時的態度亦表現良好，只是較於安靜。他的父母也稱兒子在家時甚少與他們談話，偶有脾氣。他們認為是青少年時期的身體一些變化而導致兒子有這些行為，故此他們沒有過於理會和處理，而把時間和精神多放在小女兒身上。直到中四暑假，艾力的父母為了兒子未來升學出路，他們毅然為兒子轉讀學校的非本地課程。及後，艾力的學業每況愈下。中五初期，他尚能應付得到課業。到了中五下學期，他的情況轉差，在各科目中未能遞交重要的功課，不能符合課程的畢業要求。即使他遞交了初稿，也未能完成修改，遞交定稿。無論老師如何鼓勵他，最後他也不能完成。逐漸，當遞交功課的日子越來越接近，他便會數天不回校上課。面對這種情況，他覺得自己能力不逮，所做的功課不及其他人，或者覺得不能完成。他因而感到擔心、焦慮、徬徨和無助，不知道應怎麼辦才好。除此之外，他在學校時表現退縮、不合羣，不與同學談話，不參與羣體活動。上課時，又顯得無精打采，好像很不開心和很疲倦。另一方面，由於他的學業持續滑落，又不斷被老師投訴，故此他與父母多了磨擦和衝突，關係變得日益緊張。這種情況持續惡化，他變得孤立無援……

## 青少年抑鬱情緒

　　本地調查發現本港青少年面對很大壓力。例如，香港心理衞生會在 2013 年向近 1,500 名來自九龍區 10 所中學的中一至中六學生進行問卷調查。調查結果發現 16% 受訪中學生的主觀壓力達極高水平，壓力主要源於學業；同時，逾半受訪者表示家庭功能欠佳，彼此會避免談及擔憂，和難於互訴感受（《文匯報》，2014 年 4 月 1 日）。在壓力大但支援不足的情況下，青少年容易患上抑鬱症。聖雅各福羣會在 2012 年向 1,033 名來自四所中學的中學生進行問卷調查。調查結果發現 32.7% 中學生有抑鬱傾向，有 10% 或已患上抑鬱症。此外，調查發現家庭月入低、單親家庭的子女較易出現抑鬱（《蘋果日報》，2013 年 05 月 05 日）。相似地，基督教家庭服務中心在 2011 年向 1,607 名中學生進行的問卷調查顯示，37% 受訪中學生抑鬱情緒高出標準，有 20% 人抑鬱情緒屬嚴重程度。調查機構指出，中學生面對學業、升高中轉變、家庭、人際關係等壓力時，可能會引發情緒問題。如出現抑鬱症狀，初中生求助意識偏低。近 40% 的受訪者選擇自己處理，只有不足 10% 稱會尋求專業人士協助，更有 5.4% 受訪學生指，會以吸煙、飲酒、吸毒等方法處理困擾情況，情況令人憂慮（《文匯報》，2012 年 08 月 28 日）。

## 個案研習

　　在這個案研習中，輔導員在輔導過程的初段除了與個案中的青少年艾力進行面談，更嘗試與他的家人和老師作初步溝通。之後，輔導員約每一至兩星期與他面談了解情況和進展。在過程中，輔導員也會定時與他的老師和父母面談，了解他在學校和家中的情況，以便輔導員評估進展。

## 轉介原因（Referral reasons or presenting problems）

受助者艾力被老師多次投訴未能遞交功課，這個情況已持續最少一個學期。老師指出當他要進行中、英口語測驗時，他不會於預設時間到達課室進行測驗，會找藉口離開學校或者在口語測驗當天不回校上課。老師指他近一學年未能跟上學習進度，成績未合乎理想，甚至有每況愈下的情況。

除此之外，老師表示他上課時發白日夢，未能專心上課。又指他整日顯得情緒低落，無精打采，好像很不開心，很疲倦似的。他又表現得退縮、不合羣，時常獨個兒或站或坐在一旁，不與同學談話，不參與羣體活動。

以上的情況令老師和父母十分煩惱和擔心。故此，他的班主任轉介他給學校輔導員，希望輔導員能多一點了解他的情況，協助他走出困境。

## 接案評估（Intake assessment）

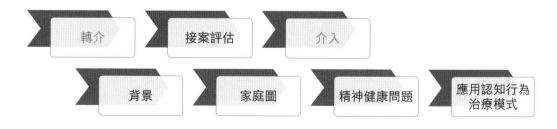

## 一、個案背景（Personal and social history）

　　根據艾力父母的描述，他自從升上中學後鮮有提及學校生活和與同學相處的情況。他們提及於艾力初中時，家中聘用傭人幫忙打理家務，但因艾力與她相處不來，時有衝突，他們無可奈何地辭退她。

　　另一方面，艾力的班主任描述他在學校的大部分時間都是獨個兒活動，甚至午膳時間他都是獨個吃飯。上課時會選擇自己坐在一旁，甚少與同學交流溝通。下課時，他會靜悄悄地離開課室到其他地方去。除此之外，亦甚少參與羣體活動。

　　與艾力傾談後，發現他甚少主動接觸他人，與別人溝通。當別人與他談話時，他顯得無精打采，不能集中精神，好像沒有興趣與別人談話似的。當與別人討論事情時，他甚少表達自己需要、期望和想法。這令別人誤會他，令雙方產生爭執，關係變差。

## 二、家庭背景及家庭圖

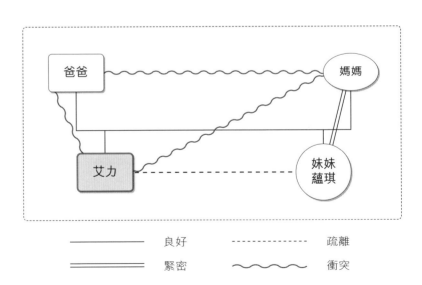

艾力家中除了父母還有一個小他兩歲的妹妹，蘊琪。父母二人皆為中學教師，家庭收入穩定，生活無憂。父母對培育艾力蘊琪兩兄妹資源充裕。夫婦關係一般，他們在教育子女方面有很大的分歧，甚至曾出現嚴重爭拗。妻子認為丈夫過於偏心女兒，忽略對兒子的感受，甚至在女兒面前表現出對兒子的厭惡。這令妻子對丈夫有極大的不滿。

艾力的爸爸是一名訓導老師，他對兒女的學業成績有很高的要求，期望艾力和蘊琪取得優異的成績，好讓他們未來入讀知名大學。而且他十分重視兒女的行為品格，要求他們做任何事情都要按規則做事。艾力的媽媽則着重他們的身心健康發展，希望他們對未來有明確的目標和方向，勇於接受挑戰。蘊琪就讀一間知名的女子中學。她的學業成績十分優異，而且也是校內的田徑隊員，為學校取得多項獎牌。她得到父親的寵愛。相反，艾力的學業成績每況愈下，與家人的關係亦日漸疏離，這令他與父親時常發生衝突。母親和女兒的關係親近，而與兒子的關係則十分矛盾。母親對兒子有不少不滿，認為兒子做事優柔寡斷、不夠積極、對自己的生活欠缺管理等等。同時，她擔心兒子在學校的情況和他日常的情緒狀況。

艾力和妹妹關係疏離，甚少溝通，主要是兩人沒有太多共同話題及妹妹亦活動繁重，甚少時間在家。艾力羨慕妹妹得到父母寵愛，而妹妹十分同情哥哥的情況，卻愛莫能助，結果彼此都不知道對方的想法。

## 三、精神健康問題

### 在何時及甚麼情況下病發

艾力在一間知名的男子中學讀中五。在他升上中五前，是就讀香港本地課程的，成績理想。不過，他父母覺得本地課程未能提供多樣的升學出路，未能為升讀大學作好準備，而且他們覺得該課程較本地課程淺易，容易取得好成績，故此，他們在未能與兒子取得共識下，毅然替他在下學年轉讀該校的非本地課程。這個課程對學生的要求與本地的截然不同。若果學生未能適應該課程的學習模式和掌握一些學習技能，他／她很可能趕不上學習進度，完成及遞交不了平時成績考核的相關功課，會影響他／她的畢業資格。由於艾力沒有修讀該課程的銜接課程，他對該課程沒有透徹的了解、認知和心理預備，也沒有學習到該有的學習技能。正因如此，他未能趕上學習進度，成績一落千丈，亦未能準時遞交功課。同時，他也未能在眾多同學前作口頭報告。這令各科老師對他感到既煩惱又擔心。因他未能完成該課程的一些基本要求，以致不能取得畢業資格。

另一方面，他的老師指他在學校時鮮有與同學交往，大部分時間都是獨個兒的。經常表現得鬱鬱寡歡，情緒顯得十分低落。有部分老師指出越接近遞交功課的日期，他越顯得緊張和有壓力。他甚至會於期限的前後數天不回校上課。在一次與他的父母面談中，他們指他較以前不能專心工作，整日好像發白日夢似的。而且，整天賴床，對任何事情顯得沒有興趣，更迴避家人、朋友和老師。他們無法與他溝通，也不知如何溝通，故時有衝突發生。最後，他們決定帶他去看醫生。在另一次面談中，艾力的父母告訴他的班主任艾力被診斷患有抑鬱症，希望得到學校輔導員的幫助，協助他面對和處理學校各樣事情。

### 現時如何影響個案

根據艾力、其父母和老師的描述，他的抑鬱症對他有以下幾方面的影響。

- 思想方面

艾力的父母和老師指他的決斷能力和專注力下降。例如他的母親指每當與他出外吃飯的時候，他久久不能選擇想吃的東西。最後，他們發生口角，甚麼東西都沒吃便離開了。當與他討論學業前景的時候，他未能表達想法，也未能在教育顧問提供數個讀書出路中作出選擇，以致未能制定他的讀書計劃。老師指他上課時睜着眼睛發呆，叫他時表現得被嚇着似的。當要求他回答問題或作一些工作時，他好像不知道要做甚麼和如何做。他的學業每況愈下，而且不能完成功課，最後不能取得畢業資格。

- 情緒方面

輔導員和艾力的同學覺得他常顯得鬱鬱寡歡，即使在一些開心快樂的場合，如派對、新年聚餐等等，艾力的情緒也高漲不起來。在首數次的面談中，他對自己的情況和學業前程感到擔心、焦慮、徬徨和無助，不知道應如何做才好。因為他的抑鬱和無助情緒，令他盲目地報考任何他認為可以幫助他入讀大學的考試，這反而增加他所面對的壓力，加劇他的抑鬱症狀。

- 行為方面

艾力的父母和同學指艾力對各樣事物和活動都好像失去了興趣，甚麼活動也不參加。即使他參加了某項過去喜歡的活動如郊遊，他也未能表現愉悅的情緒。而且，他有社交退縮、刻意孤立自己的情況出現。同學們也指他常獨自躲在一角，不參與他們的談話和討論。他的父母則指他在家大部分時間躲在房間到晚飯時間。輔導員觀察到他行動遲緩，失去工作動力，做事也力不從心，以致學業成績下降。

- 身體方面

艾力的老師指他上課時，常顯得無精打采，有時還會伏在桌子上打瞌睡，像是十分疲倦。他的父母指他食慾減少，有時連午餐也不吃，所以體重較前輕了。艾力亦指自己的肩頸感到酸痛，有時也感到頭痛，不過卻找不到原因。

- 自我形象方面

艾力的父母描述他有嗜睡的情況，每天放學回家後，他便回房倒頭大睡至晚飯時間。放假時，他甚至會一直睡覺到父母喚醒他為止。他覺到疲倦，同時不希望別人看到他沮喪、失敗的樣子，覺得別人必定會看不起和取笑他。

### 分析病狀

根據艾力的精神科醫生描述及按照 DSM-V 評估準則進行分析，他在過去數個月裏表現出以下幾個的症狀：

1. 經他的父母和老師的觀察，得知他過去數個月裏大部分時間的心情都很憂鬱。有時，他也指對自己的情況感到無助、焦慮。
2. 過去幾乎每天對所有活動都失去興趣和愉悦感。
3. 從他父母的觀察得知他差不多每天都嗜睡。
4. 從父母和輔導員的觀察得知他動作遲緩，好像揹着沉重的東西似的。
5. 他每天表現得無精打采，甚麼事情也做不了。
6. 從他的表現和描述中，他的思考能力和專注力降低。而且，從母親和輔導員的觀察得知，他很多時候表現得猶豫不決。

以上的症狀令他在社交、學習及其他生活方面造成重大困擾。而根據他父母的描述得知他沒有其他的身體疾病。由此，被醫生診斷患有抑鬱症。

## 認知行為治療的應用

### 從認知行為治療作個案分析（Case conceptualization）

在治療過程中，輔導員看到艾力對自己、他人和未來產生負面的認知認為他有一些思考偏差，令他面對事情時自然地抱持一些悲觀負面的自動化思考，對自己也有負面評價。這令他對自我形象的評價更低，逃避參與活動，削弱他面對和解決難題的能力，同時也增強他的無望及無助感，令他的抑鬱症持續。[8] 以下是他的認知三角：

自己：　艾力的自尊感低，經常覺得自己能力不如別人。即使一些簡單的事情，也覺得自己不能完成，或者覺得自己做得較別人差，自己是個失敗者。例如當老師要求他在限期前遞交功課，他就會感到十分焦慮和有壓力，深信自己不能在指定日期前完成。而且，他覺得自己的功課質素比不上班中同學，取得的成績一定會較他們差，最後，只會被同學取笑。因此，他只好缺席數天，避免以上的情況發生。歸根究底是受他貶低自我能力（minimization）的思考偏差所影響。

他人：　艾力雖然對學習滿有動力，但奈何未能長期集中學習，體力和精神亦不足以配合。因此，他感到沮喪和焦慮，覺得若未能取得好成績，便不能繼續升學。這是受他的非黑即白思想影響。故此，當教育顧問建議他放棄報考

---

8　Westbrook, Kennerley, & Kirk, 2007；姜忠信、洪福建，2000。

其他課程的考試，只專注他所修讀的課程時，他感到十分挫敗和沮喪，覺得會失去一切，還覺得那個教育顧問所作的建議對他構成不良的影響。這分別是受他的災難化思想（catastrophic thoughts）和選擇性推斷（selective abstraction）影響。

未來：艾力對自己的未來感到焦急、徬徨無助和無望，他想如果不能繼續升學，前途便會毀於一旦。這是受他的災難化思想所影響。他覺得父母不幫助和關心他，因為他們不為他作出選擇，令他不知如何是好，令他感到傷心和忿怒。這是他的妄下判斷（arbitrary inference）所影響。

艾力這些思考偏差如非黑即白思想、災難化思想、選擇性推斷和妄下判斷令他在病發時對自己、他人及未來都持有十分負面的看法。他的思考偏差的形成是基於他的核心信念和中介信念。以下是他的中介信念、負面假設和核心信念：

**中介信念**：艾力認為父母應該關懷備至地照顧子女的日常生活和認真地處理他們各樣的事情。例如：他希望父母能替他在學業出路上作出選擇，但是他們沒有。（在一次面談中，他們說出若他們替他作出選擇而結果未達到如期效果，他會埋怨和責罵他們。他們害怕、厭惡他的無理取鬧行為。）而且，艾力認為他應該做好每一件事情，不應該被一些障礙影響事情的進度和結果。

艾力持有負面假設。他認為如果他不能完成事情，這表示他是無能力的。例如：由於他未能完成功課，他覺得自己能力不如別人。而且，他認為如果別人不幫助他或拒絕他，他覺得自己得不到對方的欣賞和喜愛。例如：他的父母在學業前途上沒有給予任何意見，他覺得他們不愛和不關心他。他還認為如果自己不能在學業上取得優異成績，他便是一個失敗者。

**核心信念：**由於艾力的父母工作十分忙碌，所以他小時候主要是與傭人為伴，甚少時間與他們談話。直到妹妹出生後，父母在家的時間較長，他才有較長時間與他們一起。小五時，他被班中同學排斥、欺凌。父親不單沒有安慰他，反而斥責他不合羣令同學不喜歡他。他聽後，十分傷心，感到委屈和忿怒，覺得爸爸不愛他。到了中學階段，他與傭人相處不來，與爸爸為此時爭吵。有一次，他再為與傭人相處的事和爸爸激烈地爭吵。這次，爸爸實在太忿怒，賞了他一個耳光。他爸爸於那年暑假送了他到加拿大親戚家居住。那學年，他的學業成績也不太理想。他認為爸爸這樣做是因為爸爸不愛他和他的成績不理想，他感到十分傷心、難過和迷惘。這些經驗令他建構出他的核心信念——他認為自己不討人喜愛，自己沒有能力，故此，他未能掌控一切事情。

艾力的負面核心信念、中介信念和假設強化他的認知三角。他的負面思想、他在學校和在家的情況令抑鬱的症狀持續。當他面對一些誘發事情，而這些事情又違犯了他的信念時，便再引發他的負面思想和情緒，迫使他透過一些不當的補償性行為來處理事情。例如他為了完成及遞交功課，缺席數天課堂來逃避老師的催速，留在家中完成功課。但因他的專注力、精神體力和思考等各方面的能力下降，令他不能完成功課，增加他的壓力和焦慮。他的負面思想、情緒和行為互相影響，令他面對特定情況時會重複以上的處理模式，讓他的問題持續下去，沒有解決。[9]

---

9  Westbrook, Kennerley, & Kirk, 2007；姜忠信、洪福建，2000。

## 認知概念圖（graph of case conceptualization）

**成長因素：**
- 因與傭人起爭執，在中三暑假時被父親送往加拿大生活。
- 在中五時轉修非本地課程及被送到寄宿學校生活。

⇩

**核心信念：**
我無法掌控各方面的事情。
我不討人喜愛。

⇩

**中介信念：**
- 父母對兒女的事情必須抱着嚴謹的態度。
- 他必須做好每一件事情。

**負面假設：**
- 若他不能完成事情，即代表他能力不足。
- 若他人不幫助或拒絕他，即代表他被人厭棄。

⇩

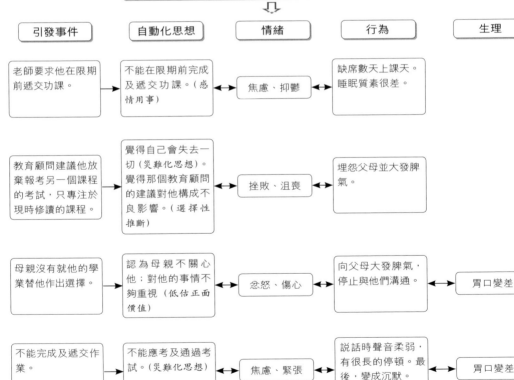

| 引發事件 | 自動化思想 | 情緒 | 行為 | 生理 |
|---|---|---|---|---|
| 老師要求他在限期前遞交功課。 | 不能在限期前完成及遞交功課。（感情用事） | 焦慮、抑鬱 | 缺席數天上課天。睡眠質素很差。 | |
| 教育顧問建議他放棄報考另一個課程的考試，只專注於現時修讀的課程。 | 覺得自己會失去一切（災難化思想）。覺得那個教育顧問的建議對他構成不良影響。（選擇性推斷） | 挫敗、沮喪 | 埋怨父母並大發脾氣。 | |
| 母親沒有就他的學業替他作出選擇。 | 認為母親不關心他；對他的事情不夠重視（低估正面價值） | 忿怒、傷心 | 向父母大發脾氣，停止與他們溝通。 | 胃口變差 |
| 不能完成及遞交作業。 | 不能應考及通過考試。（災難化思想） | 焦慮、緊張 | 說話時聲音柔弱，有很長的停頓。最後，變成沉默。睡眠質素很差。 | 胃口變差 |

# 個案介入或治療

介入目標　　運用輔導技巧　　成效評估

### 治療目標（Treatment goals）

根據艾力以上的情況及學校工作環境的限制，輔導員訂立以下的治療目標。

1. 明白抑鬱症
2. 管理負面情緒
3. 改變不合理的思想
4. 改善人際關係
5. 提升自我形象

### 治療或介入過程（Treatment / intervention process）

在輔導初期，輔導員首先與艾力建立一個互相尊重和可信的合作關係。艾力不容易相信別人，尤其一些有權威的人，故此輔導員除了向他説出面談的原因外，還在過程中讓他看到和感受到是被尊重的。例如當輔導員需要約見他的父母和提及他的一些事情時，輔導員會事前向他提及和徵詢他的同意，才向父母透露。開始時他對輔導員的提問不作回應，或只作非常簡單的回應，如 "哦"、"唔" 或搖頭等等，到輔導初期後部分他會作較詳細的回應，便得知輔導員與他的合作關係慢慢地建立起來。

接着，輔導員觀察到艾力因功課問題產生很大壓力，會有焦慮等負面情緒，加上他還不了解抑鬱症對他的情緒、思想、行為和身體各方面的影響，令他忽略情況的嚴重性，持續地經驗負面的事情。故此，輔導員首先處理他以上的情況，才作認知上的介入。

首先，輔導員與他進行心理教育。輔導員為了讓面談過程輕鬆一些，她透過播放一套影片（無線電視的節目《健康奇案錄：抑鬱症》），與艾力進行抑鬱症的心理教育，讓他對自己、對抑鬱症有一定的認識，也讓他表達對此症的一些想法和感受。而輔導員需作出協助讓他接受自己患病的事實，知道此病是可以痊癒的，鼓勵他看醫生和定時服藥。例如：輔導員以患上感冒作比喻，讓他知道每個人都有機會患上此病，只要準時吃藥，便能得到痊癒。如果不醫治它，情況會逐漸惡化，令人十分辛苦，更嚴重的會引致死亡。

　　之後，輔導員透過一些問卷讓他了解自己的情況，從而真正接受患病的事實，接受藥物治療和投入輔導過程。輔導員利用一些評估表（如香港大學防止自殺研究中心為中學製作的一套教材——"憂鬱小王子之抗逆之旅"中的一份自我檢查問卷和互聯網上一份快樂指數問卷），協助他了解自己的情況。

- 情緒覺察

　　為了提高他的情緒覺察，輔導員利用情緒卡，配合量度問題（scaling questions）去檢視艾力的情緒狀態。當他開始表達他的情緒時，輔導員邀請他填寫情緒紀錄表，讓他了解自己的情緒變化。

- 鬆弛練習

　　為了減低他的壓力、焦慮等負面情緒，輔導員在每一次面談開始時會與艾力進行鬆弛練習（如呼吸鬆弛法、意象鬆弛法）或進行一些活動，例如畫畫、玩紙牌遊戲、講故事、聽音樂之後才進行傾談。這些活動在後期過程中作為一些簡單評估工具去了解他的認知及情緒情況。

- 計劃及編排活動時間表

　　當輔導員觀察到艾力開始習慣進行和享受面談時的活動，她便鼓勵艾力進行一些感到愉悅的活動。當他能逐漸有規律地進行所選擇的活動，輔導員與他計劃及編排活動時間表，增加機會與外間接觸、提升他的動力和增加他的愉悦感。這個方法是協助他重拾過往喜愛的活動，繼而編排這些活動於日常生活中，降低他的退縮行為。首先，輔導員在面談開始時與他進行活動，如玩紙牌遊戲、畫圖畫、逛校園和做伸展活動等等。接着，輔導員詢問他活動後的一些感覺和想法。例如：

> "你喜歡這個活動嗎？你喜歡這個活動的甚麼地方？"
>
> "你完成了這個活動後，你感覺如何？"（如果他未能說出自己的感覺，輔導員可以協助他，如提供一些印有各種感覺的卡。）
>
> "你這種感覺，如開心、滿足，有多強烈？1是'不開心'，10是'十分開心'？"

如是者在數次面談時重複進行。輔導員向他描述他在這幾次活動後的不同行為表現，讓他知道活動能緩和他的情緒，改善他的抑鬱症狀。繼而輔導員邀請他在過去喜愛作的活動中選擇一項他認為最簡單最能完成的活動，鼓勵他按着自己的情況於這一、兩星期內進行。（輔導員需要與他傾談有關的安排，如時間、時段和頻率等等。）輔導員會於每一次面談時作跟進。這過程會進行多一至兩次讓他可以進行多於一項活動。最後，輔導員會與他製作一個時間表，協助他把各項工作、活動和休息時間放在一星期的每一天和每一個時段中，鼓勵他按着時間表進行。

- 暴露療法

此外，輔導員發現當他遇到一些令他感到有壓力和焦慮的情況時，他會選擇逃避，這樣只會令抑鬱狀況變差。因此，輔導員透過暴露療法去協助他面對壓力和焦慮的事情，和處理其強烈的焦慮感和壓力。

輔導員觀察他容易受一些特定事情或情景而產生很大的焦慮、徬徨感，繼而加劇他的抑鬱症狀。這個方法是讓他暴露在他所焦慮的事情或情景中。透過反復接觸這些事情或情景，他會增加能控制局勢的感覺，減低焦慮感。例如：

首先，輔導員協助他說出一些會令他感到焦慮的事情或情景，然後請他把這些事情或情景按引起焦慮的程度由低（1）至高排列（8）。

表 2.1　艾力的壓力表

| 1 | 他與同學一起上課。 | 5 | 他被老師要求遞交功課。 |
|---|---|---|---|
| 2 | 他要進行測驗或考試。 | 6 | 他面對堆積如山的功課。 |
| 3 | 老師要求他在小息時候找她。 | 7 | 老師在課堂中邀請他作答問題。 |
| 4 | 老師要求他修改功課。 | 8 | 他要在同學面前作口頭報告。 |

輔導員要求他面對引發最輕微的焦慮的事情或情景，和他一起做鬆弛練習，讓他減低焦慮感。若果他能克服這個情景，會逐步協助他面對之後的情景。因為有些情景在課堂中發生，輔導員需要與他的老師作溝通和安排才通知他有關的情況，讓他事前作一些心理準備。

- 社交技巧訓練

輔導員在過程中留意到艾力的社交能力不足，以致輔導過程的進度緩慢，需要較長時間才了解到他的想法和感受。他這個情形亦影響其人際關係和痊癒進度，故此，輔導員透過社交訓練課程去提升他的社交能力。在一些面談中亦透過角色扮演讓他練習一些社交技巧，也為他去面對一些事情前作預演（如與母親討論有關升學安排、與老師討論遞交功課事宜）。

在過程中，輔導員觀察到艾力很容易被壓力和焦慮事情影響，故此輔導員會定時與他回顧過去一段時間的經驗、體會和得着，確定他的正面影響和改變，令他可以繼續往前行。

在進行以上介入的初階段，因為艾力曾經有一段時間再次面對一些引發他強烈負面情緒的事情，令他各方面有轉差的情況出現，輔導員恐怕他有自殺念頭，故此，她進行自殺危機評估。在評估中，他指出沒有自殺的念頭，只是對自己的前程感到無助、徬徨、焦慮，不知如何做才好。輔導員估計往後的課業情況、考試、測驗會令他的抑鬱狀況再一次變差，故此，輔導員在往後的面談時作簡單的精神狀態觀察，[10] 如外表、口語及非口語行為、記憶能力和心情及情感等範疇，去簡單地評估他的情況。

輔導員知道艾力非常重視課業成績，如果輔導員忽略他所關切的事情，他覺得輔導員未能幫助他，因而影響合作關係。此外，輔導員亦知道這項事情是容易引發他的負面情緒，令他有可能再次墮入抑鬱狀態中，故此，輔導員需要協助他處理因課業成績所帶來的負面影響。當他面對大量功課、測驗時，不知從哪兒開始而感到不知所措，給了自己十分大的壓力和焦慮，所以輔導員透過化繁為簡介入法去協助他處理這方面的事情，同時也希望他能應用在其他範疇上。

- 引導式探索（Guided discovery）

輔導中後期，輔導員開始處理艾力的認知情況。輔導員利用他的情緒紀錄表知道背後發生的一些特定事情，了解他的即時思想及一些思想陷阱。以上的過程進行數次後，當艾力知道如何從事件中去辨認自己的即時思想、情緒和行為，以及他已為投入這個過程作好準備，輔導員鼓勵他填寫思想日誌，讓他之後認識自己的思想陷阱。接着，輔導員介紹一些思想陷阱和協助他辨認他的思想情況。並以引導式問題處理他的思想陷阱。例如就 "母

---

[10] Synderman, & Rovner, 2009.

親沒有就他的學業替他作出選擇＂的＂低估正面價值＂作闡述。

## 部分輔導對話

輔導員：C　　　艾力：I

C：　你提及自己有很大機會得不到畢業資格，不能在香港升學。之後，你嘗試與媽媽討論有關升學的情況。她怎麼說？

I：　她問我想如何。想重讀香港課程，抑或其他課程，甚至到加拿大升社區學院，然後再報考當地大學？

C：　你當時如何回應他們？

I：　我不知如何選擇。

C：　你媽媽聽後，她如何回應你？

I：　她叫我考慮清楚才決定如何進行。她希望我按着自己的想法而做，她會支持我。

C：　當你聽到媽媽這樣說時，你腦海那一刻有甚麼想法？

I：　唔……我覺得媽媽不想理會我的事情，她根本不關心我，她只是敷衍我吧。

C：　之前你和我說你媽媽給了你甚麼升學提議？

I：　她說我可以重讀或到加拿大繼續學業。

C：　聽到你這樣說，你媽媽都有為你想過你的學業前程喎。

I：　她只是隨便說說。

C：　是嗎？
　　你有沒有同學和你的情況相似？

I：　有。×××。

C：　你和他熟絡嗎？

I：　都可以。

C：　你是否知道他有沒有同他的家人商量升學問題？

I：　呀……有。同他的媽媽。

C：　你知道他的情況嗎？

I：　知道一點。

C：　你可以說出來嗎？

I：　他說他媽媽問他是否想到美國升學。

C：　當你聽到他這樣說時，你覺得他的媽媽如何？

I： 呀……（思考了一會）我覺得他的媽媽對他好好，好
關心他。

C： 為甚麼你會有這樣想法？

I： 他的媽媽會為他想辦法。

C： 咦，你媽媽不是同他媽媽相同嗎？你媽媽都為你想辦
法呢。

I： ……（沒有說話）
（過了一段時間）是，媽媽為了我做了好多事情，亦
十分遷就我。

C： 你媽媽其實十分關心你。在這件事情上，她為了你十
分奔波，又為你想辦法。她可能不想做一些不適合你
的選擇，所以她讓你作最後決定。

I： ……（沒有說話）唔，是呀。

之後的面談中，輔導員少了聽到他對母親的埋怨。輔導員
透過這種引導式問題去處理他的其他思想陷阱。

在艾力畢業離開學校前，雖然輔導員未能完成整個輔導過
程，但是她在最後兩次面談中與艾力回顧他們在輔導過程體會到
的事情、經驗和他的反思，讓他得以應用在日後的生活中。

## 治療或介入果效（Treatment / Intervention outcome）

介入目標　　運用輔導技巧　　成效評估

輔導員接手這個個案時，艾力已經是畢業班的學生，輔導
員未能完成整個治療過程，他便畢業離校。以下是輔導員透過面
談時的觀察、詢問他的老師和父母有關他的情況而得知該治療或
介入的果效。

## 1. 明白和比較接受自己的抑鬱症

1.1 輔導初期，艾力並不了解和明白自己所患的抑鬱症。他只是感到自己沒有能力去處理情緒和他所面對的各樣情況。透過心理教育，他逐漸接受自己患有抑鬱症的事實。由初期輔導員描述他患有這個病時的情況，他沒有作出回應，到後期輔導員再描述他的情況時，他能作出簡單回應，描述自己的情況。

1.2 由於艾力病發時的情況並不理想，他的父母打算帶他去看醫生獲取專業意見及接受藥物治療。不過，他拒絕父母的意見，害怕被別人標籤，不願面對現實。後期，他因為對該病有了一定的認識和得到輔導員的鼓勵，最後他嘗試不定期去看醫生和接受藥物治療。而他在往後的一些面談中提及自己有較定時服藥及服藥後的情況有改善。這方面的情況也得到父親的證實。

## 2. 壓力和情緒管理得到改善

輔導初期，每當艾力面對一些課業壓力時，他在學校表現退縮，甚至不回學校上課數天。及後，當輔導員與他傾談時，他稱肩膀的肌肉十分繃緊、腹部不適、胃口不佳、腦海空白一片，甚麼事情也想不到。而輔導員看到他神情有點呆滯，儀容不整，頭髮蓬亂，說話含糊不清。此外，當輔導員詢問他的壓力指數時，他給自己 8–9 分。進行一些鬆弛練習、活動編排和漸進式作業後，當他面對課業壓力時，他會到公園閒逛一會，再回到學習上。他的缺課情況減少了。即使他早上缺課，他有時候都能於午飯後回校。而且，以上提及的壓力表徵都得到改善，他認為自己的壓力指數回落至 6–7 分。

在情緒管理方面，初期他會忽略或不懂表達自己正面或負面的情緒，以至有時不明白自己的行為表現和需要。例如，他只能提及自己對某事情的想法。至於對該事情所產生的情緒，他只說「呀……」便再沒有說甚麼。透過學習一些情緒管理技巧，他在較後期的輔導中，按着輔導員的提示，能逐漸表達自己的情緒。例如當提及父母沒有得到他的共識下，主動幫他轉讀非本地課程時，他能夠表達對父母的不滿和忿怒。或提及老師追收他功課時，他表達對此事的焦慮和壓力。不過，他仍然未能向父母、老師和同學表達他的情緒，卻只能以不良的行為代替。

### 3. 他的人際關係有點改善

3.1 艾力過去因缺乏一些溝通技巧，以致未能有效地、適當地與別人互動。例如當他與同學傾談時，經常迴避對方的眼神，說話聲線低沉又含糊不清，有時對於對方的詢問沉默不語，令對方感到一頭霧水，為之氣結。透過社交訓練和角色扮演，上述的情況得到改善。輔導員從老師口中得知，他與同學溝通時多了回應。而且，他的父母指當討論升學問題時，他多了表達自己的意見和需要，讓他們知多一點他的喜惡。他的中文老師也指他較以往多了說話，表達多了他的一些想法，令她明白艾力多一些。

3.2 輔導初期，艾力在學校的大部分時間都是獨個兒的。經過一段時間的輔導後，他的老師指他在學校裏與同學接觸的次數增加了。例如他的體育老師指他以前上課時只是獨自在一旁做運動，現在則會接受同學的邀請一起活動。其他老師也指他以前上課時只是獨自坐在課室一角，現在則會與同學坐在一起作課堂活動。

### 4. 他對未來存有盼望和計劃

輔導初期，艾力對自己的學業前途感到無助，覺得自己沒有能力、不懂選擇和缺乏家人支持去繼續學業。隨着他的情緒、抑鬱狀況和人際關係得到改善，加上他也看到自己的一些強項和優點，令他的一些想法有改變。他看到自己因抑鬱症令學業前途有點崎嶇，需要用較長的時間才能完成學業，感到沮喪和難過。雖然他最後未能取得非本地課程的畢業資格，但是他沒有放棄學業，卻重新訂立學習計劃。從他的母親口中得知，他決定自修重讀一年，報考大學，向學習目標邁進。在過程中，他主動要求母親協助和支持。事隔一年，母親告知輔導員艾力在公開考試中取得不錯的成績，他會升讀本地大學繼續學業。

### 反思和討論（reflection and discussion）

在個案處理中，青少年的抑鬱症是很容易被忽略的。青少年在這時期，身體、生理及心理皆有很大的變化。他們的情緒變得較不穩，容易感到焦慮、不安，影響他們的行為或/和身心狀態。而這些受影響的行為和身心狀態與抑鬱症所引致的狀況相類似。因此，當處理有關青少年個案時，我們應小心判斷個案的行為和身心狀態是受抑鬱症影響，還是青少年時期的身心變化所導致，從而選擇合適的介入手法。故此，輔導員必須有敏銳的觀察和細緻的分析能力。

個案中的青年人性格內向、社交能力較弱、不太容易跟陌生人接觸和溝通。當輔導員着手處理此個案時，她認為在每次面談開始時透過一些活動，讓他在進行輔導前放鬆心情，預備之後的討論，輔導效果會較佳。又因他為人敏感，對權威尤甚。例如他認為老師找他"一定"是追收功課；父母和他談話"必定"是責備他等等……而他會選擇逃避、不見面。這令輔導過程增加難度。根據以上情況，輔導員需要有極大的耐性、包容和諒解，才能與他"順利"進行溝通。輔導員在對話時的用詞、表情和態度也要特別小心，要留心他各方面的非語言行為，從而掌握他當時的想法和心理狀態。而且，輔導員亦要顯示出對他的支持和鼓勵，讓他感到在這段艱難時期有人與他同行。輔導員的同理心、接納和以上提到的正面態度，對這個患有抑鬱症的青年人尤其重要。這能建立和促進輔導員和他的互信關係，協助他走出這段灰暗的時間。

此外，輔導員在初期接觸這個青年人時，了解他充斥著大量的負面思想，缺乏動機和力量去改變自己，令抑鬱狀況持續下去。在輔導初期，他很難投入過程，亦未能完成輔導員所給予的"家課"。輔導員明白要令他在輔導中得到一些體會和啟發，從而作出改變，輔導員需要與他同步，了解他當時的狀況而作出適切的介入方法。此外，輔導員要協助他在輔導過程中取得一些成功經驗，令他看到自己的正面改變，加強改變的信心和希望。例如輔導員就青年人當時的狀態把"家課"按活動量和困難程度分等級，以漸進形式進行。輔導員也可以改變填寫思想日誌的形式，讓青年人完成。要達致以上的情況，輔導員必須有敏銳的觀察能力和較高的自我覺察能力，避免因輔導員的一些籠統的假設、過去的經驗和體會、別人的期望等而在他身上計劃和實行一些不合適、不合時間的介入，令他有可能持續地經驗失敗，增強他的負面思想和抑鬱症狀。

### 首次處理情緒，再改變其認知

認知行為治療透過改變患者的認知和行為，達致改善情緒的目的。但當患者受到強烈情緒困擾時，輔導員很難繼續和他／

她討論問題。他/她在情緒很差的狀況下若只想着面臨的問題和困境，不能理性地評估自己的情況，可能只會鑽牛角尖，反而更難找到好的解決之道。故此，輔導員須先處理他/她的情緒，才能繼續輔導過程，再處理問題，否則會大大減低輔導的成效。

在學校進行輔導工作，輔導員接觸的個案全都是青少年學生。雖然他們的朋輩在此時期對他們的言行舉止有很大的影響，但是父母的角色是不容忽視的，尤其當他們遭受情緒困擾時（例如受到抑鬱症的困擾），父母的諒解、接納、支持、耐性和聆聽，對他們的痊癒過程是十分重要的。父母的教養方法形式和彼此的關係亦影響輔導過程的進度和成效。故此，如果在整個治療過程中，個案的父母能夠與輔導員合作，輔導過程能夠較順利進行，而輔導成效亦較能得到提升。不過，因學校的行政、環境等限制，輔導員只能從父母的態度和教養方法形式給予一些建議，期望他們作出調適，協助青少年子女走出情緒困擾。在此，子女患有抑鬱症的父母需要透過其他途徑去接受有關抑鬱症的訓練，增加他們對抑鬱症的認識，減低對抑鬱症的偏見。[11]

作為學校輔導員，同樣面對一些困難和挑戰。輔導員和老師對輔導工作有不同的理解和期望。當老師轉介 "有問題的" 學生給輔導員，如個案中的艾力，他們期望輔導員能幫助艾力重新回到正常的學習軌道上，完成學業。不過，輔導員則更着重處理他背後的問題：壓力和情緒管理以及抑鬱症的治療。在這種情況下，老師在日常的教學工作中便不能完全地配合輔導員的治療過程，提供一致性的支援。這樣會影響輔導工作對改善他的壓力和情緒管理以及抑鬱症治療的成效。此外，老師亦希望從輔導員知道和了解更多有關艾力的情況和問題。不過，輔導員必須把談話內容保密，避免洩露他的私隱。從以上的情況可以看出學校輔導

---

[11] 謝永齡，2003。

員必須清楚知道其角色的專業手則、定位和立場，這樣當輔導員面對以上種種情況時，便能給予老師適當的回應。

## 第四節　個案工作實例二
## ──學習壓力沉重的中五生

受助者 JJ，16 歲的中五學生，香港出世，與父母及兩位姊姊同住。自小遇到數學困難時，爸爸會教導她，但有時會出言傷害 JJ，取笑她愚蠢，她的成績不及兩位姊姊。升上中學後，JJ 入讀精英班。姊姊會在她數學測驗考試前幫她補習，過程中亦會責罵及取笑 JJ 數學能力低及愚蠢，令 JJ 感到丟臉，迫使自己要拿取好成績。久而久之，她對自己的學業成績要求很高，希望自己的數學成績比姊姊好，又希望自己能跟她們一樣升讀大學。升上中五後，她的數學科考試成績僅僅合格，而經濟科及通識科不合格。她對此耿耿於懷，認為即使於堂上抄寫筆記，一直努力讀書，但成績都不如理想。因此，她不斷責備自己沒有好好溫習，終日悶悶不樂。當她每次提起成績，她都會哭起來……

### 學習壓力引發抑鬱症

　　香港近年的調查顯示，有中學生因學習壓力大而引發抑鬱症。例如，浸信會愛羣社會服務處在 2015 年以問卷方式評估了約 15,000 名中一至中六學生的情緒狀況，調查顯示 39% 的青少年出現抑鬱徵狀，當中近兩成人屬中度至高度抑鬱，需接受心理治療。學生主要壓力來源是學業問題和朋輩排斥（《東方日報》，2016 年 8 月 29 日）。理工大學護理學院及基督教家庭服務中心，在 2011 年至 2014 年期間，在 16 間學校內，向 12,518 名中學生進行問卷調查，調查發現 60% 人有不同程度的抑鬱徵狀。部分學生感絕望，曾經常出現自殺或自殘想法。這些學生的學習壓力亦較大，其中 87% 感到功課壓力很大，89% 對學業成績不滿意，75% 認為自己學業成績較差。他們認為自己是失敗者，令家人失望，感到低落、沮喪或絕望（《蘋果日報》，2015 年 03 月 26 日）。此外，研究發現考試壓力會引發青少年的抑鬱症及自殺想法。[12]

## 個案研習

---

[12] Lee, Wong, Chow & McBride, 2006.

## 轉介原因

　　是次案主 JJ 對自己的學業成績要求很高。即使她於堂上抄寫筆記，一直努力讀書，但都認為自己的成績不如理想。最近一次學期考試中，數學科僅僅合格，經濟科及通識科亦不合格。因此，她不斷責備自己，終日悶悶不樂。其後，當她每次提起成績，都會哭起來。她還經常跟兩位姊姊比較，認為自己要像她們一樣得到好成績及升讀大學。案主因以上事件感到困擾而有興趣接受輔導。

## 接案評估

### 一、個案背景

　　JJ，女，16 歲，於第二組別中文女校就讀中五精英班。在校內，她跟班內的同學相處融洽，有五位相熟朋友，閒時喜歡討論愛情故事及家事，亦會結伴去吃喝玩樂。她亦有參與校外義工服務，主要到青年中心協助圖書館運作。JJ 健康良好，平日喜愛跑步鍛鍊身體。

### 二、家庭背景及家庭圖

　　JJ 與父母及兩位姊姊住在公共屋邨。父親，50 歲，自僱人士，行業不明，自僱前於醫院做電機工程。他患有腎衰竭及高血壓；母親，50 歲，於醫院做文職工作，與丈夫結婚 26 年；大姊，23 歲，於某大學畢業，畢業後成為會計師。二姊，20 歲，

於某大學讀工程系二年級。據 JJ 透露，她與家人的關係良好，
而父母及兩位姊姊的關係亦如是。

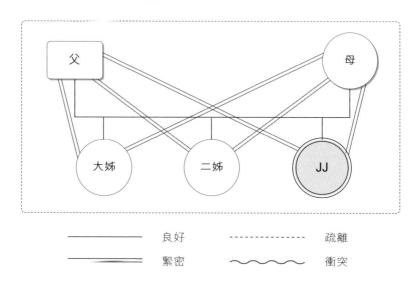

| | | |
|---|---|---|
| ——————— 良好 | - - - - - - - - - 疏離 | |
| ══════ 緊密 | 〜〜〜〜 衝突 | |

### 三、精神健康問題

#### 在何時及甚麼情況下病發

　　自從中五開學後，JJ 很緊張自己的學業成績。由於她認為
兩位姊姊的學業成績非常出色，尤其是數學科，她很想跟她們一
樣考取好成績及升讀大學。每次小測、默書、測驗及考試時，她
都非常緊張，緊握拳頭。完成後，又憂慮成績不合格，甚至擔心
到流淚。於最近的中期試中，她的通識及經濟科不合格。她收到
成績後於堂上不斷哭泣，直到放學時亦未平服心情。回家後，她
躲到房中痛哭，不想面對家人。

#### 現時如何影響個案

　　期終試成績派發後的兩個月，當 JJ 每次提到數學及通識科
成績時，她都會哭起來，認為自己令父母失望。又認為自己成績
不及姊姊好，總是覺得現有的成績是自己的錯，沒有好好溫習。
有感距離中學文憑試只有一年時間，但她的成績未如理想，擔心

自己不能入讀大學。

### 根據 DSM-V 評估準則分析

根據 DSM-V 評估準則，JJ 最少出現了以下兩項抑鬱症症狀：

- 情感上的症狀：感到不愉快及沒價值或罪惡感。
  JJ 經常感到不開心，認為考試不合格是自己的錯，感到很內疚。
- 身體上的症狀：失眠或過度睡眠，食慾不振，體重下降。
  她有時會把自己困於房中哭泣，不進食晚餐，因而體重驟降。據以上狀況，案主可能患上抑鬱症。

## 認知行為治療的應用

### 從認知行為治療作個案分析

根據 J.S. Beck（2011），自動化思想是個人化的觀念，受某些刺激物影響而產生情緒上的反應。[13]

### 自動化思想

經過數節面談後，得知 JJ 有以下幾個自動化思想：

- "這是我的錯"
  JJ 於經濟及通識科的考試成績公佈後，覺得自己很大意及

---

[13] Corey, 2013.

懶散，沒有熟習課文內容。有一次，她在 100 分為滿分的中文默書中失去 5 分，她認為自己很不滯。這兩件事中，顯示她的自動化思想是 "這是我的錯"，因而感到很傷心。故此，為了考取更好成績，她強迫自己做更多練習，迫自己放學後留校不斷請教老師，令自己感到壓力非常大。這是諉過於己（personalization），她將考試不合格的責任完全歸咎於自己身上。可是，她沒有考慮到其他令她不合格的因素，如試卷難度、老師教學質素或試場環境等。

- "我的數學成績很差，我不及姊姊好"

　　JJ 的數學成績僅僅合格，她將自己的成績與數學成績優秀的姊姊比較，認為"我的數學成績很差，我不及姊姊好"。為此，她感到崩潰及丟臉，所以迫自己做更多數學題目，放學後不斷追問數學老師。這是非黑即白思想（dichotomous thinking），她只認為自己的成績是"好"或"差"，但她並沒有想過"好"或"差"中還有灰色地帶，如"一般"、"中等"或"中等以上"。另外，這亦是妄下判斷（arbitrary inference），她只將自己的成績主觀地跟姊姊比較，就定下"我不及姊姊好"的結論，但她沒有想起其他比姊姊優勝之處。

- "我被父母看不起"

　　考試成績發放後，她將成績結果告訴父母，父母跟她說盡力已足夠。她不相信父母的說話，認為"我被父母看不起"，所以她很傷心，躲到房中痛哭，不想面對家人。這是妄下判斷，她並沒有提供足夠理由證明父母看不起她，就直接定下此結論。

### 中介信念

　　中介信念是一些應用於日常生活中的必需規例或假設。[14]面談中，發現 JJ 喜歡跟姊姊的成績比較，尤其是數學科。她

---
[14] Hupp, Reitman & Jewell, 2008.

精神健康與輔導——認知行為治療的理論與案例

曾說過〝我的數學成績一定要跟姊姊的一樣好〞及〝我一定要跟姊姊一樣聰明〞。此兩項必須（I should……）規例應用於她的學習上，無論於溫書時、做卷時及派發成績時，她都有這些規則（personal rule）。她的負面假設是〝如果我不能入讀大學，我將會是一個失敗者〞。

## 核心信念

綜合各樣事件，JJ 的核心信念（core beliefs）可能是〝我不夠好！〞，即使她的數學成績合格，仍覺得自己不及姊姊出色。就算是跑步表現不好，她都喜歡跟姊姊比較。另一個核心信念可能是〝我做錯了！〞，因為她將不合格或默書失分的責任完全推向自己，認為是自己犯的錯誤。

## 童年的生活環境或經歷

童年的生活環境或經歷可能引發非理性思想，這些思想可能導致及維持不良適應行為。[15] 探索過 JJ 的早年生活，發覺當她讀小學時，爸爸喜歡教她數學，因為數學是爸爸的專長。儘管他不斷教導 JJ，JJ 說她的數學成績仍未能取得高分。每當她有數學問題或考獲的成績不理想時，爸爸經常罵她〝你真的是死蠢〞。應用於現時情況，即使 JJ 父母跟她說盡了力已足夠，她都不相信他們的說話，還認為他們看不起她。她受到童年時被爸爸責備愚蠢，而將這些說話牢牢記起，以致到現時仍覺得爸爸只會責罵她。

另外，當她還是小學生時，她的姊姊正就讀中學。她們精於數學，大姊的會考數學成績是 B 級，二姊的中學文憑試成績為 5*。姊姊出色的數學成績，加上爸爸的持續責備，JJ 由小學開始把自己的數學成績跟姊姊比較。即使她們已經中學畢業，JJ

---

[15] Hupp, Reitman & Jewell, 2008.

比較成績的行為仍持續至今。

　　此外，數年前 JJ 的外婆曾問她：＂你姊姊們都能入讀大學，你都一定入到大學，對嗎？＂自此，JJ 相信很多人都因她的姊姊都能入讀大學而對她有很大期望。身為最小的妹妹，她認為她都需要跟姊姊們一樣。故此，她為自己定下了＂我一定要跟姊姊們一樣聰明＂的規則。

# 抑鬱症的認知概念圖

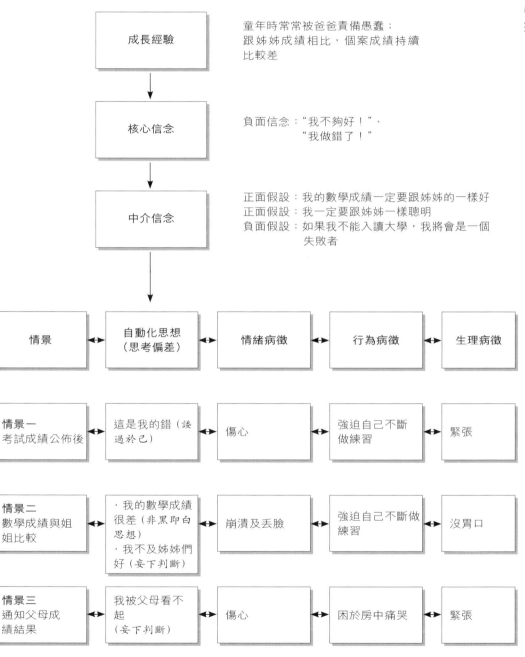

| 成長經驗 | 童年時常常被爸爸責備愚蠢;<br>跟姊姊成績相比,個案成績持續比較差 |

| 核心信念 | 負面信念:"我不夠好!"、<br>"我做錯了!" |

| 中介信念 | 正面假設:我的數學成績一定要跟姊姊的一樣好<br>正面假設:我一定要跟姊姊一樣聰明<br>負面假設:如果我不能入讀大學,我將會是一個失敗者 |

| 情景 | 自動化思想<br>(思考偏差) | 情緒病徵 | 行為病徵 | 生理病徵 |
|---|---|---|---|---|
| 情景一<br>考試成績公佈後 | 這是我的錯(諉過於己) | 傷心 | 強迫自己不斷做練習 | 緊張 |
| 情景二<br>數學成績與姐姐比較 | · 我的數學成績很差(非黑即白思想)<br>· 我不及姊姊們好(妄下判斷) | 崩潰及丟臉 | 強迫自己不斷做練習 | 沒胃口 |
| 情景三<br>通知父母成績結果 | 我被父母看不起<br>(妄下判斷) | 傷心 | 困於房中痛哭 | 緊張 |

## 個案介入或治療

介入目標　　　運用輔導技巧　　　成效評估

### 治療目標

- 做紓緩運動，減輕個案負面情緒及平服其心情
- 協助個案增加自我價值
- 協助個案減低學業壓力

### 治療計劃

面談過程建議分為三個階段：初期、中期及後期，共 12 節，每節約 45 分鐘。初期為建立關係，治療關係的質素是認知行為治療中基本的一環。[16] 輔導員會給予同理心，支持、接受及信任案主，讓他／她分享他／她的問題。隨着 JJ 說出她的困難，引導發現（guided discovery）將用於協助她更具體地說出問題，讓輔導員能找出其自動化思想、情緒及行為。

在面談中期，JJ 將學習認知行為治療概念，理解問題情景、自動化思想、情緒及行為之間的關係。為了更清楚顯示其關係，相關項目將以思想記錄（thought record）呈現。輔導員將協助她利用此思想記錄填寫她部分問題。如接受認知行為治療的案主於其他時間利用思想記錄記下自己的問題（意指做家課）（home assignment），他們的治療進展比沒有做家課的更好。[17] 故此，該思想記錄將會是 JJ 的家課，她可應用已學的概念到日常生活當中，將遇到的問題以認知行為治療方向寫出來。她需每次面談時遞交家課，然後一起討論當中情況。更重要的是，人類是有

16　Beck, 1987.
17　Kazantzis, Whittington & Datillio, 2010.

精神健康與輔導——認知行為治療的理論與案例

能力找出及改變他們的非理性思想。[18] 所以，輔導員亦會提醒 JJ 她是自己的治療師，負責發現自己其他自動化思想及作出改變。

在面談後期，輔導員利用引導發現方式，她將挑戰自己的自動化思想，如提問有甚麼證據支持她曲解的思想模式。思想記錄將協助 JJ 找出證據，去支持及否決她的自動化思想。圓形圖（pie chart）將用於質疑她將錯誤歸究於自己，令她以圖像化顯示其他引致考試成績不合格的可能性。輔導員亦會邀請 JJ 將她的考試分數畫於尺上，從而質疑她的兩極化思想——成績只有"好"與"差"，而沒有灰色地帶如"幾好"、"中等"或"中等以上"等等。

### 治療或介入過程

按 JJ 對認知行為治療的應用及她的需要，面談進行了 11 次。JJ 於面談初期不斷訴說她一直以來及近來困擾她的事，很多時候情緒不穩而哭起來，故此，面談初期除了讓她說出困擾，亦會進行紓緩運動，減輕她的負面情緒及平服心情。同時，從她訴說的困擾中，輔導員找出她的自動化思想、情緒、行為，亦找到導致她有以上情況的中介信念、核心信念及早年事件。其後於面談中期，輔導員跟她總結了面談中她所說的自動化思想，並由她再作確認。同時分析她的中介信念、核心信念及早年事件，她亦贊成及確認相關分析。其後，我給她介紹認知行為治療概念，並協助她以表格填寫她部分問題情景、自動化思想、情緒及行為。此表格亦留給 JJ 當作功課，於面談後記下自己的問題，並於下次面談時交回。於面談的中後期，她共列出約六個自動化思想。經她篩選及衡量重要性後，她決定處理四個。

第一個自動化思想是當派發經濟及通識科考試成績時，她的成績未如理想，就認為得到如此成績是自己的錯，未有好好溫

---

[18] Beck, 2011.

習。輔導員請她以圓形圖將得到此成績的原因及相關的百分比顯示出來。她最後畫出的結果為“沒有熟讀：25%”、“批改準則：20%”、“心理狀態：15%”、“臨場發揮、試卷深淺度、課題解說度及身體狀況：各 10%”。由此圓形圖的結果顯示，JJ 能看出除了自己未有熟讀課文外，還有更多外在因素影響自己的考試成績。

第二個自動化思想是當她收到數學成績時，常常覺得自己成績很差，不及姐姐好。挑戰此自動化思想，輔導員請她畫出一條比例尺，由她畫上 0 至 100，再畫上自己的數學成績。她將數學成績畫到 50 至 75 分內。輔導員續問她這個分數是甚麼意思，她解釋自己的數學成績屬於中等或以上，亦明白不是她之前所說的那麼差。

第三個自動化思想是當她通知父母其考試成績時，儘管父母跟她說盡力已足夠，她都認為“被父母看不起”。就此，輔導員請她舉出證據證明父母如何看不起她，或曾否聽過他們說過這些話。她反覆思量後，說找不出任何證據，只是自己心中常常這樣想。

另外，對於 JJ 自我設定的規則“我的數學成績一定要跟姊姊的一樣好”及“我一定要跟姊姊一樣聰明”，輔導員請 JJ 想想她有沒有一些地方是比姊姊好的。她想了又想認為自己的英文成績及義工服務方面比她們出色，她為此而感到開心，覺得自己有優秀之處。同時，就着負面假設，我請她找出不能入讀大學就是一名失敗者的反面證據。她回應從她的認知中，不能入讀大學的人也會不斷努力向上，於職場上爭取更高位置，並不是一個失敗者。她補充，一些大學畢業生未能於職場上找到工作，故她認為就算成功入讀大學亦不一定對找工作有幫助，反而不能入讀大學的人本身累積更多工作經驗。

至於核心信念方面，輔導員利用負面核心信念轉化方案，讓她回想過去及想像將來於不同情況下的自己是一個怎樣的人。首先，轉換時間方面，請她想像五年後的自己將會如何。她說她將會大學畢業，能成功找到護士工作。她覺得到時自己很能幹，因為自己沒有放棄，克服每個困難，最終成為大學生。轉換地點方面，我問她在家中及學校以外，如她服務的社區中心時，她是一個怎樣的人。她覺得自己於中心的表現非常好，能有條理及效率地籌劃活動。同時，她做好義工的責任，能帶歡樂給小朋友。轉換人物方面，輔導員問她除了父母及兩位姊姊外，其他人是怎樣評價自己。她回應學校的外籍老師認為她是一個好幫手，覺得她於課堂內積極參與課堂活動。我跟她解釋以上轉換的意思，當她於不同地方，如社區中心，她能盡力做到最好，幫助他人。當遇到外籍老師時，她受老師肯定及欣賞。五年後，她亦有理想的將來，成為大學畢業生。故此，她之前認同的負面核心信念"我不夠好。"可轉化為"我是一個好幫手，幫助老師及社區中心。"，"我做了一些錯事。"可轉化成"我克服所有困難，能順利入讀大學及找到工作。"

## 治療或介入果效

介入目標　　運用輔導技巧　　成效評估

　　進行了 11 次面談後，JJ 表示她的思考方法改變了很多。她覺得面談中期挑戰她自動化思想的方法很新奇，從來沒有想過用這方法思考，令她學懂以多角度思考自身問題，而非每每從負面思想出發。她沒有再怪責自己，反而理解不如意的事情往往由很多原因構成，非只是她個人問題而產生。同時，從負面核心信念轉化方案中，她學懂自己有個人之處，能夠幫助老師及社區中心小朋友，而不是一個做錯事的失敗者。總結而言，她覺得面談能協助她改變已有的自動化思想，亦認為自己已認識認知行為治療技巧，能自我治療其他自動化思想。

### 反思和討論

在首六次面談中，JJ 持續訴說她的不快經歷，甚至不斷哭泣。身為輔導員，一方面希望跟從一般認知行為治療的方法，以三至四節來探究她的背景及困擾，另一方面亦想讓她將不快心事及負面情緒宣洩出來。所以，在面談中，輔導員曾猶疑是否在第五及第六節開始時直接跟她總結她的自動化思想，再介紹認知行為治療的概念，或是繼續讓她宣洩。最後，由於她於第五及第六節的情緒不穩，而且亦想分享不快事，故此輔導員未有跟從一般認知行為治療的程序，反而讓她繼續訴說心事及宣洩負面情緒。整體而言，輔導員需彈性選擇是否需要跟從認知行為治療一般的做法，或是考慮以案主的需要為先。

另外，輔導員對於 JJ 在認知行為治療的回饋正面，對它的分析方法感到很新奇，令她從新角度看事物。JJ 表示，能將學懂的思考方法應用於通識科及中英文作文中。對於 JJ 不但能成為自己的治療師，亦能將學到的認知行為治療思考方法應用於學業上，是意料不到的事。

## 第五節　個案工作實例三
### ── 過分憂慮的母親

　　受助者陳太出身於小康家庭，父親主外，母親主內，為了令子女成才，父母親在培育子女的方法甚為用心，尤其在學業的要求更不容鬆懈，子女的學業成就便是父母的冠冕，陳太的母親可說是早期的怪獸家長。陳太自幼承受讀書的壓力、同輩比較的壓力、親友目光的壓力。種種壓力迫使下，陳太選擇年輕時結婚，遠離原生家庭帶來的各樣壓力，展開新生活。一直以來陳太都以家庭為首，以照顧丈夫和培育唯一的女兒為其個人使命。但女兒未能考上大學令陳太耿耿於懷，但她認為只要女兒成績優異，最終也可繼續升讀大學。直至獲悉女兒開始拍拖後，陳太便歇斯底里地作出不理性的阻止，原因是認為女兒一旦拍拖便會荒廢學業，前途毀於一旦，人生幸福必不臨到。種種帶有摧毀性的說話，令女兒極為反感，並形容母親是蠻不講理的人，無法理性溝通，令母女關係疏離。但陳太則認為未能培育女兒成為學業成績出眾的學生，是自己不濟，而女兒因此沒有更好的人生，更是自己的責任。每當與女兒爭吵後，便深感悲痛，極度挫敗。

　　由於陳太十分擔憂女兒的前途和人生幸福，不甘於就此毀於一旦，經常自責、失眠、情緒低落、對週遭事物失去興趣與動力，精神極為困擾，最終由丈夫強行拖帶會見精神科醫生。透過藥物紓緩，陳太的生理問題，例如睡眠、食慾和心跳情況都得以改善，但負面的思想模式依然每天困擾着陳太，常常自怨自艾地責難自己是無用的人，連唯一的人生使命也不能完成⋯⋯

## 本港女士抑鬱情況簡介

　　香港社會傳統以來都非常重視學業成績，家長往往對子女的學業成績有很高期望，希望他們培養正面的學習態度，盡他們讀書的責任及達到高教育水平。[19]現今香港，競爭文化已深入各階層，家長總以"不能輸在起跑線"為座右銘，催逼子女在各方面的表現均能乎合社會的期望，贏得讚賞。喜悅的不止是孩子，父母的喜悅比孩子更甚。久而久之，孩子已忘卻讀書和學習的基本意義，反而成為了讓父母贏得喜悅的工具。基督教家庭服務中心在 2011 年以問卷調查方式訪問六千多名中一至中六學生，調查顯示 63% 中學生表示功課壓力很大，約 40% 中學生不滿意學業成績，越高年級情緒越強烈，另 6% 至 8% 中學生坦言，失去人生方向（《文匯報》，2012 年 9 月 16 日）。青少年在教育制度下固然需要面對激烈的競爭，就連家長在管教上也承受極大壓力，容易出現情緒問題。

　　根據近年全港性抽樣電話調查顯示，香港成人的抑鬱症發病率為 8.4% 至 12.5%，當中女性的抑鬱症發病率比男性發病率高出四成以上。[20]此外，香港中文大學醫學院與本港社會服務機構，在 2010 年 9 月至 2011 年 3 月，向 500 名介乎 45 至 64 歲基層婦女進行研究調查，調查結果顯示約 37% 受訪者有抑鬱症徵狀，其中百分之六達嚴重程度，當中以全職家庭主婦為最高危婦女之一，原因或與她們太專注照顧家庭，忽略本身需要及支援有關（《東方日報》，2011 年 5 月 8 日）。

[19] Shek & Chan, 1999.
[20] Lee, Tsang & Kwok, 2007; Lee et al., 2010.

# 個案研習

## 轉介原因

　　陳太是一名全職家庭主婦。近期，陳太對於女兒學業上表現欠佳感到失望，責怪女兒拍拖影響學業，為此與女兒常有爭吵，母女關係緊張。陳太時刻都充斥自責情緒，怪責自己沒有做好教育女兒的責任。漸漸陳太便抱有很多不理性的思想，認為女兒行為偏差，並過分擔憂她的將來。後來，陳太被確診患有抑鬱症，須接受藥物治治療，並因為與女兒關係欠佳，令情緒不穩定，而尋求心理輔導。

## 接案評估

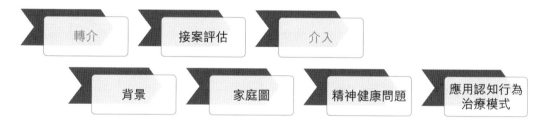

### 一、個案背景

　　陳太在小康家庭成長，父親是一位公務員、母親是一名全職家庭主婦，還有一位哥哥和一位姐姐。從小學至大學，哥哥姐姐的學業成績超卓，時常獲得長輩讚賞，成長後，更在事業上取得滿意成就。就連他們的子女也在學業上表現出色，均就讀名牌大學。但陳太卻沒有承傳哥、姐的學習天分，成績只是一般。父母常責難陳太沒努力溫習，常把三名子女作比較，令陳太感到甚為羞愧，壓力大。在中學時期，尤其是為準備中學會考，陳太面對沉重的功課和考試壓力，令她感到有無比的重擔，情緒憂鬱，每天也帶着沮喪的心情回校。

學業成績倒退，為了逃避家庭帶給陳太的不良感受，陳太在完成中五會考後不久，便與現在的丈夫結婚，離開原生家庭。婚後不久女兒便出世，陳太決意成為全職家庭主婦，一心一意照顧丈夫和女兒。然而，女兒在學業上也像媽媽一樣，並不那麼出色，只能在專上學院就讀副學士課程。相比其他表兄姊在著名學府就讀，差距甚遠，實在令陳太難以釋懷。陳太面對這一切，令她在一些原生家庭聚會中，感到酸溜溜、不是味道，甚為難堪。其後，陳太時刻都充斥自責情緒，怪責自己沒有做好教育女兒的責任，令女兒落得如斯結果。

最近，陳太與友人逛街時，發現女兒與一年青人一起，態度親密。陳太當下的內心十分不悅和憤怒，但礙於與友人一起，便假裝沒事。回家後，她馬上質問女兒拍拖事情，甚至要求女兒馬上跟男友分手，女兒覺得媽媽完全是個不可理喻的人，開始與陳太冷戰，互不理睬。自此，陳太的情緒十分不穩，常常感到不適、低落和無助，並時常怪責自己沒好好培育女兒，令她成為一個像媽媽一樣沒出色的人。

漸漸陳太更充斥很多不理性的思想，認為女兒行為偏差，過分擔憂她的將來，導致抑鬱情緒加劇。

## 二、家庭背景及家庭圖

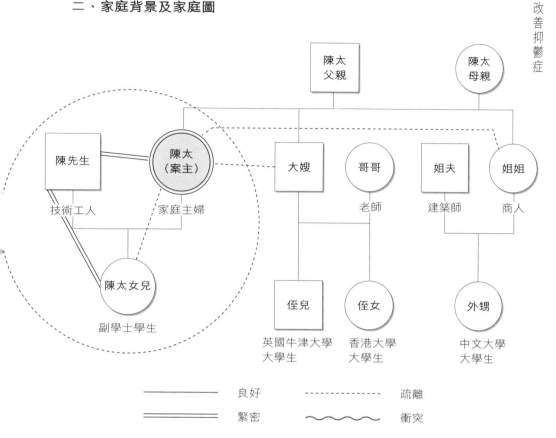

| | |
|---|---|
| ——— 良好 | ------------- 疏離 |
| ═══ 緊密 | 〜〜〜 衝突 |

**案主的家庭背景**

　　案主的丈夫陳先生是一名裝飾技工，收入穩定，因學歷水平不高，在太太的娘家中並不太被注意，但案主陳太與丈夫感情和諧。女兒就讀副學士課程，因近期的衝突，以致彼此之間關係疏離，但女兒與父親雖不很親密，但關係尚好。

**案主的日常社交生活背景**

　　陳太有幾位要好的女性朋友，有些是她的舊同學，另一些是女兒同學的母親，經常相約一起暢談生活逸事。陳太和她們會偶然參與一些義工活動。總括而言，陳太擁有正常健康的社交生活，但個人較被動。

受到女兒拍拖事件引發，陳太的情緒起伏不定，對週遭的人與物頓時敏感起來，時常猜疑別人，以致甚為抗拒與別人接觸，嚴重影響社交生活，更甚的是她的睡眠質素下降，精神不振，對任何事情都提不起勁。

### 三、精神健康問題

**根據 DSM-V 評估準則分析**

根據 DSM-V 對抑鬱症（Major depressive disorder）的診斷準則進行分析，陳太已出現了一些抑鬱症的典型症狀，包括：

1. 每天心情抑鬱

陳太自從跟女兒在拍拖事件上有衝突後，母女關係緊張，陳太每天心情都非常消沉。

2. 對活動興趣大減，失去愉悅感

陳太為迴避友人及家人問及女兒學業情況，對一些恆常活動，如義工或親友茶聚都拒絕了。

3. 時常失眠

陳太經常等待夜歸的女兒，令作息時間混亂，加上女兒的態度惡劣，令陳太不能舒懷，以致經常失眠。

4. 經常疲倦，無精打采

由於睡眠質素下降，導致陳太在日間經常顯露疲態，無精打采。

5. 不斷怪責自己教導無方，令女兒不夠出色，有不恰當的罪疚感

自從陳太當上全職主婦後，照顧家庭及培育女兒成才就是陳太的使命，眼看女兒的前途並不樂觀，她便產生了強烈的自責感和罪疚感。

以上種種症狀，令陳太在社交生活上的應有功能都減損了。經精神科醫生診斷，確診患有抑鬱症，除藥物治治療外，亦需接受心理輔導治治療。

**觸發陳太產生抑鬱情緒的壓力事件**

陳太發現女兒拍拖，擔心影響其學業，要求女兒分手不果，家人關係惡劣。陳太更自責未盡責任，令女兒像她一樣沒甚出色。

**不理性的思維**

陳太有極強的傳統倫理觀念，認為女兒必須聽從和服從父母，不然的話，就是不孝。所以陳太常常責難女兒"為甚麼常常那麼夜才回家"、"這不是一種好的行為"、"少女好容易成為性罪行的受害者"和"乖巧的女孩不會做這等行為"。同時陳太認為女兒於 DSE 考試成績差，完全是由於太早拍拖，女兒的男友在 A-Level 考試成績差，不能升讀大學，陳太更認定他不是一個有為青年，對其甚為反感。再者，陳太更苦惱的是害怕此年青人將來會成為她的女婿，斷定女兒和他都沒有好前途，因兩人都是"讀書不成"的人。

陳太害怕女兒會和男友結婚，十分擔心她的將來，認定了她的男友是一個"讀書不成"和沒出色的人，女兒跟着他便不會有好將來。由於陳太在意她的唯一女兒，但女兒不聽她的勸解，使她覺得未能為女兒的幸福付出一分力，感到十分無助、沮喪。陳太拒絕一切社交活動，不想朋友詢問女兒情況，認為別人知道女兒不是那麼出色的話，定必看不起自己。

**不理性思維產生負面情緒，繼而生理也受損害**

每當陳太發現女兒外出拍拖時，便很容易嬲怒，但女兒不以為然，反而敬而遠之，遠離母親。陳太經常因女兒的漠視而生氣，感到不被尊重，時常偷偷哭泣。心情欠佳時，食慾不振。更甚者，由於經常性地等候夜歸的女兒，陳太漸漸養成了晚睡習慣，每晚的睡眠時間大大減少，令她在日間時經常無精打采，睡眠質素下降，身體時有不適，例如：頭痛、心跳加速和失眠。

## 認知行為治療的應用

在初次面談後，輔導員初步分析案主陳太的情況。可從以下三方面去理解她的負面自動化思想。

1. 自我價值（self）

陳太的自我形象很低，尤其面對原生家庭時。面談時，她不斷形容自己為〝不及哥哥和姐姐般聰明〞；〝學不到哥哥和姐姐的能幹〞；〝我的表現令家庭蒙羞〞等等。不止這樣，陳太還時常自責教女無方，令女兒學業成績未如理想，毀掉她的前途，成為一個不出色的人，好像自己一樣（諉過於己）。

2. 環境壓力（world）

陳太極為擔心女兒將來得不到幸福，她認為女兒和現在男友拍拖，必會摧毀她的人生（以偏蓋全）。一想到女兒男友將來會成為女婿時，陳太便感到極為沮喪（言過其實），她認為女兒和男友都是學歷低的人，將來必定前途暗淡（災難化思想）。陳太更判定女兒男友是一個壞青年（妄下判斷），讀書不成，歸究女兒的不好行為都是被男友影響所致。在社交方面，縱使有親近的朋友，陳太亦聯想到她們會因自己管教女兒不善而看不起自己（讀心）。

3. 個人的將來期望（future）

　　陳太預見女兒的人生是毫無希望的，因她的丈夫是一個不出色的人（非黑即白），同時陳太亦感到非常無奈，因為女兒不聽她勸告，不能幫助女兒謀幸福（諉過於己）。

悲觀、無望的未來觀　　　　　　　負面的世界觀
(Future)　　　　　　　　　　　(Others and world)

抑鬱

負向的自我概念
(Self)

### 成長階段所發展的中介信念和核心信念

● 孩童時期

　　小學前期，陳太是一個快樂的女孩。家裏每人都很喜歡她，為家裏帶來很多歡樂。當陳太進入小學後，父母便採取嚴謹的管教措施，讓她能跟哥哥姐姐般擁有出色的學業成績。小學期間，縱使陳太的學習進度理想，但在父母眼中並不滿意，認為女兒只要肯再加努力，便可達到更高成績。就如哥哥姐姐一樣，常常名列前茅，獲取學術獎項，使父母在親友前滿有臉光。當陳太察看到親友常常誇獎兄姊的說話："你真優秀，家人為你感到自豪"；"你將來會是一個成功人士"；"你真是一個天才"，她漸漸感到自己被忽略，更在心底裏抑壓着一股對家人強烈不滿的情感，但礙於自己在家裏是最不濟事的一個，只好把不滿情緒收藏起來。這時期，陳太發展出一些核心信念："我是無能力的，我不被別人喜愛"。根據心理學家埃里克森（E. Erikson）的社會心理發展，在 5-12 歲的少年正處於一種社會心理危機——勤奮對自卑（Industry vs Inferiority），孩子需要在這時期學懂一些知識

與技巧去應付社交上和學業上的要求，以致符合他人及成長環境對自己的期望。能成功學懂的，便可發展出一份有能力應付日後社交上和學業上的需要，相反，不能升任的，便會感到自卑、低等和自我形象偏低等等。[21] 從這角度看，陳太顯然並未能符合期望，以致在日後成長路上一直把自己放於低等位置，尤其在家中與兄姊比較。

- 青少年時期

陳太小學畢業後，順利升進一所一等的中學，雖然學校環境有所改變，但陳太亦能適應過來，努力學習。直到中四時期，陳太有感功課量太重，不能按時完成所有課業。不但如此，父母並沒體恤她的困難和壓力，只是鼓勵她需努力以赴，並要求女兒減少社交活動，多些溫習時間。種種壓力與不滿的情緒狀態驅使下，陳太產生了一股強大的抗拒學習態度，以致學業成績一落千丈。父母對女兒的表現十分失望，責罵她沒有用功爭取佳績，跟兄姊不一樣。陳太意識到不但不能讓父母為自己感到驕傲，反之，讓他們蒙羞。所以，陳太完成中學階段後不久，為了逃避在家庭裏面對的強弱比較壓力和父母漠不關心的態度，陳太選擇與現在的丈夫結婚，組織自己的家庭。此時的她正處於埃里克森的社會心理發展裏的親密對孤獨（Intimacy vs Isolation）時期，丈夫的出現令她能感受到愛和關懷，並可重新建立自己的生活形態。[22]

- 婚姻階段

中學畢業後，陳太一直參與私人補習工作，沒正式進入職場，缺乏工作經驗。直至女兒出生後，陳太便決心放棄工作，全心致力照顧家庭和培育女兒，她認為建立一個溫馨和諧的家庭，

---

21 Feldman, 2009.
22 Feldman, 2009.

並培育女兒成為品學兼優的學生，是她一生致力的使命。初期，女兒在小學期間的學業成績優異，但自中學起，女兒感到功課日漸吃力，主動向母親要求停止一星期三次的游泳訓練，但被母親拒絕，陳太要求女兒必須堅持游泳訓練，認為女兒如能在游泳比賽有傑出成績，便能為家族帶來光榮和自豪。最終女兒感到乏力無助，學業和游泳的表現同樣失色。

● 案主的中介信念和核心信念

童年時期，陳太常常看見親友對兄姊的讚賞，令作為父母的甚光采。從那時起，陳太深深烙印着一種思想和規則（personal rule）——"要成為一個優秀的人，這樣便可令家庭有光采，獲得別人的欣賞和尊重，否則便得不到個人地位和別人的尊重了。"同時，陳太發展出一些假設思想（assumption）——要有成就，就必須努力讀書。這規則和假設成為了她的中介信念，伴她成長。然而，陳太從少認為自己不及兄姊優秀，成為家庭裏最不濟事的一個，並自我怪責，是她自己沒有發奮努力讀書所致。這時期，陳太發展出一些核心信念（core beliefs）："我是無能力的，我不被別人喜愛"。為了爭取被別人（尤其是原生家庭）的喜愛，陳太的策略（補償策略），即當全職家庭主婦，一心一意培養女兒，期望女兒能"成為一個優秀的人，這樣便可令家庭有光采、從而獲得別人的欣賞和尊重"。但當女兒在學業成績和游泳運動中未能有出色表現時，她便感到十分沮喪，甚至推論女兒的一生就此完蛋。太多的擔憂、焦慮和失望，這些都摧使陳太經常出現抑鬱情緒，聯想到一些負面結局。

# 個案認知概念圖

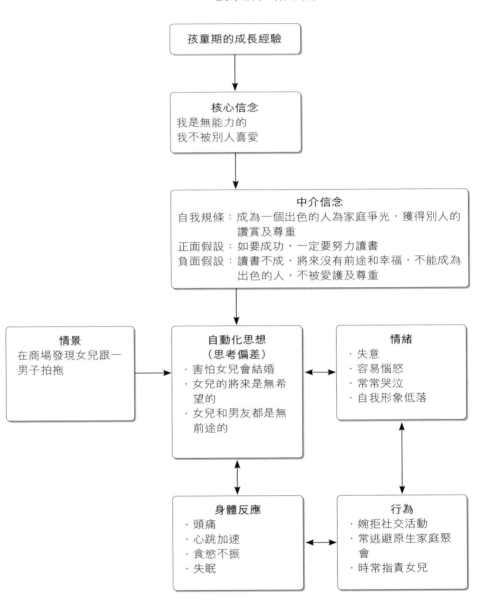

**孩童期的成長經驗**

**核心信念**
我是無能力的
我不被別人喜愛

**中介信念**
自我規條：成為一個出色的人為家庭爭光，獲得別人的
　　　　　讚賞及尊重
正面假設：如要成功，一定要努力讀書
負面假設：讀書不成，將來沒有前途和幸福，不能成為
　　　　　出色的人，不被愛護及尊重

**情景**
在商場發現女兒跟一
男子拍拖

**自動化思想**
**（思考偏差）**
· 害怕女兒會結婚
· 女兒的將來是無希
　望的
· 女兒和男友都是無
　前途的

**情緒**
· 失意
· 容易惱怒
· 常常哭泣
· 自我形象低落

**身體反應**
· 頭痛
· 心跳加速
· 食慾不振
· 失眠

**行為**
· 婉拒社交活動
· 常逃避原生家庭聚
　會
· 時常指責女兒

修訂自 Beck J.S.（2011）認知治療模式

# 個案介入或治療

介入目標　運用輔導技巧　成效評估

### 治療計劃

針對案主陳太的信念，輔導員會採取認知行為治療導向，用一些針對性的技巧，修正陳太的不理性思想。

### 治療期望

短期目標：

- 提升陳太的緩慢動力
- 幫助她重整社交生活
- 修補母親與女兒的關係

長期目標：

- 幫助她提升自我形象
- 讓她能與原生家庭重建應有的親情關係
- 幫助她重整人生信念，並界定自我

### 介入階段

介入過程建議分為三個階段。在第一階段的治療中，由於陳太身體已出現不適，影響個人生活，尤其每當看見女兒的態度和行為時，更令她陷入緊張情緒，因此輔導員指示她應多做鬆弛練習，讓心情保持平和、輕鬆，改善睡眠質素。鬆弛練習包括：意像鬆弛練習（guided imagery）和靜心練習（mindfulness）。[23]此外，輔導員計劃增強陳太情緒管理能力。由於陳太常常無故哭泣，容易憤怒和有衝動指罵行為，輔導員指示陳太每當出現以上

---

[23] Robbinson et al., 2014.

的情況時，可透過呼吸練習，平靜情緒，減低衝動的思維，如有需要可離開現場，避免進一步的衝突。[24] 另外，輔導員鼓勵陳太使用情緒記錄，來檢視情緒起伏的狀態，和評估改善進度。當陳太的情緒透過第一階段的治療而穩定下來，輔導員便會進入第二階段。輔導員會修正陳太的非理性思想，和建立理性思想模式，藉此修正不恰當的思想和行為。首先，輔導員會運用引導發現式的技巧（guided discovery），挑戰案主一些產生負面思想和情緒的思考謬誤（cognitive distortion），[25] 並啟發陳太改變思維邏輯，繼而修正中介信念裏的一些自我規條。其次，輔導員會運用行為實驗（behavioural experiments）技巧，讓案主用行動去檢視自己的扭曲思想。例如：恢復與朋友的社交活動，試看她們會否真的好奇地詢問女兒情況，從而讓案主消除猜測別人的心懷意念行為。同時，鼓勵案主與女兒和她的男友對話和溝通，以便觀察及評審女兒男友的品行。正如貝克（Beck, 2011）引述，讓案主看到真實的情景，才是真正有效的方法讓案主改變其感受。在這第二階段內，輔導員鼓勵案主使用思想日誌（Thought record），把自己在一些情景內引發的思維、感受和情緒都記錄下來，幫助案主察看自己從過往到現在的思想改變。在第三介入階段，由於案主陳太擁有廣闊的社交圈，輔導員鼓勵陳太可重設新的生活和行為模式。例如制訂每天的生活流程，避免出現太多無所事事的時間；定時相約女朋友歡聚談心；鼓勵陳太修讀一些能幫助自我提升的課程，減低自貶自卑的感覺；與女兒約法三章，訂立一個互相接納的夜歸時間。

### 治療或介入過程

案主陳太在首次接受輔導治療時，表現還是缺乏動力，與

---

[24] Clark, 2004.
[25] Hobbis & Sutton, 2005.

輔導員的互動不多，但願意向輔導員透露少許內心的鬱結，尤其與女兒的不和諧關係。經輔導員的耐心聆聽下，案主漸漸投入面談。輔導員教她一些自我放鬆的練習，好讓案主改善睡眠質素。在第二節面談時，案主加強了對輔導員的信任，彼此建立了互信關係，及後案主暢談了她自幼成長的經歷，透露對原生家庭的種種不滿，尤其談及對父母的偏袒表現時，甚為激動。輔導員先讓案主明白憤怒的形成及認識如何控制情緒，好讓案主能在家中減少責罵女兒的機會，避免彼此衝突加深，讓案主能保持平和心情。此外，輔導員要求案主每天記錄自己對一些生活事件的情緒反應，好讓自我檢視情緒表現的改善進程。

在第三、四節面談，輔導員開始進行認知方面的治療，讓案主能修正不理性的思維邏輯，輔導員運用一些引導發現式的問題，與案主對質一些不合理的處境，例如：女兒可先完成副學士課程後，選擇在海外完成大學課程，或在本地修讀遙距課程，前途一片光明，並不是如案主所想像的單一結果，完全沒有前途。輔導員更鼓勵案主運用行為實驗來對質別人對自己的態度，消除讀心的行為，例如：相約女友們茶敘，確認她們會否真的查詢女兒情況；跟父母相聚時，父母是否真的漠視她的存在。

## 治療或介入果效

### 短期目標

由於案主極重視家庭關係，所以在治療初期的表現甚為合作，例如學習放鬆及控制情緒等。由於看到效果，案主的動力提升了，雖然主動性不強，但已改善了不少。

案主不斷在進行行為實驗練習，漸漸恢復一些簡單的社交生活，例如：與女友茶聚、參加興趣班、與丈夫一起做運動等等。另外，她亦加強了控制情緒的學習，女兒也從旁鼓勵，漸漸彼此改善了對峙態度，加強了溝通。

### 反思和討論

案主陳太是一位勤奮好學的學生，本有良好的家庭資源，但在強勢的競爭者（兄、姊）下成長，變得不斷參與家庭的成就比拼，令案主承受強大壓力，最終選擇了退縮來抵禦不能承受的壓力。陳太對自己學業上的遺憾，期望女兒成才後可撫恤安慰一番，但事與願違，種種的事件引發，令她陷入抑鬱情緒狀態。

因案主的家庭和原生家庭都是屬於低情感表達（Low expressed emotion）家庭，對案主的治療成效大大提升。根據學者研究，患者如持續處於高情感表達（High expressed emotion）的家庭中，此類家庭的成員會製造出一些令人困擾的行為，大大增加患者在家庭面對壓力的困難，對治療的效益便大大降低。[26] 透過認知行為治療方法為抑鬱症患者治療，可有系統地從認知的修正，繼而改變扁執的行為常態，讓患者明白在個人核心信念內正與負的落差，這落差如何建構了一些個人的偏執思想和行為。從放鬆練習讓情緒穩定，到認知的修正，再用行為去驗證，每環節的運作都能讓患者學習自我修復的方法，在日常生活中重複練習，加強正面的心理質素，降低負面及不理性的思維衍生。

[26] Smith et al., 1993.

# 第三章

## 針對厭食症、懼學症
## 和病態賭徒的治療

吳惠卿
李彩燕
葛思恆

# 第一節 厭食症：日趨年輕化的進食失調症

案主瑪利是一個香港土生土長的年青人，18歲，身高5呎4吋。瑪利自少與父母和哥哥一起生活和成長。她自幼不多講話，只愛吃，性格內向，甚少和家人傾談。相反哥哥善於說話，逗得父母的寵愛。瑪利最享受吃，所以小學已是一個肥妹。由於她在讀書和溫習時也喜歡邊吃邊做，她的體重也隨着年齡增長。雖然如此，她沒感到不快。直至中學時，由於青春期，她開始注意外表，也介意他人對她身形的批評，於是她開始減肥。由最初節食到之後使用減肥藥物，經過多月的努力，她終於減去數十磅，同學都稱讚她比以前美麗和可愛，家人也很開心看見她減肥成功，還主動與她聊天閒談。她很高興。可惜這份喜悅很短暫。

有一天，她偶爾聽到一位同學批評她還是肥。頓時，她變得情緒低落，她頓覺自己真的很失敗。於是她狂吃一頓，但她實在太久沒有吃這麼多食物，感覺很辛苦，最後她嘔了。從那天起，她便用扣喉的方法，令進食了的食物不能進入她的身體。不久，這變成了習慣，她不想這樣做，但卻不能控制，她開始感到擔心。近來更完全不想進食，身體消瘦得只有80磅。她精神不能集中，月經也停了，她很擔心會影響自己的學習能力。

精神健康與輔導——認知行為治療的理論與案例

## 進食失調症簡介

根據資料顯示，本港第一名進食失調症的求診個案在 1984 年出現，此後，求診個案人數不斷上升。[1] 由 1984 年至 2001 年，因患上進食失調症而求診的人數激增了 25 倍。[2] 進食失調症通常在青少年期發病。[3] 有資料顯示，患者的發病年齡有持續下降和年輕化的趨勢。[4]

2005 年，有研究機構透過問卷調查，為本港三間中學內 2,300 多名中一至中七中學生，評估進食失調症的發病率。調查結果顯示，中學生進食失調症的整體發病率為 5.1%。女學生的發病率（6.5%）是男學生發病率（3.9%）的 1.67 倍。此外，調查顯示亦發現進食失調症患者較大機會出現吸煙、濫藥、違規和自殘行為。[5] 2007 年，另一項類同的調查研究發現，中學生的進食失調症發病率有上升趨勢。[6] 在青少年中，女性、超重和學業成績欠佳者，為進食失調症的高危人士。[7] 另外，從事某些特殊行業的人士，如運動員、舞蹈員及時裝模特兒等，他們患病的危險性會增加。[8]

由於香港政府暫時未有專門醫治進食失調症之計劃，患者會往不同醫院部門或其他不同團體求診，例如：政府醫院兒童及青少年科及精神科、香港進食失調中心、香港進食失調康復會等，因此，至今沒有一個有關進食失調症個案之確實官方統計數字。[9] 根據香港進食失調復康會（2014）資料顯示，該會於 2010 年至 2014 年共接獲 1,114 個進食失調症的熱線數字，並發現有

---

[1] 香港進食失調中心，2001。
[2] 同註 1。
[3] 衛生署衛生防護中心，2014。
[4] 同註 1。
[5] Tam et al., 2007.
[6] Mak & Lai ,2011.
[7] 同註 5。
[8] 同註 3。
[9] 香港進食失調復康會，2014。

618 宗個案。患者年齡介乎 11 歲至 55 歲，當中超過半數年齡介乎 16 歲至 25 歲。按照 DSM-IV 的診斷標準分類，約 27% 是暴食症，約 31% 是厭食症，約 42% 是其他進食失調類別。

　　進食失調症會影響患者的生理、心理、人際和家庭關係。如得不到適當的治療，進食失調症可引致併發症，對身體造成永久的傷害，甚至死亡。[10] 有研究顯示，厭食症患者的死亡率大約是沒有患上此病人士的 5 倍，而暴食症或其他進食失調症患者的死亡風險，亦較沒有患上此病的人士高出約 90%。[11]

---

### 厭食症

　　厭食症（Anorexia）是進食失調症的一種，這疾病並非只是 "失調"，厭食症也不是 "討厭" 食物這麼簡單。進食失調症是指多種與飲食態度及行為嚴重失調有關的疾病，如進食極少或極大量食物。《精神疾病診斷與統計手冊（第五版）》(DSM-V) 將進食失調症（Eating disorders）改成餵食或飲食疾患（Feeding and eating disorders），並包括以下五種：

- 反芻疾患及異食癖（Pica）
- 暴飲暴食症（Binge eating disorder）
- 神經性暴食症（Bulimia nervosa）
- 神經性厭食症（Anorexia nervosa）
- 迴避／限制攝取飲食疾患（Avoidant/restrictive food intake disorder）

---

[10] 同註 3。
[11] Arcelus et al., 2011.

根據 DSM-V，厭食症的診斷指標包括：

A. 限制攝取身體所需能量，導致對其年齡、性別、發展狀況與生理健康而言顯著過低的體重。顯著過低的體重的定義為少於最低正常值，或兒童與青少年者，少於最低期望值。

B. 強烈害怕體重增加或變胖，或即使體重偏低仍持續抑制體重增加。

C. 患者在覺知自己的體重或身材方面有障礙，體重或身材對自我評價有不恰當的影響，或持續無法體認目前低體重的嚴重性。

根據 DSM-V，厭食症確診的必要條件為明顯過低的體重，以身高體重指數（body mass index, BMI）為判定標準。BMI = 體重（公斤）/ 身高（米的平方）。中國人正常的 BMI 為 18-23 kg/m²。厭食症患者的 BMI 界定為低於 17.5 kg/m²。[12] 厭食症的嚴重程度可分為：

輕度：BMI ≧ 17 公斤/ 平方米以上

中度：BMI：16-16.99 公斤/ 平方米

嚴重：BMI：15-15.99 公斤/ 平方米

極嚴重：BMI ＜為低於 15 公斤/ 平方米

**厭食症對患者的影響**

進食失調症對患者的生理、心理、行為和人際等方面的影響，[13] 包括：

---

[12] 青山醫院，2012。
[13] 香港進食失調康復會，2014。

**生理影響**

- 體重持續或急劇下降
- 女性患者會停經，嚴重者會骨質疏鬆及不育
- 男性患者會影響性能力
- 容易怕冷、頭暈、疲倦
- 容易出現便秘及感到肚脹
- 皮膚乾燥、頭髮枯乾脫落、指甲脆弱
- 肌肉萎縮（包括心臟及大腦皮層）
- 心跳緩慢、低血壓
- 脫水

**心理及社交影響**

- 儘管很瘦但仍極度怕肥或渴望體重再減多一些
- 對自己的身形產生一些扭曲的想像
- 稱無胃口、胃脹或缺乏飢餓感，不認為自己有問題
- 情緒低落、焦慮及容易發脾氣
- 常與家人爭拗，關係變得緊張
- 減少與別人一起進食，社交圈子縮窄

**行為影響**

- 拒絕進食或有一些怪異的進食習慣，如：
  - 將食物弄碎才吃，進餐因而十分耗時
  - 只吃蔬果或低卡路里之食物，偏吃某類食品
  - 咀嚼食物後吐出
- 狂做運動、扣喉、濫用瀉藥、利尿劑或減肥藥
- 穿着較闊的衣服，掩飾骨瘦如柴的體型
- 喜歡監視家人怎樣煮食及強迫家人進食
- 喜歡自己預備食物
- 盜竊（起初通常偷食物）

認知行為治療的應用

厭食症的成因包括生理、社會和心理等方面。從認知行為治療角度分析，厭食症患者往往對身體形象的認知有所扭曲偏差，不滿自己的體形，因而產生錯誤的節食觀念。即使體重已經過輕，但仍強烈害怕體重增加或變肥胖。

認知行為治療是治療厭食症的有效方法。這療法着重處理思維、感受和行為，以及它們之間的關係。認知行為治療是利用會談方式，以生活中的環境做自我評估，使患者逐步了解飲食與低自尊之間的關聯並加以澄清修正。隨着讓患者在治療過程中，學會自我肯定和更多社交技巧，接受放鬆訓練以小量、規則飲食開始，挑選喜歡和較不敏感的食物，再逐漸增加分量及其他食物，使對"食"不再焦慮。

厭食症較普遍的負面核心信念和思想陷阱包括：

- **非黑即白的想法**    "因為我不能控制我的飲食，所以我徹底失敗。"
- **妄下判斷**    "所有肥人都不受歡迎，都是失敗者。"
- **情緒上的判斷**    "我覺得肥，我應該是肥了。"
- **自我關聯**    "不論我走到哪裏人們總是盯着我，因為我是異常的肥胖。"

## 厭食症的認知模式

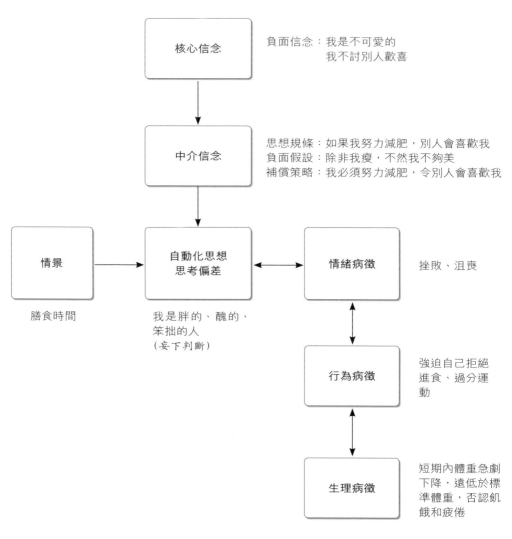

核心信念

負面信念：我是不可愛的
　　　　　我不討別人歡喜

中介信念

思想規條：如果我努力減肥，別人會喜歡我
負面假設：除非我瘦，不然我不夠美
補償策略：我必須努力減肥，令別人會喜歡我

情景

膳食時間

自動化思想
思考偏差

我是胖的、醜的、
笨拙的人
（妄下判斷）

情緒病徵

挫敗、沮喪

行為病徵

強迫自己拒絕
進食、過分運
動

生理病徵

短期內體重急劇
下降，遠低於標
準體重，否認飢
餓和疲倦

修訂自 Beck J.S.（2011）認知治療模式

# 個案工作實例
## ——過度減肥的後果

### 轉介原因

瑪利是一個 18 歲的女學生，在一次成長工作坊中，輔導員認識了她。她身高 5 呎 4 吋但體重只得 80 磅，面色蒼白、神情憔悴，臉上沒帶一點笑容。在整天工作坊中，她沒有進食，説自己沒有胃口。她停下來便坐下休息，因她時常感到疲倦，還不時有頭暈的感覺。她表示可能她太擔心功課進度，已有一段時間不想進食，輔導員感覺她想尋求幫助，就這樣她們開始交談，並為她進行輔導。

### 接案評估

### 一、個案背景

瑪利自幼愛吃。她吃很多，自小學已是一個肥妹。由於她在讀書和溫習時也喜歡邊吃邊做，她的體重也隨着年齡而增長。她的父母認為她很少朋友和學業成績不理想是她的身形和體重所致，因為她花了太多時間飲食和睡覺。

中學時，瑪利仍然是一個肥妹，常被人取笑，家人和親戚也常常評論她的身形。由於青春期，她開始注意自己的外表，也介意他人對她身形的批評。到了中五那年，連她的好朋友也以她的體重來説笑，她感到很不開心。雖然她不作一聲，其實她也很介意自己的身形，於是開始節食減肥。經過多次的節食減肥，只能減去一、兩磅，她很失望。一天她想起廣告的減肥藥物，便大膽地去試。那些減肥藥物令她時常腹瀉和精神不振，她感到很辛苦，但卻能於短時間減去數磅，於是她強忍痛苦，經過多月的努力，終於成功減去數十磅，家人和同學都稱讚她比以前美麗和可愛，她很高興。

## 二、家庭背景及家庭圖

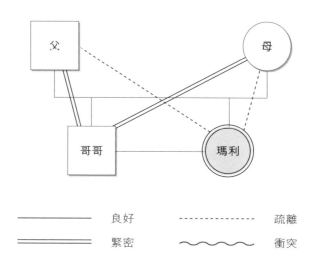

瑪利與她的父母和一個比她年長兩歲的哥哥同住，因為未能獲得大學取錄，她只能在職業培訓局選修文憑課程。相反，哥哥一向成績好，現於香港大學修讀法律系二年級。瑪利的父母常為他們的兒子感到非常驕傲，卻很少談及女兒。他們把全部注意力放在哥哥身上，也喜歡和哥哥交談，但對於她的議題都不大感興趣，也不會重視她的感受和建議。日子久了，她再不想在家裏說話，也養成內向的性格。及至她減肥成功，家人對她的注意才有改善，對她的稱讚也多了。

### 三、精神健康問題

#### 在何時及甚麼情況下病發

瑪利很喜歡吃東西，但自減肥後，對食物既愛又恨，一方面她享受美味的食物，但另一方面在進食後又感覺非常內疚，責備自己為何會享受食物，也有挫敗感，因為怕進食後身體會肥胖。事實上，她當時的體重只得 95 磅，卻每次照鏡還覺得自己很肥，盡管瘦了這麼多，總覺得自己還是很肥胖。

有一天，她偶爾聽到一位同學批評她的下身仍是很肥。頓時，她變得非常不開心，情緒低落，頓覺多月的努力是白費的，真是失敗。於是她狂吃了一頓，但因很久沒有吃這麼多，實在太飽，她感覺很辛苦，最後她嘔了，覺得舒服一些。從那天起，每當她吃食物，便害怕自己會變肥，她便用扣喉的方法使自己嘔吐，令食物不能進入體內。漸漸這做法成為習慣，但偶然當她不想這樣做，卻不能控制自己，她開始感到擔心。自她發病後，家人很殷切地關心她。

#### 現時如何影響個案

因為扣喉引至嘔吐，令她的胃酸灼傷喉嚨，亦另牙齒變黃，漸漸對食物失去興趣。近來瑪利完全不想進食，身體日漸消瘦。雖然已達到瘦身的目的，但她感到身體虛弱，精神不能集中，大大影響她日常生活和學習能力。幾個月來她的月經也停了。她十分憂慮，不知如何是好。

#### 根據 DSM-V 準則分析

瑪利的體重已降至 100 磅以下，但她還是害怕體重會增加，只想再變瘦，她限制飲食，甚至禁食，扣喉引吐或服用藥物。當被問到健康狀況時，儘管已經出現明顯過於消瘦的症狀，她都不認為體重有問題，仍堅持認為自己太胖。這幾個月她的月經週期也停了。當瑪利在情緒低落時會暴飲暴食，然後又用強迫嘔吐方法，阻止身體吸收。

根據 DSM-V 診斷準則，以上的徵狀和行為都顯示瑪利很可能患上暴食引吐型的厭食症。

### 認知行為治療的應用

根據厭食症的認知模式，瑪利的認知是受她的核心信念和中介信念影響。中介信念就是她給自己訂下的規則和假設。以下是瑪利的信念分析：

瑪利自小愛吃，吃給她無限歡樂，吃得多也肥胖起來，自小學已被稱為肥妹。他的哥哥亦喜歡吃，但更愛說話，時常逗得父母開心，因此父母一直疼愛哥哥。在學業方面，哥哥表現出色，所以父母便只留意哥哥，他的任何事情，父母都表示關心和感興趣；相反，瑪利在家裏完全被忽略，父母只留意她的肥胖體形，時常重複因她肥胖而影響學業。由於她在這樣的環境下長大，養成了寡言和內向的性格，她感覺孤獨和不被關心。亦因她的性格關係，在學校只得一兩位好朋友，但她卻認為是她肥胖的身形所至。

父母對她的態度，讓她建立了一個信念——肥胖的人是不可愛的，這個負面信念形成了負面的假設和規則，即中介信念。

那就是若要得到別人的尊重、接納和認同，只有瘦身才可以成功。這個負面的核心信念其實一直隱藏着，直至她上了中五，因為她再忍受不了被取笑，她的核心信念就顯露出來，並透過自動化思考展現出來。於是她開始覺得需要減肥，才能受人喜歡。她甚至覺得肥胖是一種罪，她必需要達到社會瘦身的標準才是成功和有價值的人。我們在以下的認知概念圖可以進一步了解她的自動化思想。

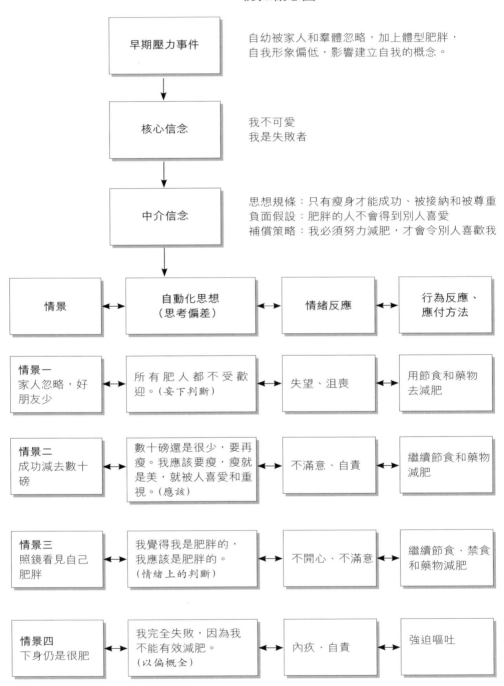

認知概念圖

早期壓力事件 → 自幼被家人和羣體忽略，加上體型肥胖，自我形象偏低，影響建立自我的概念。

核心信念 → 我不可愛
我是失敗者

中介信念 → 思想規條：只有瘦身才能成功、被接納和被尊重
負面假設：肥胖的人不會得到別人喜愛
補償策略：我必須努力減肥，才會令別人喜歡我

| 情景 | 自動化思想（思考偏差） | 情緒反應 | 行為反應、應付方法 |
| --- | --- | --- | --- |
| **情景一**<br>家人忽略，好朋友少 | 所有肥人都不受歡迎。（妄下判斷） | 失望、沮喪 | 用節食和藥物去減肥 |
| **情景二**<br>成功減去數十磅 | 數十磅還是很少，要再瘦。我應該要瘦，瘦就是美，就被人喜愛和重視。（應該） | 不滿意、自責 | 繼續節食和藥物減肥 |
| **情景三**<br>照鏡看見自己肥胖 | 我覺得我是肥胖的，我應該是肥胖的。（情緒上的判斷） | 不開心、不滿意 | 繼續節食、禁食和藥物減肥 |
| **情景四**<br>下身仍是很肥 | 我完全失敗，因為我不能有效減肥。（以偏概全） | 內疚、自責 | 強迫嘔吐 |

修訂自 Beck J.S.（2011）認知治療模式

### 個案介入或治療

介入目標　　運用輔導技巧　　成效評估

**治療目標**

輔導員主要採納認知行為療法的介入手法，協助瑪利

1. 宣洩情緒，改變她非理性的思想

2. 培養正確的美的觀念，提升個人的自尊和自信

**治療計劃**

輔導員應用認知治療會談方式，以生活中的環境做自我評估，使瑪利逐步了解飲食與低自尊之間的關聯並且加以澄清修正。在治療的初步會協助瑪利辨識不當的認知及飲食態度，減少困擾的飲食習慣。之後會教導對飲食及體重正確的概念，從而建立規律的飲食習慣、放棄節食、養成均衡的飲食方式。

在辨識不當方面，輔導員會用飲食記錄表，主要目的是詳細記錄瑪利的飲食習慣，知道影響她飲食的想法和感覺，也要記錄每週的體重，注意體重的變化及飲食習慣是否有相關。其次便是認知重建，讓瑪利辨別正向和負向的自動化思想，邀請她每天記錄自己的自動化想法，找出自己的思考模式及核心概念，通過蘇格拉底對話的方式去挑戰瑪利的自動化想法。

行為治療方面，着重讓瑪利學會自我肯定及更多社交技巧，並接受放鬆訓練以逐步修正個案對"吃"本身的焦慮。由於家人的理解和支持也很重要，所以輔導員也會安排定期小組活動及家人的協助，以確定瑪利能獨立使用認知技巧，保持正確的飲食態度及習慣，這不僅是在治療階段的學習，在療程結束之後仍然會自己使用這些技巧，並且預防厭食症的復發。

若果這些治療都無效，或瑪利的體重達到危險的情況，才會轉介醫生接受藥物或入院治療。

**治療或介入過程**

- 飲食記錄表

首先就是辨識有問題的想法和感覺，詳細記錄飲食習慣可幫助瑪利檢視這些想法和感覺。記錄表展示的資料舉例如下：

日期　　　　　　　　　　　　星期

| 時間 | 吃喝的分量 | 地點 | 狂吃 | 嘔吐／服藥 | 其他 |
|------|-----------|------|------|-----------|------|
| 7:45 | 一個蘋果、一個柚子、一杯咖啡 | 家裏 | | | 沮喪、覺得肥胖 |
| 3:10 | 一件雞蛋三明治 一個麵包 一碗即食麵 | 家裏 | √ √ √ | | 剛從學校回來，極度不開心，因被同學排擠 |
| 3:45 | 一杯茶 | 家裏 | | 嘔吐 | 哭。內疚吃這麼多。辛苦。下一次決不再吃了。 |
| 7:20 | 一碗湯 | 家裏 | | | |
| 8:35 | 一碗糖水 | 家裏 | | 服藥 | 為滿足家人，但感覺沮喪，擔心變肥，覺得很肥胖。 |

由以上的資料顯示當瑪利不開心或受壓力的時侯，便會狂吃，但之後又會作出一些不適當的補償性行為，就是嘔吐和服藥。她的想法就是過分關心外表和體重而導致低自尊，也形成內疚、自責和沮喪。輔導員按這些記錄來分析，配合環境和行為各方面的改變，矯正其不正確的飲食習慣。

- 記錄體重

瑪利同時要每週記錄體重，留意體重的變化和飲食習慣有沒有任何關係。例如她扣喉後體重沒有下降，又或她進食後體重不變，從而學習健康的控制體重方法。

- 重建認知

瑪利對體重和身形那扭曲的看法和偏差的態度，都是由負面的核心信念而產生的自動化思想，因此要先處理這些負面的想法，才能改善自我批評和追求完美的態度。輔導員運用蘇格拉底對話方式去處理瑪利以下四個自動化思想的情景，藉此導引探討和尋找理性答案。

**情景一：家人忽略、好朋友少的妄下判斷**

**情景四：下身仍然肥胖的以偏概全**

當輔導員問瑪利有甚麼證據支持她的信念，她說沒有。又問她如果她的朋友在這樣的情況下會有何想法。她想不一定和她肥胖有關。其實當她展露笑容，不再避開同學和家人，他的朋友也跟她交往多了。

**情景二：成功減去數十磅的應該**

**情景三：總覺得還是肥胖的情緒上的判斷**

當輔導員問瑪利：〝你期望你是完美的嗎？〞〝你如何看待別人在你自己的情況？你有沒有使用雙重標準？〞她看見自己不理性的信念，也願意調整自己的期望，例如〝我應該〞可改為〝我希望〞。從而建立正確的美的觀念，重塑完整正面的自我形象，不再單由身形或外表來釐定自己的價值。

- 培養正確的美的觀念，提升個人的自尊和自信

輔導員透過行為實驗讓瑪利去檢視自己的能力和表現。瑪利接受輔導員的建議，參加了學校的迎新活動，協助新同學認識校園，在活動結束時，她意外地收到兩位新同學的多謝咭，並稱讚她是一位友善和可愛的師姐。這樣瑪利的自信心和成功感便有所提升，也證明她不是不可愛，不是失敗者。

- 放鬆小組

經過以上的探討，瑪利願意接受小組的放鬆訓練去減低對〝食〞的焦慮，也就是從小量、規範飲食開始，挑選她喜歡的食物、較不會敏感的食物，再逐漸增加分量及其他食物。過程中會詢問營養師，建立正確及健康的飲食計劃，培養正確的飲食規則。

### 治療或介入果效

介入目標　運用輔導技巧　成效評估

　　認知行為治療是普遍用來醫治飲食失調的其中一種有效方法。按着飲食記錄表，輔導員幫助瑪利制定更好的方法去表達和處理她的情緒，也協助她糾正非理性思想，重建自我價值。輔導員也邀請她的家人一同參與治療，讓家長以開明的態度接納女兒的病患，也幫助他們尋找積極的溝通和互動方法。經過一年時間，終於在各人不斷的鼓勵和支持下，她感覺被愛、被重視，並享受與家人、朋友一起進食，重拾食物的美味觀感。

　　餵食或飲食疾患者的康復需要時間和多條件配合，其中一個重要的因素，是要愛惜自己，家人的陪伴和支持是不可缺少的。瑪利和家人溝通改善了，彼此更了解，時常給與關懷和支持，有助瑪利的康復。

#### 反思和討論

　　厭食症大多無法自然痊癒，因此患者需得到適當治療及協助。研究顯示，認知治療能有效幫助厭食症患者，包括增加體重和改善思考偏差。[14] 適用於厭食症的治療方法，還包括增強動機、認知行為及家庭治療，暫時還沒有研究指出當中哪一個治療取向，比其他取向有更為肯定的正面效用。[15] 厭食症及暴食症絕對是可以治癒的疾病，在輔以適當的輔導及藥物治療後，約五成患者會完全痊癒，約三成患者能改善病情。[16]

　　"瘦才是美" 的標準令大眾認為肥胖是不能容忍的，以致產生無限的的減肥廣告和骨瘦如柴的模特兒。婦女基金會於 2015

---

[14] Calugi et al., 2015; Dahlgren, C.L., & Rø, Ø, 2014.
[15] Lock et al., 2010.
[16] Steinhausen H. C., 2002.

年公布一項有關 "香港媒體如何營造和強調傳統性別觀念" 研究，報告指出媒體對女性理想身形的特定看法，會令女性較容易不滿意自己的身形、引發低自尊和進食失調。這是令人關注的，特別是娛樂雜誌和網絡上有很多針對女性的減肥廣告。由此可見，我們需要正視媒體的影響力。藉着這項研究希望會使政府及媒體等機構往後凡涉及女性及其形象時，都能保持正面和負責任的態度。

預防方面，美國知名心理治療師 Margo Maine（2000）所著的《身體戰爭》（*Body War*）一書中，提到在這個民主的時代，對於身體形態的理想，反而變得沒有自由。人類社會，因為基因、體質、生活環境、飲食習慣等等的差異，體型本來就是各有不同，但是因為世界的主流與媒體的催化，讓那些不符合 "主流標準" 即纖瘦的女性，在社會壓力下變得自卑和有罪疚感。這種價值觀成為強烈的心理束縛。正如這位心理治療師所願，期望有一天，體型與體重不再成為許多人的心理負擔，各人都能接受和欣賞胖瘦皆美。

# 第二節　懼學症：情緒困擾，拒絕上學

受助者彤彤是一位 13 歲的中一女生，在香港的中產家庭出世，是家中獨女，父母是專業人士，家庭經濟很好。父母期望彤彤在親戚和朋友的子女中與眾不同。因此，彤彤自小便跟隨父母的悉心安排：入讀名校、學習音樂舞蹈和高智能培訓。總之，一切都要彤彤贏在起跑線。小學時彤彤確實表現非凡，令父母感到十分驕傲，她對自己的要求越來越高，不知不覺地背負着沉重的壓力，難以接受小小的失敗。可惜的是彤彤踏入中學後，成績卻未如理想，同時，由於父母從小的過分保護，她的人際關係及逆境處理能力較差。稍為遇到了小挫折，便覺得是巨大的失敗，以致失眠和焦慮。彤彤越是害怕測驗和考試，心情便越加緊張，心理和身體都感到不適，包括：焦慮不安、容易疲勞、不能集中精神、肌肉緊張和睡眠質素差。大大影響她的記憶和理性分析能力。一天早上，當彤彤正在吃早餐準備回校，忽然胃痛和腹痛，她因病告假，媽媽帶她看醫生，做一些相關的檢查，卻找不出原因，但只要她留在家身體便沒有大礙。其後這樣的情況發生不只一次，父母留意到彤彤很懼怕上學，而且發生懼學的次數逐漸頻密及時間亦延長了……

# 懼學症簡介

## 懼學症

懼學症（School phobia）簡單來說是學生因為過於恐懼而不敢上學，亦稱為"學校恐懼症"。從心理健康角度看缺課及輟學的行為，懼學症只是其中一種狀況。孩子不上學因而缺課及輟學的行為主要分為兩大類：逃學及拒學／懼學。劉玉琼、梁玉珍、王定茹（2008）從年齡、行為、學校表現、心理生理反應、家庭、受輔導意願和未來結果來區分逃學及拒學／懼學，他們認為心理健康專業所關注的是拒學／懼學問題，而逃學則被視為教育專業需處理的問題。

### 香港免費普及教育

香港政府從 1971 年起推行全民六年免費教育，六歲至十二歲的學齡兒童必須接受義務基本小學教育，1978 年則全面實施九年免費教育，將義務教育的範圍擴展至初中。[17] 根據香港教育局的 1／2009 號確保學生接受教育權利的通告，由 2008 年開始提供十二年免費教育。[18] 政府把免費教育延伸至公營中學的高中年級，學生應可在同一學校完成六年的中學教育。該通告主要是提醒學校，學生接受教育的權利至為重要，學校必須加強措施確保學生定時上學，並嚴格遵守規定向教育局申報學生缺課及輟學的個案。如果家長因某些原因，不讓六至十五歲學童上學，或學童輟學已六個月，而期間學校已經有社工或輔導等的介入處理及向家長發出警告信，而家長一直不予理會，政府便會頒布入學令

---

[17] Auditing Commission, 2007.
[18] 香港教育局，2009。

及相關法例，否則，家長便要面對法律訴訟。

### 輟學率輕微上升

根據香港政府政制及內地事務局（2010）的公約報告，輟學率有輕微上升：2005-06 學年的輟學率為 0.20%、2006-07 學年的輟學率為 0.29%、2007-08 學年的輟學率仍為 0.29%。《明報》專訊（2012）報道："教育局發言人表示，在 2008-09 至 2010-11 的 3 個學年，12 至 14 歲的學生輟學率為 0.3%，15 歲或以上輟學率則為 1.6%，當中包括新學制和舊學制高中學生。以此推算，平均每年約有 700 名初中生及 3,700 名高中生輟學。輟學的數字只顯示學生連續缺課七天而向教育局申報，當中包括逃學和拒學 / 懼學的學生。如果數字包括缺課少於七天的學生，輟學率便會更高。

### 懼學症症狀

早於 30 年代，Broadwin（1932）提出懼學的行為定義在"逃學"的範圍之內。自 1960 年後，教育界多次使用拒學症來形容因為情緒困擾、挫折而拒絕上學的行為，然而，在精神醫學的領域，拒學 / 懼學不是一個病症，而是一種現象。[19] 從美國《精神疾病診斷與統計手冊第五版》（DSM-V）中，找不到 "懼學症" 這個名稱，認為懼學的現象會出現在任何一個患有精神疾病的兒童及青少年身上，例如焦慮疾患、行為障礙、發展性的疾病或是嚴重的精神疾病等都可能出現拒學的現象。因此，拒學是一個行為表現，而原因可能是某一種精神病引發的問題。

### 對患者的影響

一般而言，父母和老師都希望兒女和學生能夠按時上學，健康地度過校園的生活而成長。根據劉玉琼、梁玉珍、王定茄

---

[19] 吳佑佑，2012。

（2008）描述，懼學症較多受到情緒困擾，患者有焦慮、恐懼或抑鬱的徵狀，通常是對情境產生焦慮或是分離的焦慮等，會轉化為生理疼痛；患者依賴性強、缺乏獨立能力、自我評價低；人際關係差，與同學、老師缺乏互動，拒絕上學，甚至斷絕社交活動。

### 認知行為治療應用於懼學症

從認知行為治療的角度看懼學症：

a) 患有懼學症的受助者大部分因為學校環境令他們感到不安和壓力，可以是對陌生環境的恐懼、不願與父母分離、無法應付學校的功課、測驗和考試。當遇到小小的挫敗，便會覺得自己沒有未來。例如同學不主動邀請入組做專題研習，便覺得被別人杯葛或討厭。

b) 較普遍的負面核心信念

我犯錯了、我應該這樣做、我很無用；我不信任自己、我不能相信別人；我不受歡迎、我不可愛、我要成為完美的人。

c) 較負面的思想陷阱

| 負面思想 | 思考偏差 |
|---|---|
| 英文科老師因為我的英文成績退步了，所以老師不再重視我，我在學校沒有地位。 | 妄下判斷 |
| 老師批評我的功課，一定是我做得很差。 | 諉過於己 |
| 昨天小息，我的好同學不和我玩，因為我不討好，所以沒有人肯和我做朋友了。 | 以偏概全 |
| 我這次不及格，就不能升班。那麼，我便沒有將來。 | 災難化 |
| 我做的專題研集應該取得 A+。 | 應該句子 |
| 我必須要今年考到八級鋼琴。 | 必須句子 |
| 做事追求完美，一切都要最好，對自己構成很大壓力。 | 完美主義 |

# 懼學症的認知模式

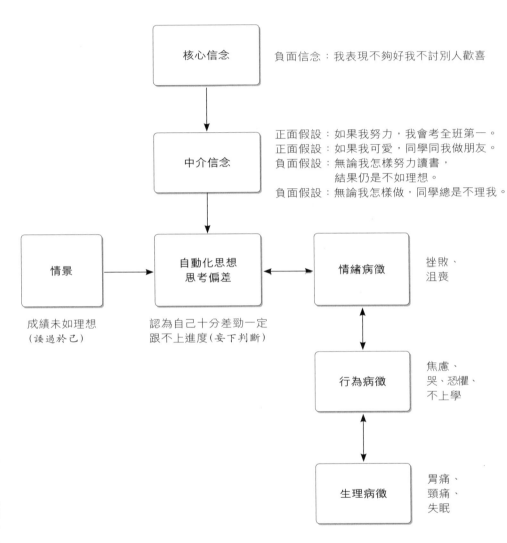

核心信念

負面信念：我表現不夠好我不討別人歡喜

中介信念

正面假設：如果我努力，我會考全班第一。
正面假設：如果我可愛，同學同我做朋友。
負面假設：無論我怎樣努力讀書，
　　　　　結果仍是不如理想。
負面假設：無論我怎樣做，同學總是不理我。

情景

自動化思想
思考偏差

情緒病徵

挫敗、
沮喪

成績未如理想
(諉過於己)

認為自己十分差勁一定
跟不上進度(妄下判斷)

行為病徵

焦慮、
哭、恐懼、
不上學

生理病徵

胃痛、
頸痛、
失眠

修訂自 Beck J.S.（2011）認知治療模式

# 個案工作實例
## ──考試帶來的焦慮感

### 轉介原因

　　彤彤是一位 13 歲的中一女生，初次接觸她和她的父母，她已經三次不能上學，每次約一天或連續兩天懼學，不過仍未嘗試過連續七天不上學，每次彤彤父母以她患病的理由，幫她向校方告假。所以，學校尚未介入處理。這三次不能上學的原因，都是於早上起床後，在她梳洗和吃早餐準備回校的期間，便感到不適，特別是胃痛和腹痛，有時會全身抖震或大喊起來。父母不知所措，只好讓她留在家裏休息，第一次發生時，媽媽帶她看醫生，也做了一些相關的檢查，卻找不出原因，但後來發覺，她只要留在家裏，身體便沒有大礙。彤彤父母見到她突然懼怕上學而感到非常困惑，他們首先的想法是：不上學便會影響學業，擔心學業成績會退步，另一方面，也害怕懼學的日數和次數會增加，變得頻密，女兒的名字需要呈交教育局，這樣會影響她未來升學。他們在苦無對策下，惟有主動帶她來向輔導員求助。

### 接案評估

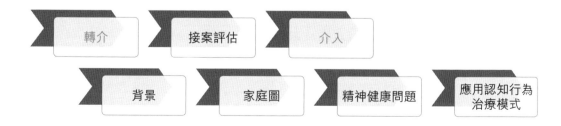

## 一、個案背景

彤彤是家中獨女，爸爸和媽媽既是名校畢業生，也是高等知識分子和專業人士，平日的生活主要是工作，除了工作以外，他們一切的專注力都集中在彤彤身上，父母努力塑造她成為品學兼優的好孩子。小小的彤彤在幼稚園時期已學習"琴棋書畫"等多項技能，也安排她入讀香港的女子名校。小學的時候，彤彤操行良好、成績甚佳，適應完全沒有問題。小學階段的她，按着父母的計劃和鋪排，學業成績佳，又是乖乖女一名，得到老師很好的評語，年紀小小，已學懂了多項學藝，更考獲七級鋼琴，真是堪當稱為"小才女"。在親戚聚會中，小彤彤確令父母感到驕傲和自豪，而她也覺得自己與眾不同。

彤彤順利由小學升到中學，可是，剛踏入青春期的她，加添了一些少女的莫名煩惱，中學又是人生的另一個階段，名校中學的學生來自不同小學的優異生，為彤彤帶來很大的挑戰，一切都是新的適應：新的階段、新的環境、新的老師、新的同學和新的課程等。習慣在熟悉的軌道而行的她，仍是要求自己要達到最高標準，突然間要適應這一切的新轉變，對小彤彤真是談何容易。完美主義的彤彤，只要遇到一次測驗略為失準，便對自己的觀感徹底扭轉，乖巧竟變成愚蠢，可愛竟變成可惡，這些負面思維和情緒強烈地浮現在彤彤的腦海中。即使是親戚的一句小小評語，她一面便擔心自己未能達到父母對她的期望，另一面卻十分明白父母的期望是為她好，她內心充滿矛盾和衝擊。

## 二、家庭背景及家庭圖

彤彤於中產家庭出生，家庭經濟良好，父母是專業人士，二人分別在國際性的大企業集團及銀行工作，家庭收入穩定，居住於香港私人樓宇，屬於有樓有車一族。但因為身為公司要員，他們二人的工作壓力很大，形成非常認真嚴謹的生活模式，一切都是那麼緊張，而且要求效率高。父母經過十幾年的夫妻生活，夫婦倆的親密程度已漸減退，有時會為雙方的原生家庭事務或教女的方法而爭執，做成彼此意見不合，為了避免爭吵而各自實行自己的意願，大家寧願選擇沉默，彼此不溝通。他們除了工作，便將一切專注力投放在女兒身上，爸爸媽媽成了女兒學藝的經理人，爸爸甘願作司機，讓女兒縮短交通時間去學習各式各樣的技能。

　　週末，彤彤一家會跟祖父母及外祖父母作家庭聚會。彤彤比堂妹（叔叔的女）大四歲，姨媽有一子一女，表姊和彤彤的年齡相若，而表哥比她大三年，不論是堂妹、表哥和表姊都在名校讀書。聚會時家長在有意無意下，講述子女的學業成績和學藝比賽，做成了同代的競爭比較，為他們構成了無形的壓力和比拼。

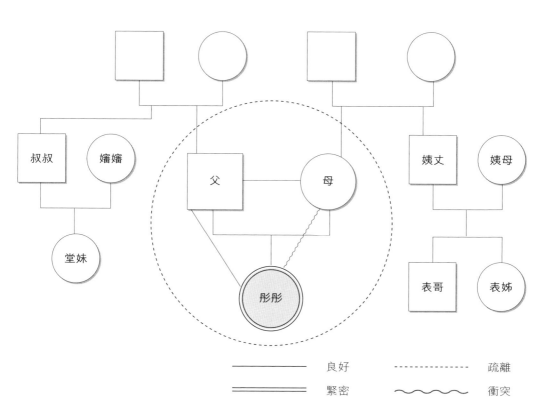

| ———————— 良好 | - - - - - - - 疏離 |
| ════════ 緊密 | ∿∿∿∿∿ 衝突 |

### 三、精神健康問題

　　與彤彤初次會談，發現她的性格溫和、害羞、有禮，但説話聲音稍嫌小了些，有時需要她重覆才可聽清楚她説些甚麼。她很願意回答問題，只是眼睛不太直視輔導員。她表示自己不能放鬆、害怕發生不好的事情、緊張、害怕失控、恐慌，最嚴重的是消化不良或腹部不適。特別是準備上學前，她的緊張感更加劇烈，她會不期然地胃痛和腹痛，有時痛得不能忍受。

　　彤彤內心很寂寞，滿懷心事而無法宣洩。面對測驗和考試，總是太緊張而引致生理不適，這樣更加影響了她的記憶和理性分析能力。同時，由於她的災難化思想，她的思維便極度負面，產生了很多焦慮，她害怕成績退步而不能升班，她便因此沒有將來。以往的好同學也不願與她一起，只剩下她孤單一人，一方面她要努力討好同學，但另一方面卻害怕被拒絕。她覺得老師看不起她，當她上課時，會擔心聽不到老師講的説話，而這些話如果是考試重點，她遺漏了，而萬一考試真的出了，那便遭殃。她感到已沒有能力達到父母對她的要求。這一切焦慮、害怕和擔憂不斷累積，對她的學習狀況完全沒有幫助，相反，上學期的各科成績只是勉強及格，結果強差人意，彤彤因此耿耿於懷，終日愁眉苦臉。

　　不愉快的讀書經驗大大影響了她的興趣，平日喜歡彈鋼琴的她，為了應付學校的功課和讀書而缺乏時間練琴。如今她很怕去學琴，因為缺乏練習，彈琴的技術停滯不前，她覺得新的鋼琴老師很惡，只要她彈出小小錯誤，老師便會狠狠地指罵她，每星期去學彈鋼琴對她來説，已不是輕鬆的藝術興趣，而是一件非常沉重和痛苦的事。每次學琴後，焦慮和恐懼感更加劇增。因為鋼琴老師經常警告她，這樣下去，她考八級鋼琴試一定不及格。

#### 現時如何影響個案

　　彤彤的完美主義及生活方式過度嚴謹，為她帶來相當大的壓力。當測驗考試時，從前的她有不俗的表現，但是如今好像一切都超乎她的掌控，她放棄了課外活動，但仍感到溫習的時間不夠。當事情超出她能掌控的範圍時，就感到崩潰了，有時會不自覺地哭起來。輔導員透過面談，首先了解彤彤的情況，發現她自從收到上學期考試的成績表後，情緒開始很不穩定，常常擔心自己在學校的表現失準，這些莫名的擔心一直影響她的思想和生活，甚至嚴重至令她茶飯不思，晚上難以入睡。

與彤彤進一步交談，得知她三次懼怕上課的日子，原來都是當天有測驗。雖然她已充分溫習，莫名的擔心又盤據她的內心，晚上亦睡得不好，而恐怕會失準，生理亦隨着心理壓力而出現問題，出現胃痛和腹痛。一刹那間，她的負面思維又浮現在腦海，因為不知所措，便以眼淚來表達，在身心疲勞下，她已無力上學。

### 根據 DSM-V 準則分析

"懼學症" 這個名稱在 DSM-V 上找不到，學者認為懼學的現象會出現在多種兒童及青少年的精神疾病，包括焦慮和抑鬱。[20] 按 DSM-V 評估準則進行個案分析：

- 彤彤自從升上中學的大半年內，焦慮和害怕感日益增加
- 當她面對無法控制的情境，例如學校的測驗考試時，感到崩潰，有時更不自覺地哭起來。
- 與焦慮症相關的六個症狀中，除了容易發怒一項外，其他五項均出現在彤彤身上，包括：焦慮不安、容易疲勞、不能集中精神、肌肉緊張和睡眠質素差。

根據 DSM-V 評估準則，懷疑彤彤患上了焦慮症。這個案例的懼學症出現在焦慮症的彤彤身上。

---

[20] Maric et al., 2013.

認知行為治療的應用

精神健康問題 → 應用認知行為治療模式

自動化思想 → 中介和核心信念 → 認知概念圖

## 成長中的生活經驗塑造個人規條、核心信念和中介信念

以下是有焦慮症的學童出現懼學症的認知模式，彤彤的思考偏差、思想規則和核心信念影響，分析如下：

第一次與彤彤一家人面談時，已察覺這個家庭具有嚴謹的生活規條和秩序，就猶如一列火車必須要在軌道行駛。媽媽是位能幹的婦女，既工作又照顧家庭，她認為自己對彤彤只是一般家長的要求，一切的安排都是為彤彤的將來，她最關心的就是彤彤要盡快回復正常生活，媽媽的說話很有邏輯和理據。彤彤面對媽媽的說話時感到有壓迫感，以致她避免與媽媽談話。父親比較沉默，不多言語，但也聽到他對彤彤的期望、做人的標準和他如何保護彤彤。在父母的管教下，彤彤已建立一種信念："若我用功讀書，我便是有價值的"。

彤彤的成長背景，顯然是典型家長從小灌輸孩子學歷勝於一切，凡事都以上補習社、學習為重，這種家庭喜歡每天過着沒有變化的生活。彤彤在兒童階段，已建立了做人的假設和思想規則："只要我用功讀書，就必定成功"、"如果我考不好，一切都會失敗"、"我必須獲得好成績"、"一定要進入好的大學"、"不用功不行"。這些假設和思想規則，成為她的成長動力。在父母的愛護和督促下成長，思想單純的彤彤在童年期安然度過，學藝方面能按父母的要求達標。

然而，剛升上中學，她對新事物的適應出現困難，因為平時只顧溫習，較少娛樂，接觸外界的機會不多，她的適應能力較慢，面對較強的同學竟害怕起來，一次考試成績退步已令她產生挫敗感，對自己建立了負面信念。她開始相信："無論我很用功，仍考不好，因此我很失敗"。這種讀書規則對彤彤構成負面的影響和壓力，並引發焦慮和懼學情緒。

彤彤的負面思想日積月累，自我價值越來越低，她曾提到"我真的無法控制了"，不知如何讀書，距離考試的日子還有好幾個月，她已經開始恐懼，總是害怕未能完全溫習妥當。每次拒絕上學的時候，她的內心其實有很大的掙扎，明知不上學不對，但她不能控制自己的情緒和生理反應。如果勉強回到學校，她的胃痛和腹痛便維持一整天。根據貝克（Beck,2011）對核心信念的分類，她認為自己無法控制，屬於無助核心信念。

## 認知概念圖（Graph of case conceptualization）

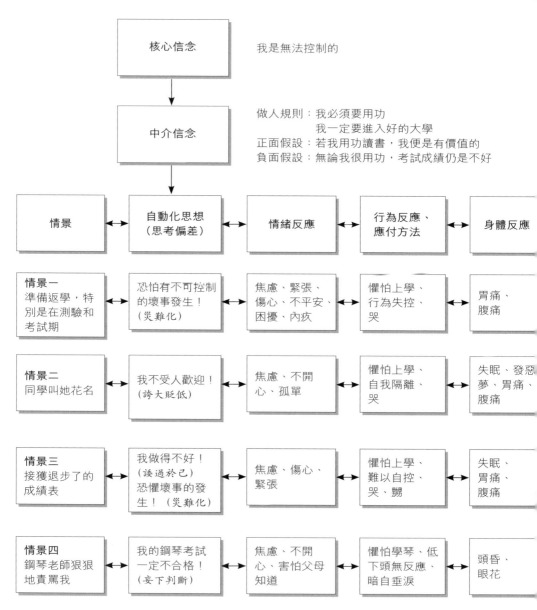

| 核心信念 | 我是無法控制的 |

做人規則：我必須要用功
我一定要進入好的大學
正面假設：若我用功讀書，我便是有價值的
負面假設：無論我很用功，考試成績仍是不好

中介信念

| 情景 | 自動化思想（思考偏差） | 情緒反應 | 行為反應、應付方法 | 身體反應 |
|---|---|---|---|---|
| **情景一** 準備返學，特別是在測驗和考試期 | 恐怕有不可控制的壞事發生！（災難化） | 焦慮、緊張、傷心、不平安、困擾、內疚 | 懼怕上學、行為失控、哭 | 胃痛、腹痛 |
| **情景二** 同學叫她花名 | 我不受人歡迎！（誇大貶低） | 焦慮、不開心、孤單 | 懼怕上學、自我隔離、哭 | 失眠、發惡夢、胃痛、腹痛 |
| **情景三** 接獲退步了的成績表 | 我做得不好！（諉過於己）恐懼壞事的發生！（災難化） | 焦慮、傷心、緊張 | 懼怕上學、難以自控、哭、嬲 | 失眠、胃痛、腹痛 |
| **情景四** 鋼琴老師狠狠地責罵我 | 我的鋼琴考試一定不合格！（妄下判斷） | 焦慮、不開心、害怕父母知道 | 懼怕學琴、低下頭無反應、暗自垂淚 | 頭昏、眼花 |

修訂自 Beck J.S.(2011) 認知治療模

### 個案介入或治療

#### 治療目標

　　彤彤父母最關注的是彤彤不要怕上學，能正常回校上學。而彤彤的懼學源於焦慮，經商討之後，父母與輔導員協議採納認知行為療法的介入手法，定下輔導的治療目標：

- 改善彤彤的焦慮和恐懼情緒
- 擴闊彤彤對人和事物的不同角度及經驗，放寬固有的不良思想規條，並建立正面的思維
- 減低懼學的行動傾向，恢復正常的校園生活

#### 治療計劃

　　一般來說，認知行為介入法是以短期方式進行。若以個案形式進行輔導，15 次至 20 次是基本的面談次數。[21] 但是彤彤父母怕面談次數多會阻礙了讀書時間，他們初步同意 10 次的面談次數。輔導員亦同意視乎彤彤的進度而調整面談次數。認知行為治療的介入，主要分為三大類：認知治療法、情緒治療法和行為治療法。

| 治療法 | 目標 | 方法 |
|---|---|---|
| 認知治療法 | 讓彤彤認識事件發生與她的情緒、行為、身體變化及思想有關；明白自己的非理性思想和思考偏差影響她的情緒；透過曾發生的情景分析來檢證她的思考偏差 | 引導性探索、認知分析圖、思想記錄 |
| 情緒治療法 | 放鬆和分散彤彤的焦慮和懼怕感；練習鬆弛以減低焦慮；一步一步面對令她緊張的場境，仍能克服焦慮情緒；接受自我，改善及紓緩負面情緒 | 分散注意力、鬆弛練習、系統減敏法、專注覺察 |
| 行為治療法 | 重整及建立積極的生活；提供社交技巧和增強自信心 | 活動編排表、技巧訓練、化繁為簡 |

---

21　黃富強、李鳳葵、鄭燕萍，2013。

### 治療或介入過程

介入目標　　運用輔導技巧　　成效評估

　　彤彤因為過度焦慮和感到內心不安，引發了很多非理性的思考和信念，就如在情景一的災難化情緒：恐怕有不可控制的壞事發生；情景二的誇大貶低和情景三的諉過於己，都是在學校內出現的非理性思考：同學不理會我，不歡迎我！我退步了，因為我做得不好！我很擔心有壞事發生；情景四的妄下判斷加深了她對學習恐懼的嚴重性。所以，處理彤彤的自動化思維是首要的。輔導員以認知行為治療，如果彤彤能改變她的自動化思維，解決了她的心理恐懼和焦慮，生理上的胃肚和腹肚便隨着心境放鬆而減少發生。因此，她便可以安心上學。

➤　針對情景一：害怕上學

　　輔導員運用引導式探討（guided discovery）方法，協助彤彤檢視其證據支持和反對她的非理性想法和負面思想，引導她說出較合理的思想。彤彤的災難化情緒通常出現於考試和測驗的日子，輔導員明白她懼怕自己在考試和測驗失準，很重視成績，所以要讓她明白每個人都會犯錯，考試測驗犯錯更是常有的現象，反問彤彤的句子例如：這樣的錯真的不可原諒嗎？現在好成績的幾位同學有沒試過答錯題目呢？請妳列舉一些名人也曾犯錯，他們如何處理那些錯失呢？

　　當她能分析自己的災難情緒只是源自非理性思想後，輔導員進一步強調她的讀書能力是很強的，引導她說出雖然她在班中的成績普通，但她現時就讀的是全港有名的學校，比較一下香港現時的一般學校情況，即使是在她校內成績不理想的學生，她們的程度仍然比很多校外學生高。她理解到自己不單不是那麼差，而是優秀的學生。輔導員與她一同檢視她的長處、才能、優點和優勢，她懂得欣賞自己及如何運用自己的優勢，她的不安和內疚感因而減少了。

　　為了讓彤彤練習正面思想取代負面思想，輔導員邀請她填寫思想記錄（thought records），她每次面談的時候，把記錄的情景分享出來，並説出改變思想模式有何不同，對事和對人有何改變。彤彤填了的記錄表如下：

### 思想記錄（thought records）

| 情景 | 自動化思想 | 情緒反應 | 理性及正面思想 | 結果 |
|------|-----------|---------|--------------|------|
| 樂器測驗低分了 | 我練得不好 | 唔開心 | 我已盡力，下次再努力。 | "希望"的出現 |
| 見到同學 | 她不理會我 | 唔開心 | 無論如何，我向她微笑。 | 她向我打招呼 |
| 媽媽叫我溫書 | 我好無用 | 焦慮、害怕 | 她緊張我的，我會安排。 | 放鬆了 |
| 鋼琴老師罵我 | 我又彈錯 | 焦慮、怕彈錯 | 她是老師，是要糾正我。 | 專心彈琴 |
| 收到考試時間表 | 壞事發生 | 恐懼、緊張 | 還有一個月溫習，加油！ | 放鬆準備 |
| 與姨媽見面 | 她問成績 | 焦慮、害怕 | 這是她的慣性問候！ | 沒那麼緊張 |

　➤ 針對情景二：害怕面對同學

　　彤彤因為缺乏自信，説話時總是音量很低、頭下垂，眼神不會跟人接觸，與她談話時，需要加倍專注，否則溝通困難。輔導員邀請她做角色扮演（Role play），請她扮演同學，輔導員則扮演彤彤，大家打招呼和談話，輔導員模仿她的聲線、低下頭、沒有眼神接觸。彤彤面對扮演自己的角色，察覺到實在很難溝通，並感受到這種態度令人覺得格格不入，而不是對方不受歡迎。輔導員指引她溝通時的友善態度，提醒她面上的笑容很重要。

➤ 針對情景三：我做得不好

形形對收到成績表的情景印象實在太深刻，她不能接受自己成績退步了，由此開始失眠，焦慮和緊張的情緒困擾着她，輔導員以系統減敏法（systematic desensitization），讓她一步一步面對令她緊張的場境，克服焦慮的情緒。目的是讓她面對緊張情境或事物時，仍保持鬆弛的情緒。

首先，列出形形覺得緊張的場境，並排序如下：

| 事件 | 焦慮情緒度數 |
| --- | --- |
| 收到成績表，看見成績退步了。 | 90 |
| 考試或測驗時，時間將到但仍未能完成整份問題 | 80 |
| 接到考試和測驗時間表 | 70 |
| 老師突然加了很多功課和測驗 | 70 |
| 在考試和測驗時，自己最好成績的科目，竟有題目不懂 | 60 |
| 還有很多功課未完成 | 50 |
| 在考試時和測驗時，拿起筆便恐怕不能完成全部答題 | 40 |
| 在假期的時候，恐怕假期節目會影響溫習進度 | 30 |

然後，練習鬆弛（relaxation exercise），請她舒適地坐在椅上，閉上雙眼，開始放鬆，進行腹式呼吸法，逐步面對從 30 分到 90 分的焦慮情緒度數進行系統減敏，練習面對上述的焦慮情景的同時，能保持鬆弛情緒。

➤ 針對情景四：我鋼琴考試一定失敗

形形覺得面對的困難太複雜，功課、專題研習和小組功課很多，再加上測驗和考試已難以應付和處理。她找不到時間來練習鋼琴，因為事事都不能完成，便妄下判斷，認為自己一定失敗。事實上，鋼琴考試仍有一段時間才到，只要她妥善安排時間，將複雜事項化繁為簡（graded task assignment），重新組織為一連串較小和較容易完成的事情，好讓她按部就班，便可以處理困難的事情。解決了複雜的事務，便可編排練習彈琴的時間，重新獲得信心去應付八級鋼琴考試。

輔導員利用活動編排表（activity scheduling），協助她檢視日常生活的安排、透過這表，讓她了解自己的精神及情況如何影響她的日常生活。藉着她定下條理的生活，可減少其混亂的思緒。

## 活動編排表

| 時間 | 星期一 | 星期二 | 星期三 | 星期四 | 星期五 | 星期六 | 星期日 |
|---|---|---|---|---|---|---|---|
| 6-7 a.m. | 起床／早餐 | 起床／早餐 | 起床／早餐 | 起床／早餐 | 起床／早餐 | 睡覺 | 睡覺 |
| 7-8 a.m. | 上學 | 上學 | 上學 | 上學 | 上學 | 睡覺 | 睡覺 |
| 9-10 a.m. | 校內學習 | 校內學習 | 校內學習 | 校內學習 | 校內學習 | 起床／早餐 | 起床／早餐 |
| 10-11 a.m. | 校內學習 | 校內學習 | 校內學習 | 校內學習 | 校內學習 | 補習 | 活動 |
| 11-12 a.m. | 校內學習 | 校內學習 | 校內學習 | 校內學習 | 校內學習 | 補習 | 活動 |
| 12-1 p.m. | 午餐 | 午餐 | 午餐 | 午餐 | 午餐 | 午餐 | 午餐 |
| 1-2 p.m. | 校內學習 | 校內學習 | 校內學習 | 校內學習 | 校內學習 | 學習鋼琴 | 活動／溫習 |
| 2-3 p.m. | 校內學習 | 校內學習 | 校內學習 | 校內學習 | 校內學習 | 學習鋼琴 | 活動／溫習 |
| 3-4 p.m. | 校內學習 | 校內學習 | 校內學習 | 校內學習 | 校內學習 | 回家／梳洗 | 活動／溫習 |
| 4-5 p.m. | 回家／休息 | 回家／休息 | 回家／休息 | 回家／休息 | 回家／休息 | 活動／溫習 | 活動／溫習 |
| 5-6 p.m. | 休息 | 休息 | 休息 | 休息 | 休息 | 活動／溫習 | 活動／溫習 |
| 6-7 p.m. | 做功課 | 做功課 | 做功課 | 做功課 | 做功課 | 活動／溫習 | 活動／溫習 |
| 7-8 p.m. | 晚餐 | 晚餐 | 晚餐 | 晚餐 | 晚餐 | 晚餐 | 晚餐 |
| 8-9 p.m. | 溫習 | 溫習 | 溫習 | 溫習 | 溫習 | 溫習 | 活動／溫習 |
| 9-10 p.m. | 練習鋼琴 | 練習鋼琴 | 練習鋼琴 | 練習鋼琴 | 練習鋼琴 | 溫習 | 練習鋼琴 |
| 10-11 p.m. | 梳洗／睡覺 | 梳洗／睡覺 | 梳洗／睡覺 | 梳洗／睡覺 | 梳洗／睡覺 | 梳洗／睡覺 | 梳洗／睡覺 |

### 治療或介入果效

介入目標　　　運用輔導技巧　　　成效評估

　　經過十次面談，輔導員以認知行為治療法，於最後一節檢視個案，並與父母溝通後，他們都認為針對治療的三個目標，都有明顯的效果。

- 彤彤的焦慮和恐懼情緒逐漸減少，即使面對測驗和考試，她理解到自己越緊張，越影響她的理智和分析。輔導初期，彤彤間中依然因恐懼測驗而不能上學。經過系統減敏法，當她面對緊張的情景時，開始能克服焦慮的情緒，保持放鬆的心情，她的胃痛和腹痛也因此大大減少，輔導員鼓勵她每天練習放鬆活動。再加上她以平常心境去應付測驗和考試，減少了焦慮，她的成績便稍有進步。

- 彤彤明白自己的非理性思想和認知偏差會影響她的情緒；她對人對事開始以不同角度去思考，雖然她未能結識知己良朋，不過，她願意踏出一步與同學溝通和作普通的交往。最起碼她知道自己並不是不受歡迎的人。

- 減少了焦慮和恐懼情緒，身體上的病痛已漸漸康復過來，同時，不再害怕同學的杯葛，她的懼學情緒大大改善，亦可以恢復正常的校園生活。

### 反思和討論

　　外國研究顯示認知行為治療能有效治療懼學症。[22]<?> 認知行為治療法很強調糾正患者的非理性信念，所以，這種治療方法

---

[22]　Heynea et al., 2011; Maric et al., 2013.

適用於推理、分析和語言表達能力較高要求的人，彤彤是一位資質高的初中生，她可以領略輔導員給她的引導式探討問題，對於輔導員駁斥的非理性問句，她沒有感到反感，相反，有時頓然感悟，像發現了新大陸，她慨嘆和感動地說：「我在列車上看見了很多新的景象！」因為彤彤的理解和合作，令這治療法更易奏效。

雖然早期父母來見輔導員的原因是想彤彤返回校園正常生活，回復以往的成績，後來他們意識到事情的嚴重性，他們願意配合，把他們對彤彤的學藝成績要求暫時放下，首先調理彤彤的心理健康，因為父母的配合，整個過程得以順利進行。

這個個案中，父母的角色非常重要，所以為父母作出以下的反思：

父母應如何協助子女適應新事物出現時遇到的問題？如何讓他們有信心地繼續面對每天學習的挑戰或挫敗？當子女受情緒困擾時，突然表現異常：例如情緒低落、焦慮不安、無原無故地哭泣，你們願意放下個人對子女的要求，首先照顧子女的感受嗎？

## 第三節　病態賭徒：香港病態比率較外國高

受助者阿晞生於六十年代的香港，是六兄弟姐妹中的老么，父母從中國內地走難來港，學歷低，從事體力勞動工作，家庭經濟拮据。加上阿晞父親嗜賭，輸多贏少，更添家庭經濟緊絀。雖然阿晞深得母親寵惜，但父母長時間外出工作，加上兄姐年紀差距大，已結婚搬出或出外打工，阿晞經常與朋黨流連街頭，愛跟同伴玩啤牌。他自小成績不佳，重考中學會考兩次後投身社會。因工作關係，阿晞長駐海外，常與同事朋友麻將耍樂應酬，亦開始有賭馬習慣。一次外駐工作期間，出現幻聽、幻覺，同事以為他撞鬼，回港留院觀察後，醫生診斷為精神分裂症。辭職休息一段日子後，阿晞重投社會，再次長駐海外工作期間，母親重病而家人未及通知，結果阿晞趕抵香港時，母親已離世。阿晞情緒崩潰，因此再次留院，經醫生診治後，更正精神分裂症為躁鬱症，出院後仍需服藥。阿晞重回工作崗位後，賭博行為越來越嚴重，賭額越來越大、除了麻將和賽馬，更賭足球和到澳門賭場耍樂。在六兄弟姐妹中，只有阿晞沉迷賭博。阿晞亦痛恨只有自己跟父親一樣有賭錢習慣，曾試圖藉進修讀書，減少賭博但失敗。每次阿晞身負賭債，都向兄姐尋求協助，而兄姐都會代為清還。他在五年前加入一間公司，與女同事開始拍拖後，便沒有到麻將館打麻將。但最近數週被銀行委託公司追債，開始出現焦慮和失眠的情況……

精神健康與輔導——認知行為治療的理論與案例

# 病態賭博簡介

八十年代國家領導人一句"馬照跑,舞照跳",藉以安撫民心,成為保證香港回歸後五十年不變的指標,可見賽馬在香港社會文化中的重要性。當尖沙咀東部華燈十色的夜總會已風光不再,香港賽馬會除去英皇御准銜頭,香港仍然"馬照跑",回歸後業務更包括足球博彩。鄰近城市澳門回歸後賭場發展迅速,全年無休。賭博不單是到投注站,在麻將館消遣,遠一點就"過大海"到澳門賭場,參與合法賭博活動方法隨着科技發展越來越方便,只要一部智能電話,下注就在彈指之間。加上廣東人視打麻將、玩啤牌為社交應酬,逢年過節與家人朋友相聚都不乏這類"社交賭博",不少香港人從小就參與,學懂當中規則。

雖然中國人常說"小賭怡情",但當賭博行為嚴重,影響到心理和社交,甚至傷害個人和家庭生活,正是"大賭亂性",需要正視。本文先介紹病態賭博(pathological gambling)和認知行為的應用,再通過一個真實個案,分析認知行為治療的成效、貢獻和限制。

## 病態賭博

近十多年,由討論香港賭波合法化到實行,香港有不少關於賭博的調查,根據香港理工大學(2002, 2011)及香港大學(2005)的研究,香港病態賭徒比率高於其他地區:

| 研究單位(年份) | 研究地區 / 國家 | 受訪人數 | 病態賭徒比率 |
|---|---|---|---|
| 香港理工大學(2002) | 香港 | 2,004 | 1.85% |
| 香港大學(2005) | 香港 | 2,093 | 2.2% |
| 香港理工大學(2011) | 香港 | 2,024 | 1.4% |
| Wardleet al.(2010) | 英國 | 451,000 | 0.9% |
| Kessler et al.(2008) | 美國 | 9,282 | 0.6% |

香港三項調查均以電話訪問進行，而英美兩地的調查則以問卷形式進行。香港大學在 2005 年的調查中顯示，病態賭徒比率較 2002 年高，估計與 2003 年香港賭波合法化有關。雖然 2011 年的病態賭徒比率較低，但普遍率仍比英國及美國高。

根據香港理工大學於 2011 年進行的調查，約 62% 的受訪者表示在過去一年曾參與賭博活動，最多香港人參與的賭博活動依次為投注六合彩、社交賭博、賽馬、澳門賭場博彩及足球博彩。而當中參與賽馬、足球博彩及澳門賭場博彩的賭徒最大機會成為問題或病態賭徒。

---

### 病態賭博症狀

以上提到的調查，評估準則按美國斷症手冊根據美國斷症手冊第四冊（DSM-IV）[23]，當中所列 10 個病徵，如果當事人持續不斷重複賭博，並出現三至四項情況，則屬於問題賭徒，如果達其中五項或以上，就被診斷為病態賭徒：

1. 無論在甚麼時候都記掛着賭博；
2. 需要不斷加大賭額，才能得到足夠的刺激和興奮感；
3. 即使不斷重複嘗試停止賭博，但都不成功；
4. 如果嘗試停止賭博，會感到不愉快或脾氣急躁；
5. 藉由賭博來逃避問題或減輕不安的狀態；
6. 輸錢後，會設法於下次賭博時追回上次輸掉的錢；
7. 說謊，如對親友或醫生說謊，以隱瞞沉迷賭博的狀況；
8. 為賭博而觸犯法例，如偽造文件、欺詐、偷竊或盜用公款；
9. 因為賭博而影響人際關係、職業、學業或前途；
10. 依賴別人幫助解決因賭博而造成的財務危機。

---

[23] American Psychiatric Association, *Diagnostic and Statistical Manual of Mental Disorder* (4th ed., text revision), 2000 .

在 DSM-IV 中，賭博問題歸類為＂尚未分類之衝動控制障礙＂，屬於控制失調。2013 年出版的美國斷症手冊第五版（DSM-5），[24] 則改為歸類於＂物質相關和成癮障礙＂章節之下，屬於成癮行為，同類的行為包括網絡成癮症。而病徵方面，則從 10 個中刪去＂為賭博而觸犯法例＂，因為賭徒不一定犯法。根據 DSM-5，在餘下九個病徵中，只要在過去 12 個月內出現四個或以上情況，就被介定為賭博成癮。

### 對患者的影響

因賭博問題而債台高築、自尋短見的個案，在香港不時發生。過往亦有研究發現賭博行為跟自殺念頭有密切關係。根據一項回顧香港 2003 年死因庭文件的調查顯示，1,201 個自殺個案中，19.4% 有賭博行為，47.2% 因賭博而欠債，可見賭博的影響可致命。[25]

香港理工大學於 2002 年發表的《香港人參與賭博活動情況研究報告》訪問了 19 位男性和一位女性的病態賭徒，年齡由 24 歲至 57 歲，他們都承認病態賭博對他們本身和家人有禍害。不少賭徒都感到內疚（85%）、羞愧（25）和自我形象低落（35%）。病態賭博對家庭最普遍的影響是導致經濟拮据，患者需要家人協助還賭債而導致捉襟見肘。病態賭博亦破壞了家庭關係，100% 受訪者與家人爭吵不休，30% 離婚；20% 出現離婚危機。受訪者亦承認賭博影響了他們的工作，包括被辭退，與同事因賭博發生糾紛而有人際關係的煩惱。這些影響跟外國和澳門的研究都吻合。[26]

---

[24] American Psychiatric Association, 2013.
[25] Wong , Cheung, Conner, Conwell, & Yip, 2010.
[26] 澳門工福問題賭徒復康中心，2007。

### 認知行為治療的應用於病態賭博

認知行為治療根據學習理論，行為學派的原則進行治療，除了行為治療部分，亦包括認知解構。首先要了解患有病態賭博的受助者的想法。

1）患有病態賭博的受助者對自己的賭博知識有思考偏差，往往認為自己對賭博活動很了解，如常讀賽馬或足球資訊，或掌握各球隊近況表現；此外，患者亦常認為自己運氣好，即使連續賭輸，亦只記着曾經贏的經驗，認為輸只是一時，自己運氣仍佳，常抱着"有賭未為輸"的心態。

2）較普遍的負面核心信念包括："我不受歡迎"、"我是失敗者"、"我不能控制" 等等。

3）病態賭博的認知概念圖（Case conceptualization）

## 病態賭博的認知模式

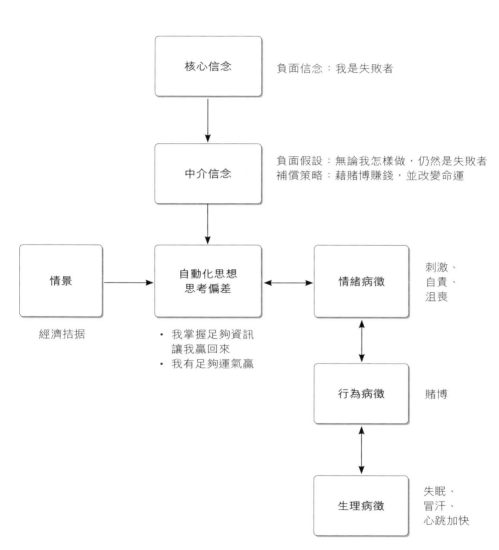

核心信念　　　負面信念：我是失敗者

中介信念　　　負面假設：無論我怎樣做，仍然是失敗者
　　　　　　　補償策略：藉賭博賺錢，並改變命運

情景　　　自動化思想　　　情緒病徵　　　刺激、
　　　　　思考偏差　　　　　　　　　　　自責、
　　　　　　　　　　　　　　　　　　　　沮喪

經濟拮据

- 我掌握足夠資訊
  讓我贏回來
- 我有足夠運氣贏

行為病徵　　　賭博

生理病徵　　　失眠、
　　　　　　　冒汗、
　　　　　　　心跳加快

修訂自 Beck J.S.（2011）認知治療模式

## 個案工作實例
### ——債台高築，眾叛親離

### 轉介原因

阿晞今年五十歲，生於六十年代中，香港出世，出身基層家庭，在六兄弟姐妹中排行最小，未婚，職業是採購部主管。因為投注賭馬、足球，和有往澳門賭場消遣習慣，欠債後無力償還，以數張個人信用卡貸款還錢，最近一次在澳門賭場輸錢欠下近 10 萬賭債。在入不敷支的情況下，累欠銀行 60 萬港元個人貸款，被銀行委託公司追債數週後，主動尋求輔導員協助。

### 接案評估

### 一、個案背景

晞從小有參與社交賭博，但不牽涉金錢，投身社會後，開始有賭博行為，包括賽馬、足球博彩、工餘到麻將館和澳門賭場耍樂。在六兄弟姐妹中，只有晞沉迷賭博。每次晞身負賭債，都向兄姐尋求協助，而兄姐都會代為清還。晞在五年前加入一間公司，與女同事儀開始拍拖後，沒有再到麻將館打麻將。最近數週被銀行委託公司追債，開始出現焦慮和失眠的情況。

二、家庭背景及家庭圖

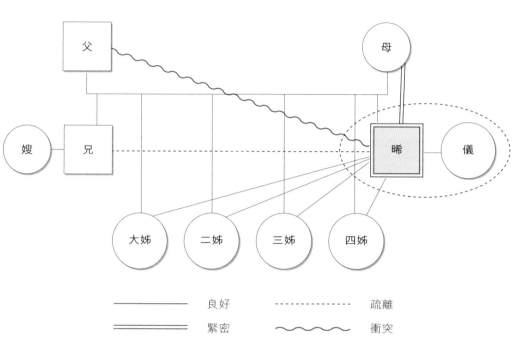

| | |
|---|---|
| ──────── 良好 | ------------ 疏離 |
| ════════ 緊密 | ∿∿∿∿∿∿∿ 衝突 |

　　晞自小與父母及兄姐同住，八人同住舊式公共屋邨，父母長時間工作，兄姐年齡差距大，都外出工作或讀書，獨留晞在家。晞終日與街童為伍，留連街頭，在朋友之間會玩啤牌和麻將耍樂，但不會賭錢。晞讀書成績不佳，完成中五課程，但會考成績不理想，曾重考兩次，合共三次會考，都只有數學科合格。

　　晞是么子，特別受到母親寵愛，與母親關係良好。晞的父親從事廚房工作，工餘時常賭博，包括賽馬和到麻將館打牌，因此常常入不敷支，要問從事洗碗工的晞母和子女拿錢幫補，與家人關係疏離。六兄姐中，晞與兄長關係尤佳，亦尊敬讀書成績最好的兄長。晞與四位姐姐的關係亦不俗，姐姐們結婚前會帶他去玩，但自晞 15 歲後，三位姐姐都已出嫁成家，只餘下四姐和父母跟晞同住。父母和幾兄弟姐妹結婚後逢年過節亦會聚餐，但從來不會在這家庭聚會中賭博或打麻將。

### 三、精神健康問題

晞中五畢業後，從事採購，需長駐東南亞區的工廠，當地生活娛樂消遣不多，每天工餘都與當地香港人麻將耍樂。晞年輕而學歷不高，工作壓力大，麻將賭博成為唯一消遣寄託。晞贏的時候比較多，而賭額亦開始加大，每天工作就期待下班打麻將，但亦因賭博而與個別同事有糾紛。

情況維持大概一年多，晞於 21 歲時，駐菲律賓工作期間，出現幻聽、幻覺，同事以為他撞鬼，當地香港同事即時陪同他乘飛機返港。留院觀察後，醫生診斷為精神分裂症。因此，晞的兄長代為決定辭退工作休息。晞的家人認為他時運低，他的母親求神問卜，為他求得平安符。經過短暫留醫觀察，晞出院後仍需定時服藥。他未有按兄長意願休息，很快就找到第二份同類工作，需要長駐越南，晞維持與當地港人同事工餘賭博消遣的習慣，情況與在菲律賓時相若，但他開始輸多贏少，他卻深信"有賭未為輸"，期望下一局贏回來。

兩年後，晞的母親因病入院，但兄姐尊從母親意願，不欲打擾晞的工作，所以未有通知。結果晞母病情急轉直下，未及通知晞已病殁。晞在越南收到母親入院消息，回到香港本計劃直奔醫院探母，豈料兄姐叫他回家，告知母親已病逝。晞情緒崩潰，再次留院，經醫生診治後，更正早前診斷的精神分裂症為躁鬱症，出院後仍需服藥。醫院社工本欲邀約家人面談，唯兄姐忙於處理喪事，加上傳統"家醜不出外傳"的觀念，不習慣與外人談及家事而未有應約。

晞未有因此事辭職，處理喪事後，公司安排他由長駐越南改為留港工作，每月到不同東南亞地區出差，居港時間較長。當時兄姐已結婚搬走，家裏只有晞跟父親和四姐二人同住。晞與父親的關係每況愈下，他不滿父親常到麻將館賭錢，亦開始自責未能趕及回港見亡母最後一面。晞每次留港，都會賽馬、到麻將館和澳門賭場消遣，當入不敷支時，就問同住的四姐借錢，甚至有為錢而推撞四姐的情況。因此，晞的四姐搬走與男友同居。晞與父親二人同住，晞責怪自己唯一像父親一樣嗜賭，常憶起當日父親因賭向母親拿錢，令家庭經濟拮据，但又自責未能戒賭。每次知道父親從麻將館回家，就會吵鬧，父子關係更差，晞賭博的情況更嚴重。晞的幾位姐姐因為他要到精神科就診，認為他是“傻”和“痴線”，雖然他們不會在晞面前提及，但會在背後形容，以此解釋他的賭博行為，分別曾借幾千至幾萬予晞應急。而晞的兄長每次見面時，問他有沒有定時服藥，亦有鼓勵他進修。四姐遷出後，晞更加隱瞞賭博行為，但當有財務危機，就會向兄姐求助，金額亦以萬計。

晞 44 歲時，父親離世，晞搬離公屋，獨居於兄長名下物業。初時晞亦有聽從兄長建議，修讀課程進修，亦減少賭博行為，但一年課程完成後，又故態復萌，更因賭債越益嚴重，多次向兄長要錢，與兄嫂關係欠佳，後來兄長更疏遠晞。

晞一直有定時服藥和覆診，但向醫生隱瞞賭博行為。最近五年，晞與公司同事儀拍拖，共賦同居，儀對晞的賭博行為略知一二，但不知道他向銀行貸款渡日。同居生活模式下，晞少有到麻將館賭博，但仍常賭波，偶爾單獨到澳門賭錢，特別是跟女朋友或家人吵架後。最近一次到澳門賭博而欠下十萬元賭債。那次在家族聚餐時，他匆匆忙忙吃飯，趕着下注足球和回家看比賽而跟姐姐爭吵。晞於是獨自到澳門賭場賭錢，聲稱為了散心和在賭場翻本，結果欠下 10 萬賭債，加上無力償還銀行的貸款 50 萬，在追數公司每天電話追數下，精神壓力大增。

### 現時如何影響個案

現時晞飽受追債的精神壓力，不敢向女友和家人透露欠債情況，每晚失眠，無心工作。他亦擔心公司知道其欠債情況，會辭退他。在巨大壓力下，晞日益焦慮，有輕生念頭。

### 根據 DSM-V 準則分析

晞由年青時的社交賭博，逐步演變成問題賭徒，最後賭博成癮。晞經常記掛賭博，甚至影響與家人聚會。雖然曾經嘗試戒賭，甚至讀書進修，但亦未能停止。無論是早前出差壓力大、生活苦悶，或是後來與家人和女友起衝突，都會藉由賭博來逃避事實。晞深信自己對賭博活動有充分認識和掌握，常"溫習"波經、馬經，有"追賭"行為，設法在下次賭博時追回上次輸掉的錢，而且，他對親友和醫生說謊，隱瞞沉迷賭博。最後，晞因為賭博而影響與家人的關係，被尊敬的兄長疏遠。以上的情況已出現多年，根據 DSM-V 中的九個病徵，晞有其中六項，屬於賭博成癮。

### 認知行為治療的應用

晞年幼時讀書成績不佳，而且經歷三次會考均失敗，加上在 21 歲被診斷為精神分裂症，後來母親病危，未能趕及回港見母親最後一面，晞抱持"我是失敗者"的核心信念。晞天資數學好，年幼時在朋友間的社交賭博中長勝，形成自動化思想的思考偏差，認為"我可以贏回來"、"如果我多熟讀波經、馬經就可以

精神健康與輔導——認知行為治療的理論與案例

大有斬獲"等等誇大想法。在賭博前、賭博期間和贏錢時,晞的情緒都很高漲興奮,但是當晞賭輸時,情緒變得沮喪、羞恥、自責、焦慮,當他負債時更加會很緊張。

晞常抱着"這是最後一次"的想法,而每次都是"最後一次"下注。加上中國人有一句"有賭未為輸",在這種非理性的思考偏差影響下,晞未能自制戒賭。

晞深受父親影響,雖然他痛恨父親當年賭錢令母親大受壓力,家庭經濟拮据。本港有研究指出,家長過度賭博的行為,會影響子女。顯然,晞最初從父親身上學習到賭博是工餘減壓的耍樂,是小賭怡情。雖然晞的青春期是三十多年前的香港,但令年青人精神容易受負面影響的因素,如成長環境中的經濟困難、缺乏家庭支援,都出現在晞身上,令晞比較容易出現焦慮、抑鬱和壓力。[27] 晞共有六兄弟姐妹,但因為兄姐年紀比他大得多,在晞年青時已結婚,加上父母來自低下階層,長時間外出工作,雖然晞是家中老么,受百般寵愛,現實是缺乏家庭支持。年青時他與街童聯羣結黨,在朋輩和父親的影響下,晞很快由社交賭博變成癮。

晞敬仰長兄是讀書的材料,自覺不如,學業和工作壓力大,認為自己是失敗者,加上早年"撞鬼"的經歷令他失去工作,更令晞深感命運作弄。在"一命二運三風水四積陰德五讀書"的思想影響下,晞認為既然讀書不成,而早年的賭博經驗令他深信自己尚有一點運氣,只要放手一博,就可以藉賭改變命運。

---

[27] Hsu, Lam, & Wong, 2014.

# 認知概念圖（Case Conceptualization）

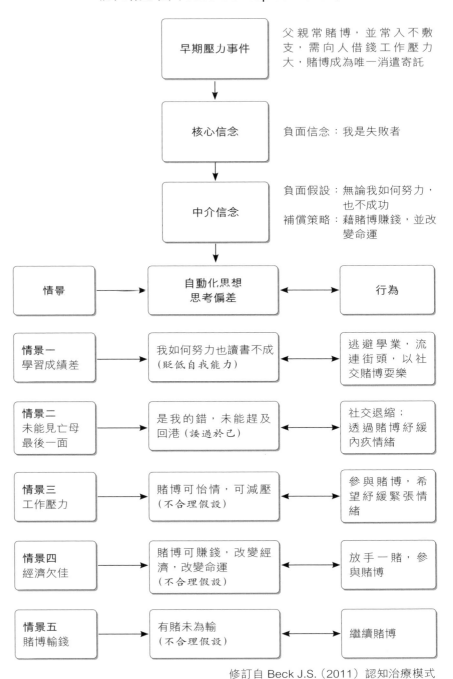

| | | |
|---|---|---|
| 早期壓力事件 | | 父親常賭博，並常入不敷支，需向人借錢工作壓力大，賭博成為唯一消遣寄託 |
| 核心信念 | | 負面信念：我是失敗者 |
| 中介信念 | | 負面假設：無論我如何努力，也不成功<br>補償策略：藉賭博賺錢，並改變命運 |

| 情景 | 自動化思想<br>思考偏差 | 行為 |
|---|---|---|
| 情景一<br>學習成績差 | 我如何努力也讀書不成<br>（貶低自我能力） | 逃避學業，流連街頭，以社交賭博耍樂 |
| 情景二<br>未能見亡母最後一面 | 是我的錯，未能趕及回港（諉過於己） | 社交退縮；<br>透過賭博紓緩內疚情緒 |
| 情景三<br>工作壓力 | 賭博可怡情，可減壓<br>（不合理假設） | 參與賭博，希望紓緩緊張情緒 |
| 情景四<br>經濟欠佳 | 賭博可賺錢，改變經濟，改變命運<br>（不合理假設） | 放手一賭，參與賭博 |
| 情景五<br>賭博輸錢 | 有賭未為輸<br>（不合理假設） | 繼續賭博 |

修訂自 Beck J.S.（2011）認知治療模式

個案介入或治療

介入目標　　運用輔導技巧　　成效評估

### 治療目標

本個案的治療目標是控制賭博行為，賭博成癮已為晞帶來嚴重經濟負擔，影響家庭關係。最初晞被診斷為患上精神分裂症，病徵有胡言亂語、幻聽、幻覺，後來更正為躁鬱症，仍按時服用藥物控制，晞有可能靠賭博逃避自己患上精神病此事實，特別是當他的家人亦不理解他的病情，甚至有偏見時，令他更想逃避。研究指當患者同事有精神病徵和賭博成癮，如前者病徵不嚴重，可先針對賭博成癮進行治療。[28] 治療目標應是可實行的，在賭博成癮的個案中，成功治療的定義是，在輔導員和受助者之間定立一個特定的時間、賭額和頻密程度，達到"控制賭博行為"。

### 治療計劃

- 認知重組法（Cognitive restructuring）

中國傳統文化中，比較關心"面子"問題，特別是傳統男性。研究顯示男性賭徒抗拒承認自己的失敗，亦傾向認為自己的賭博問題不算嚴重。[29] 小賭怡情是他們常掛口邊的理據，但他們往往忘記下半句"大賭亂性"才是中國傳統智慧點出賭博的禍害。

認知行為治療法中的指導式發現提問（Guided discovery），有助晞拆解這些自動化思想的思考偏差，由輔導員引導晞自行發現當中謬誤。晞已願意踏出尋求輔導員協助的一步，輔導員鼓勵他欣賞自己面對困難的勇氣。然後由晞自行發現思想謬誤，評估賭博行為的負面影響。輔導員從旁協助他了解自己有能

28　Winters & Kushner, 2003.
29　Loo, Oei, &Raylu, 2011.

力拆解自動化思想的思考偏差和相關的情緒變化，然後引導他對情緒和行為的影響有更好的控制，將有助他控制賭博行為。[30]

- 發展新的應對方法（Coping methods）

過去的生活變化，曾經為晞的賭博行為帶來一些改變，例如聽從長兄建議進修，跟女朋友同居，晞都會節制其賭博行為。輔導員與晞一起了解當過往環境改變時，如何有效控制他的賭博動機，同時處理賭博誘因，通過以下四步，由輔導員與患者一起發展新的應對方法，制定自我管理計劃：

1. 避免接觸誘因：例如刪去手機的投注應用程式；
2. 積極改變環境：例如停止付款收看家中的足球電視頻道；
3. 發展新的應對方法：例如找有興趣的課程繼續進修，自我增值；
4. 持續就自我管理防賭計劃進行評估：就各項防賭策略，評估策略對情緒和現實的正面和負面結果，就達成難度評分，幫助輔導員和患者持續發展有效的防賭應對方法。

- 心理教育（Psycho-education）

針對患者家人而進行的心理教育，是預防患者復發的重要一環。[31] 晞的兄姐長年對他的精神狀態存有誤解，不懂如何面對當日他被診斷為精神分裂症患者，雖然後來更正為躁鬱症，但因晞長年要到精神科覆診，在缺乏相關知識的情況下，家人只概括地認為晞有精神病，或仍深信他當日撞鬼。雖然兄姐疼惜晞，他們傾向代晞承擔還債責任，以金錢解決問題，或以此彌補當日未能及時通知晞有關母親健康狀況的心結。兄姐未有正視晞的心理

---

30  謝，2007。
31  楊，2013。

狀況，只會詢問晞有沒有按時覆診和服藥，並未計劃如何幫助他持續有效地解決賭博成癮的問題。

### 反思和討論

介入目標　　運用輔導技巧　　成效評估

在香港，認知行為治療較為廣泛使用於賭博成癮上。外國研究顯示認知行為治療有效幫助賭博成癮，特別是認知重組法，能有效協助患者釐清謬誤，避免賭博誘因，並發展正面獎勵的方法鼓勵患者。[32] 以晞的個案為例，兄姐對晞的賭博行為既不理解，亦不知道如何正面解決。相反，他們代晞承擔債務的處理手法，更強化他認為自己是失敗者的自動化思想的思考偏差，只是治標不治本的方案，更進一步證明他無能力照顧自己的生活。作為家庭的外人，輔導員可從客觀的角度，針對晞的賭博行為，而不再集中於晞的命運、不幸或重蹈父親覆轍的生命歷程，而引導他了解自己的自動化思想思考偏差，和評估賭博的後果。

認知行為治療的成效和貢獻

研究發現，對衝動型的患者，認知行為治療比其他方法更有效。因為認知行為治療的結構化方法，正回應賭博問題中的歪曲思想。而且，發展新的應對方法，並恆常評估成效，令治療計劃減少失敗的風險，亦能有效預防復發。[33] 治療成效和復發是治療賭博成癮的重大課題，以晞的個案為例，他已經不再到麻將館，實在是一大進步。假設跟女友同居是改變環境結構，此舉能改變晞的賭博行為，輔導員可協助他了解，當時的環境改變對晞的情緒有何影響，驅使他願意減少到麻將館，而發展新的應對方

32  Miller, 2011.
33  Ledgerwood, 2005.

法，制定更詳細的自我控制計劃。

　　包括認知重組法、解決問題方法、社交技巧訓練和預防復發的認知行為治療自助手冊亦能有效應用於治療賭博成癮。[34] 在晞的個案中，當他願意正視問題，並在輔導員的協助下開始見成效，可建議他採用這類自助手冊，既有成本效益，亦可鼓勵家人正面支持他。在女友或兄姐的協助下，幫助患者在家也可以進行持續而有系統的治療。

　　認知行為心理治療的限制

　　晞是六兄姐中唯一有賭博成癮問題的家庭成員，深受上一代的賭博行為禍害，兄姐對賭博行為的偏見和痛心晞變成賭博成癮是可以理解的。而且，晞於八十年代初被診斷為患有精神分裂症，當時的香港社會對精神病認識不足，作為晞的家人實在難以面對和接受。華人社會中對精神病的價值和文化，往往帶有偏見，令患者家人感到內疚、傷心和疲憊不堪。[35] 正於晞的案例，家人幾十年間一直不懂如何處理晞的情緒和病情，往往用金錢解決問題，以表達關愛。兄姐對賭博一竅不通，期望晞可以完全不賭，對賭博成癮多年的晞來說，那是不切實際的期望。在這個案中，除了針對晞的賭博行為進行認知行為心理治療，針對兄姐進行的家庭治療亦是必須的。吳日嵐博士（2013）提出針對患者家人的 PLAY 模式，正正是回應華人社會文化，為患者家人進行認知行為心理治療，協助受助者以華人的價值觀理解負面思想如何影響行為。家人對晞情況的了解，再調節對晞賭博行為的期望，從旁支援和協助，才是治本的處理方法。

　　認知行為治療針對思想謬誤、情緒和行為之間的關係，目的是要改變受助者的行為，研究指出，與增強動機治療法（Mo-

---

34　Petry & Armentano, 1999.
35　楊，2013。

tivation enhancement therapy）結合使用，更能取得相得益彰的效果。[36] 使用動機輔導法，有助受助者理性評估最差的後果之餘，亦可以找到正面的結果，藉以燃點生命希望，為受助者找到動機堅持改變行動。

最後，研究顯示賭博成癮患者都有情緒問題，[37] 在傳統保守的華人家庭溝通模式中，無論是情緒問題或是賭博問題都令人難以啟齒，家人更加求助無門，或關係早已破裂到難以復修的地步。當受助者來到輔導員面前，在採用認知行為治療協助受助者控制行為之餘，如果家人願意，亦可鼓勵家人接受輔導，因為家人間的良好互動，才可以全方位地為受助者提供支援，減少復發機會。

---

[36] Carlbring & Smit, 2008.
[37] Winters & Kushner, 2003.

# 第四章

## 妄念：

### 引發思考和認知偏差

楊劍雲
陳愷蓓

## 第一節　妄念簡介

早在五十年前，Beck（1952）是第一位運用認知行為治療法治療患有被害妄念（delusion）的受助者。[1] 在接受治療後，該名受助者最終否定被人迫害的思想。在近三十年，認知行為治療被進一步發展和廣泛地進行成效測試。在患有精神分裂症的受助者上應用認知行為治療的基本理念和技巧，與應用於患抑鬱症的受助者十分相似。

妄念是指受助者 "對外間所堅持的錯誤信念（false belief）。縱使不被社會每一個人所接受，被現存證據否定，此信念仍被堅持着"。[2] 此定義反映出妄念被視為病患者所堅持和執着的一些怪異信念（abnormal belief），這些怪異信念是與一般人的信念完全不同。然而，近年的研究顯示，妄念與情緒病患者所持的信念有很多相似的特點，包括：影響範圍（pervasiveness）、確信程度（conviction）、全神貫注程度（preoccupation）、缺乏病悉感（lack of insight）和對行為的影響（impact on behaviour）。因此，妄念對不同受助者存在着不同程度的影響。[3]

## 第二節　妄念的認知模式

妄念影響範圍因人而異。有受助者覺得某妄念以前對她十分重要，但現時卻沒那麼重要。例如，有受助者相信十多年前自己精神病病發時，情緒行為失控和失眠是因為 "被鬼滋擾"。但她在入院後，鬼離開了她，之後多年，再沒有被鬼滋擾。現在她婚後生活穩定，情緒和精神狀況穩定。雖然她仍相信病發時被

1　Rathod et al., 2010.
2　DSM-V, p.87.
3　Beck & Rector, 2005.

"被鬼滋擾"，但現在完全不再擔心，這妄念對她現在的生活可説毫無影響。而在妄念確信程度方面，某些病人會確信某些信念，但也會對相同妄念抱持懷疑態度。例如，某受助者遇到腸胃不適，曾堅持被某君所害，飲了他下毒的湯水（被害妄念）。但當他發現其他人飲用同一煲湯水卻沒有腸胃不適時，他開始懷疑這被害妄念，並開始相信是自己身體不適和患感冒引致腸胃不適。

## 妄念與病發前的信念

雖然妄念被一般人視為一種突然出現的古怪信念，然而，妄念的內容卻是有跡可尋的，並且可從受助者病發前所持的信念和假設（pre-delusional belief）相關。[4] 有被害妄念的人可能和他因做了某些損害別人的事情，而擔心被別人報復相關。例如，有受助者曾試過在沒有獲得別人同意下，拿了放在街邊的棄置家具，日後他覺得所有街坊指責他為小偷（idea of reference），並常懷疑被人跟蹤（persecutory delusion）。此外，有浮誇妄念（grandiose delusion）的受助者，常覺得自己很了不起，這思想往往和他內心認為"自己無價值"、"自己無能力"等信念相關。例如，有受助者曾為店舖老闆，但因店舖生意欠佳而倒閉，他更因負債累累而破產，導致精神病發。在病發後多年，他仍堅信自己仍是幾間店舖的老闆，生意順利，財富豐厚。

## 思考偏差（reasoning bias）

當妄念被種種原因引發後，思考偏差會影響其妄念，並令妄念持續出現着。有研究指出，有妄念的受助者有以下幾種思考偏差[5]：

---

[4]　Rector, 2004; Beck & Rector, 2005; Garety, Kuipers, Fowler & Beddington, 2001.
[5]　Beck & Rector, 2005.

- **自我關聯**（egocentric bias）：受助者將外界不相關的事件和行為歸因（attribute）為與自己相關。
- **歸因於外界**（externalizing bias）：受助者將自己內在感覺或精神病徵狀歸因為由外界人物做成。
- **歸因於動機**（internationalizing bias）：受助者將別人的行為賦予敵對或友善式動機。
- **確認偏差**（confirmation bias）：受助者選擇性地選取巧合事件，以支持他／她的妄念。

## 認知偏差（cognitive distortion）

此外，患妄想症的受助者亦和情緒病患者一樣，出現認知偏差，如：選擇性選取（selective abstraction）、非黑即白（all or none thinking）、妄下判斷（jumping to conclusion）和災難化（catastrophic）等。而這些認知偏差往往支持受助者的妄念。

## 應付方法

當妄念被壓力事故引發後，會造成受助者出現相關的情緒和行為問題，對受助者造成不同程度之影響。事實上，不同受助者對所持的妄念的反應和應付方法亦各有不同。這些不同的應付方法，反過來會影響受助者的妄念。有些受助者對精神病有良好的病悉感，對所持的妄念有一定醒覺，因而抗拒這些妄念對他們的影響。這些受助者會對妄念沒有恐懼感，反而會採取忽略、不理會的態度，並嘗試用分散注意力等方法應付妄念，以減少妄念的出現次數和對他們的影響。

有些受助者則確信所持妄念，並覺得受威脅，而作出一些不恰當的應付方法，這些不恰當的應付方法，反而有助維持這些妄念。例如，有受助者有被害妄念，相信被人監視，即使回到家中，也懷疑和擔心被別人利用望遠鏡作遠距離監視。他為此感到恐懼，缺乏安全感，並嘗試用深色布簾遮蓋窗戶，減少外出活動等。他這種不良和無效的應付方法，反會不斷提醒他仍被別人監視，無助減低他的恐懼和缺乏安全感等負面情緒。[6]

綜合而言，根據妄念的認知模式，受助者的病發前信念、思考偏差、認知偏差和不恰當應付方法，會令他的妄念持續出現着，甚至進一步促進妄念發展。

## 認知行為治療介入方法

根據上述妄念的認知模式，受助者現時所持的殘餘妄念（residual delusions），受受助者的病發前信念、思考偏差、認知偏差和不恰當應付方法影響。因此，有學者提出認知行為治療有助受助者減少妄念，及減少這些殘餘妄念對他們的生活和情緒的影響。事實上，有研究證據證明以上說法。

認知行為治療主要協助受助者處理現時的核心信念和認知偏差，並運用恰當應付方法（appropriate coping skills）面對妄念。

首先，輔導員須與受助者建立良好的工作及治療關係，當中的特點包括：接納（acceptance）、支持（support）和合作（collaboration）。輔導員主要運用同理心表達對受助者的接納和支持。一個良好工作關係對認知行為治療的成效起着重要作用。[7]

在評估階段，輔導員主要運用引導式探討（guided discovery）探討受助者妄念的情況，包括：

- 妄念的內容（content of delusion or hallucination）
- 殘餘徵狀的出現次數、時間、地點和持久程度（duration）
- 引發殘餘徵狀的處景（triggering events）

---

[6] Rector, 2004.
[7] Rector & Beck, 2005.

- 病發前與這些殘餘徵狀的相關信念（beliefs before onset）
- 相關的認知偏差（cognitive distortion）
- 殘餘徵狀對受助者生活之影響（disruption to life）

此外，亦須探討受助者對這些妄念的觀感（beliefs）、情緒反應（emotional response）和應付方法（coping methods）等。完成評估後，輔導員應能完成有關受助者妄念的認知分析圖（cognitive conceptualization）。

在介入階段，處理妄念時輔導員首先選取那些對受助者影響範圍較少，在確信程度、全神貫注和對生活影響較少的妄念作為優先處理對象。

根據上述妄念的認知模式，受助者受到現時所持的妄念，受助者的病發前信念、思考偏差、認知偏差和不恰當應付方法所影響。認知行為治療的介入方法，是運用不同的技巧協助受助者處理病發前信念和思考偏差，並運用恰當應付方法面對妄念。此外，輔導員須運用不同的技巧協助他們處理由妄念引發的負面情緒，如抑鬱和焦慮等。主要的介入技巧包括：

- 引導式探討（guided discovery）

在選定了要處理的妄念後，輔導員透過引導式探討協助受助者探討支持和反對妄念的證據，並嘗試協助他們建立其他合理的看法取代這妄念。輔導員所問問題包括：“發生了甚麼事？”、“這事引發你有甚麼妄念／思想？”、“有甚麼證據支持這妄念／思想？”、“有甚麼證據反對這妄念／思想？”、“有沒有其他更合理的看法？”。在過程中，輔導員須避免直接對質（confront）或挑戰（challenge）這些妄念，而是採取與受助者討論（collaborative discussion）的態度，協助受助者探討和檢視一些他們以往堅持的看法和妄念。透過引導式探討，輔導員可完成有關受助者妄念的認知分析圖。之後，輔導員可協助他們處理病發前信念和思考偏差等問題。

- 行為實驗（behavioural experiment）

行為實驗是指受助者在他個人生活經驗範圍內，收集相關的資料（data），來直接驗證他所持的思想、假設、規則和信念。行為實驗亦是一個有力的技巧協助受助者驗證他所持的妄念。輔導員與受助者共同訂定所驗證的妄念需要的準則和資料，再透過行為實驗得出的資料，否定受助者的妄念。

- 正常化技巧（normalize）

很多受助者得知自己患有妄念，往往覺得自己"怪異"、"異常"，而引發種種負面情緒，包括焦慮、抑鬱和恐懼等。輔導員可運用正常化技巧，以減少受助者對這些妄念的負面情緒。

- 應付技巧（Coping skill）

輔導員亦可教導受助者不同的應付技巧，處理由這些妄念引發的負面情緒。應付技巧包括：停止思想、分散注意力、再專注（refocusing）、自我提醒和鼓勵（self-statement）等。同時，輔導員亦可鼓勵受助者運用熟悉的鬆弛方法，如：運動、聽音樂、唱歌、洗澡、飲冰水等，紓緩情緒。

## 治療成效研究

過往三十年，已進行了很多研究工作，探討認知行為治療在減少精神分裂症患者的妄念及幻覺的成效。當中有超過 30 份研究採用嚴謹的隨機抽樣調查（RCT）研究方法進行。此外，亦有幾位學者檢視了多份研究報告並作出分析。[8] 研究證據顯示，認知行為治療能有效減少患精神分裂症人士的妄念及幻覺。經訓練後，社會輔導員和社康護士能運用認知行為治療幫助精神分裂

---

[8]  Rector & Beck, 2001; Dickerson, 2000; Garety, Folwer & Kuipers, 2000; Pilling, Beddington, Kuipers, etal., 2002; Bellack, 2004; Gregory, 2010; Wykes, Steel, Everitt & Tarrier, 2008; Rathod et al., 2010; Scott, Kingdon, Turkington, 2004; Fowler, Garety & Kuipers, 1995.

症患者減少妄念及幻覺。[9]

<h1 style="text-align:center">第三節　個案工作實例一<br>——妄想老師同學刻意針對</h1>

阿怡自從升上高中後，面對公開考試的沉重壓力，經常擔心考試會不及格。她還經常會想很多負面的東西，覺得很多人對她不利。上課時，阿怡覺得老師不論在做甚麼，都會看着她，讓她覺得很不安。走在學校走廊時，覺得全部同學都看着她，並偷偷講她的不是，她只好低頭急步離開。最近這種感覺越來越明顯，阿怡開始有事沒事都想着同學如何不喜歡自己，想要如何加害自己。因害怕會發生不好的事，阿怡避免與任何人交流，甚至回家吃飯也不想與父母同坐，寧願躲在房間吃飯，嚴重影響阿怡的社交，以及與父母的關係，也讓她長期處於警惕繃緊的情緒中，難以得到安全的感覺。

---

[9]　Gregory, 2010; Turkington, Kingdon, Truner, 2002.

### 妄想症簡介

　　根據 DSM-V 診斷準則，妄想症（delusional disorder）的症狀包括：1）出現一種或多種的妄念（delusion），這些妄念維持至少一個月；2）沒有出現精神分裂症的症狀（如幻覺、言語混亂、異常行為和負性症狀等）；3）除了妄念外，社會功能並沒有受到影響，也沒有怪異行為。相比精神分裂症，妄念症對患者的影響較輕。一般來說，妄想症患者仍能有自我照顧、學習或工作的能力。然而妄念持續出現，會影響患者的情緒和人際關係。如妄想症未能適當處理和治療，會進一步惡化為精神分裂症。

　　妄想症跟據妄念主要內容，而分為以下各種類型：

- 情愛型（erotomanic type）：妄信別人愛上了自己。
- 自大型（grandiose type）：誇大自己價值、權利、知識、能力或身分。如患者妄信自己是上帝所派的天使。
- 嫉妒型（jealous type）：妄信伴侶對自己不忠。
- 被害型（persecutory type）：妄信自己被迫害，如：跟蹤、監聽、遭人暗算、下毒、下迷藥、惡意中傷、騷擾、背叛、欺騙和誣陷等

　　以下透過個案研習，探討如何運用認知行為治療協助妄想症患者處理妄念，及減少妄念對他們造成的負面影響。

## 認知行為治療的應用於妄念的產生－妄念的認知概念圖

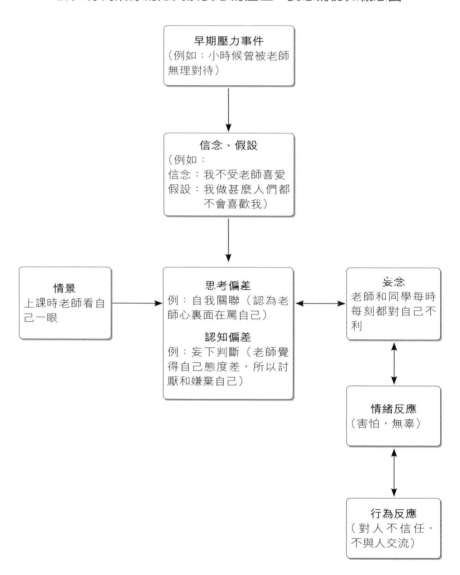

早期壓力事件
（例如：小時候曾被老師無理對待）

信念、假設
（例如：
信念：我不受老師喜愛
假設：我做甚麼人們都不會喜歡我）

情景
上課時老師看自己一眼

思考偏差
例：自我關聯（認為老師心裏面在罵自己）
認知偏差
例：妄下判斷（老師覺得自己態度差，所以討厭和嫌棄自己）

妄念
老師和同學每時每刻都對自己不利

情緒反應
（害怕，無辜）

行為反應
（對人不信任，不與人交流）

修訂自 Rector N.A.（2004）妄念的認知模式

## 個案研習

## 轉介原因

　　阿怡是一名 16 歲的中四女生，正面對公開考試的壓力，她最擔心的科目是英文科，經常擔心自己會不及格。案主性格文靜，喜歡靜態活動。案主由老師轉介，老師認為案主性格被動沉默，與同學沒有太多互動交流，而且面對讀書壓力，希望輔導員能夠多了解案主的情況，協助她學習面對各種壓力。

## 接案評估

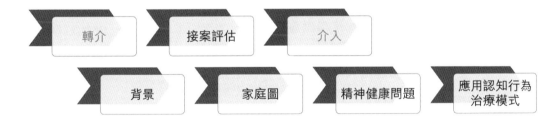

### 一、個案背景

　　案主認為自己由小到大都在學校遇到不好的對待，幼稚園時被老師無辜懲罰，當時年紀很小，阿怡一怒之下就跑出課室和學校，結果被老師重罰。事件發生後，老師每一次看她的眼神，她都覺得很驚怕。另外，她試過被小學同學排擠了一個星期，這些以往的畫面經常出現在她的腦海裏，讓她記憶猶新，想起的時候會流眼淚。有時候她也會發現自己無故流淚，不論在學校和家裏，這些情緒都很容易讓她流眼淚，也很容易因身邊發生的事而觸動。

在中學階段，阿怡認為同學都不喜歡她，與同學相處得不好，最近因為她與鄰座同學交談，變得友好了，所以令坐在她前面的一位同學感到很不滿，她覺得前面的同學經常會轉過來，充滿敵意地看着她。阿怡很在意同學看自己的眼神，覺得從同學的眼神中看到別人很不喜歡自己，覺得她強搶朋友。她認為前面的同學覺得阿怡與鄰座同學會合力把她從第一名拉下來。

另外，阿怡講到自己對一些老師也感到很不自在，尤其是一位很欣賞坐她前面的同學的老師，特別不喜歡自己。她認為老師知道自己強搶別人的朋友，所以對阿怡不太友善，她從老師的眼神中看到老師鄙視自己，而同學還向老師報告她搶朋友的事，所以她對這位老師沒有多大好感，她認為自己被老師嫌棄。

她對家政老師也很不滿，因為她的家政成績很好，曾經拿到學校的時裝設計比賽冠軍，但是那位老師批評她一心要贏，罵她課堂上不用心，說她態度不好，而且將事件與其他老師討論，令其他老師都不喜歡自己，導致她操行分很低，阿怡覺得自己很無辜。最近她認為老師更加不喜歡自己，因為老師認為她態度不好，可能因為老師知道了更多關於自己搶朋友的事，覺得老師一直在懷疑自己。上課時，老師不論在做甚麼事都總看着她，讓她覺得很困擾。

阿怡最近經常認為自己走在走廊時，全部同學都看着她，偷偷講她的不是，她很不高興，只好低着頭急步離開。

她也講到自己對別人的眼神很敏感，認為自己可以分辨出別人的眼神是凶惡的還是厭惡的，是不屑的還是憎恨的，她都能分別得清清楚楚。學校發生的事件都令阿怡對學校生活感到疲倦，雖然她在同學面前性格比較文靜，沉默寡言，但是她內心有很多奇怪的想法，不停觀察別人對於自己的反應，所以感到很勞累，有時候會因為這些人際關係的問題而日思夜想，經常流淚。她希望可以在學校過得自在一點，不會那麼容易被這些想法困擾。

### 二、家庭背景及家庭圖

阿怡一家五口居住在九龍東區的公共屋邨。父親已退休，母親則在外面工作，有一個姊姊（21歲）和哥哥（19歲）。父親已退休，經常留在家中，也特別留意她的一舉一動，擔心她在band 3學校被同學"帶壞"，要求她每天要在六時前回家，但是阿怡需要留在學校補課到五點多，所以覺得父親不講理。阿怡認為母親比較溺愛哥哥，就算哥哥做錯事都不會責罵和懲罰他。而母親對待姊姊和自己則比較嚴厲，甚麼事都需要父母決定，母親更與阿怡講到：阿怡是她生出來的，阿怡就是她的，所以她一定要聽母親的話。父親則比較理性，沒有特別溺愛其中一個孩子。阿怡還提到他們一家在週末和空餘時間很少外出，沒有很多相處時間。

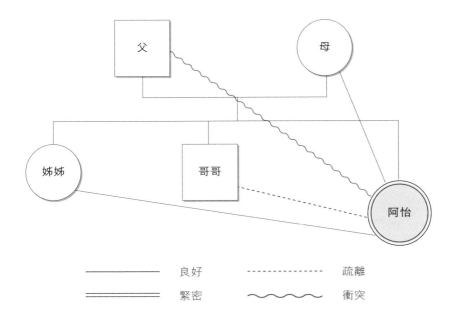

| ——————— | 良好 | - - - - - - - - | 疏離 |
| ════════ | 緊密 | ～～～～～ | 衝突 |

### 三、精神健康問題

#### 根據 DSM-V 分析

根據 DSM-V 診斷準則，阿怡出現一種被害妄想（persecutory delusion），懷疑她可能患上妄想症。

自從升上高中後，阿怡覺得可能功課壓力較大，經常會想很多負面的東西，開始覺得很多同學對她不利，而這種感覺越來越明顯，最近開始有事沒事都想着他們如何不喜歡自己，想要如何加害自己。她最近都不和任何人交流，害怕會發生不好的事，甚至回家吃飯也不想與父母同坐，寧願躲在房間吃飯，妄念嚴重影響阿怡的社交，以及與父母的關係，也讓她長期處於警惕繃緊的情緒中，難以得到安全的感覺。這樣的自己也讓她感到很困擾，她最希望可以生活得安穩一點，輕鬆面對身邊的人和事。

## 認知行為治療的應用

#### 早期壓力事件

案主小時候的傷害一直未能紓解，她從小形成一個固定的情緒和思想系統，阻礙案主的各種體會，並出現抑鬱和焦慮情緒。由於案主小時候被同學和老師的不友善對待，她深深地覺得好的待遇不會降臨在她的身上，她認為自己不值得被人疼愛，就算是經歷一些好事，她也會趨向不認同這種喜悅，認為自己不配得到開心的感覺。她也有可能因為沒有安全感和怕自己會失望，而拒絕這些令她喜悅的事情，這一種想法只會令開心的事情離她越來越遠，加上她對別人的不信任和懷疑，對別人的一舉一動，甚至是一個眼神都很敏感，發生不如意的事時，內心可能會將負面的情緒放大，覺得自己經常都受到這樣的對待，覺得很委屈，這樣她便經常活在擔心被討厭被嫌棄的惶恐當中，感到很辛苦。

### 核心和中介信念

案主童年時的經歷影響她在成長過程中建立的核心信念。案主由於小時候多次受到老師的不友善對待，同學的責罵，加上家人嚴格的管束，"我沒有能力"、"我不討人喜愛"的核心信念便慢慢形成。而案主的核心信念會影響她對於各種情景中的即時想法。案主的核心信念使她有了負面的中介信念和假設，她認為儘管她再努力，也不能讓別人喜歡自己，所以她是一個沒用、沒能力的人。這些假設由她經歷的負面事件而建立出來，這些負面事件和負面假設導致案主的自尊心下降，對身邊的人出現不信任，對別人的反應很敏感，而且不懂得與人自然地相處，最近因學業壓力，妄念的情況更加嚴重。

### 自動化思想

情景一：案主覺得坐在前面的同學在上課時經常轉頭看她，認為對方不喜歡她，討厭她搶其朋友，令她感到很無助。自此她不敢與那位同學有眼神接觸，不敢與她聊天，很多時候腦袋都會想着這件事件，經常思考為甚麼同學要這樣對待自己，越想越不開心，常常流淚。這個情景顯示案主有一些以偏概全和有讀心術的思想謬誤，她以過往的一些個別事件，應用在當下生活的多方面層面中。

情景二：案主覺得老師在上課時經常以凶惡的眼神盯着她，她認為老師聽了那位同學的小報告，知道她搶別人的朋友，才會經常監視她的一舉一動。她覺得既害怕又憤怒，認為自己其實沒有搶別人的朋友，她上課時亦不敢注視老師。這個情景顯示案主有妄下判斷和讀心術的思想謬誤。

情景三：案主在小息時間於走廊散步，途中看到兩位同學聊天，案主便覺得他們在講自己的壞話，她感到無奈和無助，很多時候都不想與同學有更深一步的交流。這個情景顯示案主有自我關聯的認知偏差。

案主的自動化思想主要有三種，首先，她會趨向將生活發生的事都認為是自己的錯。還會比較武斷，在沒有客觀事實證明和支持的情況下，對人和事作出一些負面的判斷，不會先作出查證和確實，反而很快、很容易和感情用事地以感覺為事件下定論。而且，她會作出有選擇性的篩選，主要注視人或事件的負面方面，從而基於這些負面觀點，忽視事件當中的正面經驗和資訊，而下一個負面的結論。以上情景所引發的自動化思想會直接影響案主的情緒和行為，而她的認知謬誤令她感到無奈和無能力，否定自己和避免與別人接觸。

### 妄念——認知偏差

案主直覺認為學校老師和同學討厭她，即使沒有事實證據證明她的想法，都會將自己的感覺信以為真，因而變得悲觀和自責，認為自己不被人喜愛，有時候會覺得自己運氣不好，經常被人冤枉。很多時候，她的想法都是自己虛構出來，她也難以拿出實質事例證明，也沒有任何實際行動證明。對她來說，感覺是最可靠的，儘管她知道自己沒有證據，但靠着自己的觀察和感覺，她就可以說服自己，相信自己。

### 小結

在成長階段中，案主對安全感的需要經常受到衝擊。父母的強烈控制、老師的無理對待和侮辱，以及同學的排擠，讓案主自小就認為自己的生活環境是不安全的。由於她缺乏安全感，現在長大後經常會覺得焦慮，對別人很多時都失去信任，甚至有很多猜疑。多年來，她已習慣此種思考模式，令她相信自己一直重複着這些不好的經歷，進一步引發妄念。

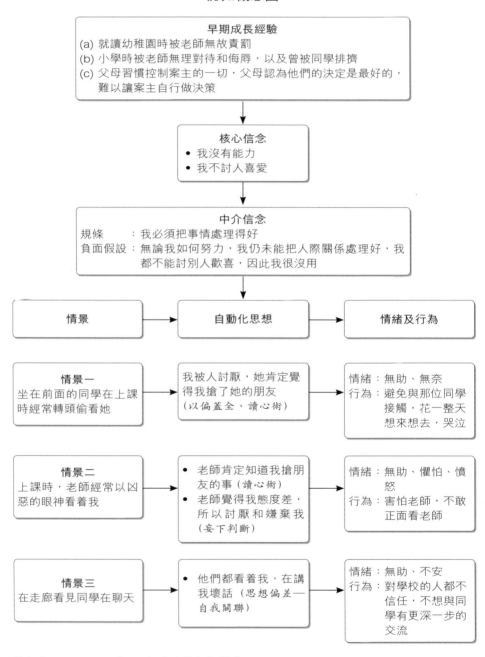

# 認知概念圖

**早期成長經驗**
(a) 就讀幼稚園時被老師無故責罰
(b) 小學時被老師無理對待和侮辱，以及曾被同學排擠
(c) 父母習慣控制案主的一切，父母認為他們的決定是最好的，難以讓案主自行做決策

**核心信念**
• 我沒有能力
• 我不討人喜愛

**中介信念**
規條　　：我必須把事情處理得好
負面假設：無論我如何努力，我仍未能把人際關係處理好，我都不能討別人歡喜，因此我很沒用

| 情景 | 自動化思想 | 情緒及行為 |
|---|---|---|
| **情景一**<br>坐在前面的同學在上課時經常轉頭偷看她 | 我被人討厭，她肯定覺得我搶了她的朋友（以偏蓋全、讀心術） | 情緒：無助、無奈<br>行為：避免與那位同學接觸，花一整天想來想去，哭泣 |
| **情景二**<br>上課時，老師經常以凶惡的眼神看着我 | • 老師肯定知道我搶朋友的事（讀心術）<br>• 老師覺得我態度差，所以討厭和嫌棄我（妄下判斷） | 情緒：無助、懼怕、憤怒<br>行為：害怕老師，不敢正面看老師 |
| **情景三**<br>在走廊看見同學在聊天 | • 他們都看着我，在講我壞話（思想偏差—自我關聯） | 情緒：無助、不安<br>行為：對學校的人都不信任，不想與同學有更深一步的交流 |

修訂自 Rector N.A.（2004）妄念的認知模式

# 個案介入或治療

### 治療目標

根據以上分析，輔導員計劃一方面減低案主對人際關係的不安，另一方面，加強她的保護因素，加強案主的應付能力。

1. 在減低案主對於人際關係不安方面，輔導員之介入計劃包括
   - 與案主共同處理自動化思想
   - 與案主探討和建立各種情景的正面思想
2. 在加強保護因素方面，輔導員之介入計劃包括
   - 增加案主的社交網絡
   - 增加案主情緒紓緩的能力

### 治療計劃

輔導員透過認知行為治療，讓案主更加認識自己，明白自己的思想，從而漸漸對自己的情緒和行為有所控制。由於案主的自我價值和形象較低，缺乏自信心，經常對別人都心存懷疑和不信任。所以，在介入初期，輔導員首先與案主建立合適的工作關係，包括建立相互信任尊重的關係，讓案主感到安全和被尊重是很重要的，這樣可以令她放下戒心，坦然表達自己。她很少感到受接納和肯定，輔導員就在面談中製造機會，讓她感受到與人相處時的正面經驗，也讓輔導員更容易探索其需要和感受。在中後期的介入階段，輔導員運用認知行為治療幫助她了解自己的自動化思想，建立正面思想，以及發掘其保護因素（protective factors），提升她面對困境時的應對能力（coping skills）。

- 治療或介入過程引導式探索（guided discovery）

輔導員以提問簡單問題的方式協助案主檢視妄念的內容，例如詢問案主在甚麼處境下出現那些負面情緒、心裏有甚麼自動化思想、有甚麼證據支持這些思想等等。

- 建立合理的正面思想（alternative positive thinking）

當一些案主發現自己的想法為妄念，輔導員便與案主一同探討並建立更合理的正面思想，以取代負面思想。案主開始明白自己以往述説的內容並不一定是真確的，而且該些想法會影響自己的情緒和行為。另外，輔導員也進一步協助案主檢視保留負面思想的好處和壞處，並與正面思想作比較。

- 分散注意力（distraction）和再聚焦（re-focusing）

案主經常會為某類事件引發負面情緒，很難短時間改變負面的自動化思想，輔導員因此教導案主嘗試分散注意力。當案主講到有時候負面情緒會讓她無法專心溫習，輔導員便與案主討論以一些方法分散注意力，讓案主可以停止負面情緒，假如在溫習時，請案主嘗試不理會這些情緒，聚焦於眼前工作，重新專注並嘗試努力投入學習。

- 鬆弛練習（relaxation exercise）

輔導員鼓勵案主運用她熟悉而可行的鬆弛方法例如離開原有工作去洗面、聽音樂，畫畫等幫助自己。另外，也可利用肌肉鬆弛法和意象鬆弛法等，讓案主紓緩繃緊的情緒。

- 技巧訓練（social skill training）

由於輔導員發覺案主缺乏恰當的社交和解難技巧，難以達到改善當前困境的目標，所以輔導員會着重如何幫助她提升這兩方面的技巧。

- 行為實驗（behavioural experiment）

由於案主所持的思想有時候並不是以實證支持的，所以輔導員與案主一起透過行動去發掘這些思想的真確性，找出事實真相，從所得的結果去支持或否定她的思想和信念。

- **強化行為（reinforcement）**

　　為了強化案主改變的決心，當案主能夠完成一些小目標，例如嘗試去跟老師有語言交流，輔導員會大力稱讚案主的勇氣和膽量，希望透過讚賞令案主有更大動力去繼續改變自己的行為。

- **建立各種保護元素**

　　除了這些方法，輔導員希望協助阿怡在家庭、學校和社交等方面建立保護元素，改善其精神健康和妄念。在家庭方面，輔導員發現案主父母屬於高情緒表達的家屬，習慣管束案主，很多事情都需要得到他們的批准，不讓案主參與決策，這樣過分介入案主的生活，讓她在家裏得不到肯定，長遠會影響她的自信。輔導員邀請家人進行面談，討論可行的管教方法，以及與他們討論現時所採用的管教方式對案主的負面影響。另外，輔導員可以透過討論和角色扮演，讓案主學習如何與家人表達自己的感受和意見。

　　在學校層面上，老師對案主的不理解是一個危機因素。因為案主比較文靜，老師難以明白案主的想法，有時候更可能會覺得案主態度不佳。輔導員需要與老師加強溝通，讓老師明白案主的處境，明白案主的家庭令案主的自信低落，老師要儘量體諒案主的感受，在適當時候多加讚賞，讓她在學校得到老師的認同。另外，鼓勵老師安排班務職位給予案主，讓她感到自己被重視，也給予機會讓案主多與其他同學溝通交流。

　　在社交方面，案主沒甚麼興趣，家人不會帶她外出，她對學校的活動都不感興趣，經常留在家胡思亂想，而且在學校沒有朋友，支援系統薄弱。案主曾多次講到喜歡參與義務工作，輔導員可以發掘她的內在資源，將心思寄託和投放在有意義的事情上，一來可以幫助案主減少胡思亂想的時間，二來可以讓案主覺得自己有一技之長，三來也可以讓案主有更多機會面對不同的羣體，製造機會讓案主擴大社交圈子，培養與他人溝通和合作的能力，透過這些正面經驗讓她得到更多滿足感，提升自信和自我價值，肯定自己的能力。

## 治療或介入成效

介入目標　　運用輔導技巧　　成效評估

　　案主對於自己的妄念和負面想法開始動搖，接受自己的想法不一定完全真確，發生有關事件並不是只有一個原因，案主開始接受其他可能的想法。在運用認知行為治療介入技巧上，輔導員認為行為實驗對阿怡最有效，輔導員嘗試引導阿怡多以實證去判斷事件，幫助她用另一個方式去尋求事實，用活生生的證據來解釋事件，讓自己感到有更大的安全感。為了確保案主在行為實驗中得到正面的回應，輔導員事先聯絡了案主的老師，了解老師對同學並無惡意。老師認為可能平日在課堂上表現較嚴肅，嚇怕案主，老師得悉後，明白案主的需要，也對案主較友善，儘量配合。輔導員認為這些行為實驗讓案主的信心有所提升，也令她獲得很大的成功感，所以建議案主可以繼續嘗試，挑戰自己固有的負面想法。

### 反思和討論

　　香港這個充滿壓力的城市，輔導員將來會面對越來越多與精神健康有關的個案，我覺得服務精神健康問題人士時，需要幫助案主發掘自己身邊的保護因素，以多元方式介入，讓案主多方面都可以被關顧。

　　另外，以認知行為治療來處理案主的妄念這方面，是有明顯的作用，因為案主通常沉醉於自己那不真實的感覺和想法中，忽略事件的多樣性。透過認知行為治療，輔導員和案主可以共同合作，更理智地討論問題，讓案主以新角度思考，也運用實際的測試來判斷其想法的真偽。我認為處理精神疾病的個案，輔導員的角色需要更加主動，因為很多時候案主的動力都比較低，需要輔導員的鼓勵和引導嘗試作出改變，我們需要更加有耐性和無條件的包容和接納。

我在中學工作，看到不少家長為兒女落盡心機，卻得不到期望的效果。有時候輔導員只顧着處理案主的需求，這讓我想到，其實案主家人的壓力其實都很大，當他們孤立無援時，同時亦需要照顧案主，感覺就像在孤島一樣，無人理解。所以，我認為滿足案主家屬的需求也是很重要的，除了一些互助小組，我認為輔導員要更主動去關心案主家人，讓家人明白他們的路絕不孤單。

## 第四節　個案工作實例二
### ——精神分裂症的殘餘病徵

　　明仔在香港出世，在港接受教育，完成了中七課程。明仔是哥哥，有一讀中六的妹妹。他一直與父母和妹妹在公屋同住，與父親的關係較佳，母親則較關心妹妹。另外，明仔為基督徒，定期參加教會崇拜及聚會。中學時，明仔時常在學校被欺凌，與同學關係欠佳。他曾唸大學學位一段時間，但因功課壓力大，不適應大學生活，開始患上精神分裂症，並因入院接受治療而退學。出院後回家居住，定期到精神科覆診和服食精神科藥物。但是明仔表示現時仍常常有被害妄念，覺得被人跟蹤和被對方拍下醜態，並將相片在網上流傳取笑他，為此常感驚恐和不安。

## 殘餘病徵（Residual symptoms）簡介

在香港每 1,000 人中便有 1- 3 人患上精神分裂症。[10] 精神分裂症屬於長期病患之一。只有約 60% 患有精神分裂症的受助者經治療後，能完全消失所有精神分裂症徵狀。[11] 雖然精神科藥物持續改良，但大概有 25% 至 30% 患有精神分裂症的受助者在接受藥物治療時，仍然出現精神分裂症的顯性和隱性徵狀，包括幻聽和妄念。[12] 這些抗藥性（treatment-resistant）病徵往往被稱為殘餘病徵。而這些殘餘病徵對受助者造成負面影響，包括：就業困難、能力缺損、抑鬱等。以下透過個案研習，探討如何運用認知行為治療協助類似明仔的精神分裂症患者，減少殘餘妄念及減少這些殘餘病徵對他們造成的負面影響。

## 個案研習

轉介　　接案評估　　介入

## 轉介原因

1. 受助者（明仔）接受治療後仍常有妄念
2. 受助者仍常常有驚恐、不安及無助感，因此常致電他人求助，令他人感覺被煩擾

---

[10] 醫院管理，2009。
[11] Dickerson, 2000.
[12] Gould, Museser, Bolton, Mays,& Goff, 2001; Rathod, Phiri & Kingdon, 2010.

# 接案評估

## 一、家庭背景

明仔一直與父母同住,他是哥哥,有一名唸中六的妹妹。明仔與父親關係良好,父親一直很關心和支持明仔。跟母親及妹妹的關係則較疏離,母親較關心妹妹。明仔父親為護衛員,母親為教會文員。明仔為基督徒,定期參加教會崇拜及聚會,但和教友關係一般。他較喜歡與教會導師傾談。

## 二、家庭圖

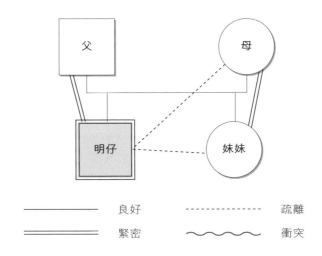

| —————— | 良好 | --------- | 疏離 |
|---|---|---|---|
| ══════ | 緊密 | 〜〜〜〜〜 | 衝突 |

### 根據 DSM-V 分析

明仔曾於一年前被醫生診斷為患上精神分裂症。現仍需定期到精神科覆診和服食精神科藥物。但明仔表示仍然常有被害妄念（persecutory delusion）。雖然明仔和父親數次向主診醫生表示明仔仍有妄念，而醫生亦數次調較精神科藥物，但妄念仍持續。因此，輔導員懷疑明仔出現抗藥性妄念（殘餘病徵）。

## 認知行為治療的應用

精神健康問題　應用認知行為治療模式　自動化思想　中介和核心信念　認知概念圖

### 早期壓力事件

唸中學時他時常被欺凌，其中最深刻的一次事件是被一名同班舊同學拍下醜態，並將相片放到網上流傳，取笑明仔為色情狂。這事令他十分難堪和羞愧。患上精神病後，他也時常擔心有人偷拍其醜態，將相片放到網上流傳取笑他。縱使他已接受精神科藥物治療，仍有這些殘餘被害妄念（residual persecutory delusion）。現時仍然常常覺得擔心。

### 核心信念和不良規條

明仔常常擔心他的醜態被人取笑。他最關注的醜態主要和性相關，包括：上色情網頁、定睛看女性內衣、定睛望女性敏感部位、自慰等。這和明仔所持的核心信念很有關連。明仔的核心信念就是要建立一個有良好品格和道德，否則自己會變得毫無價值。隨着這核心信念，明仔為自己定下不良規條（dysfunctional rule）：不容許自己有任何色情慾念。他接受不了自己有任何色情慾念，更加接受不了被人發現他有歪念。當他內心浮現色情慾念時，會有強烈的罪疚感，令他感到十分困擾和難受。因此他往往壓抑自己內心的色情慾念。

### 受助者仍有妄念

受助者表示仍有妄念。

- 妄念一：明仔曾表示舊同學常跟蹤他外出，並找機會偷拍他的各種醜態，如：觀看色情海報、定睛望女士性感部位，和到精神科覆診等，並將相片放到網上來取笑他。
- 妄念二：明仔曾表示有隱形人進入他家中，企圖偷拍他瀏覽色情網頁、如廁，甚至睡覺時的醜態，並將相片放到網上來取笑他。

雖然明仔曾多次向主診精神科醫生透露以上妄念，醫生亦多次調較藥物，明仔表示仍有以上妄念。輔導員相信這些妄念已成為殘餘病徵（residual symptoms），而藥物不能完全消除這些病徵及妄念。

### 受助者的恐懼、焦慮情緒及罪疚感

明仔因為以上的妄念而感到恐懼及焦慮。他表示當他覺得被隱形人或其他人經常跟蹤時，他會恐懼，缺乏安全感。他擔心每天的一舉一動都被隱形人或其他人監視及偷拍。他知道自己有一些情慾歪念，十分擔心這些情慾歪念及看似不雅的動作會被人發現、偷拍，甚至在網上流傳，令他成為笑柄。他覺得他沒有私隱及安全感，擔心被人恥笑。這些因殘餘妄念引起的恐懼及焦慮，差不多每天都出現，令受助者十分困擾。

當明仔內心浮現色情慾念時，往往會同時出現妄念，擔心被別人跟蹤及偷拍。此時，除恐懼感外，亦有強烈罪疚感，覺得自己污穢及犯了錯。顯然他的罪疚感與恐懼感有關連。輔導員相信協助明仔減少其罪疚感後，恐懼感亦能隨之減少，他的心情會較容易回復平靜。

### 受助者的應付方法

當明仔出現妄念時，會引發恐懼及焦慮情緒。明仔表示難以克服這些情緒，他會不斷致電他人救助，包括：父親、輔導員、團契導師及團友等。明仔曾多次嘗試一天內致電十多個電話予父親及輔導員，期望他們能即時幫助他處理其恐懼情緒。若他們未能即時幫助，他會大發脾氣，或自稱十分辛苦，有尋死念頭。

## 妄念的認知模式（cognitive model of delusion）

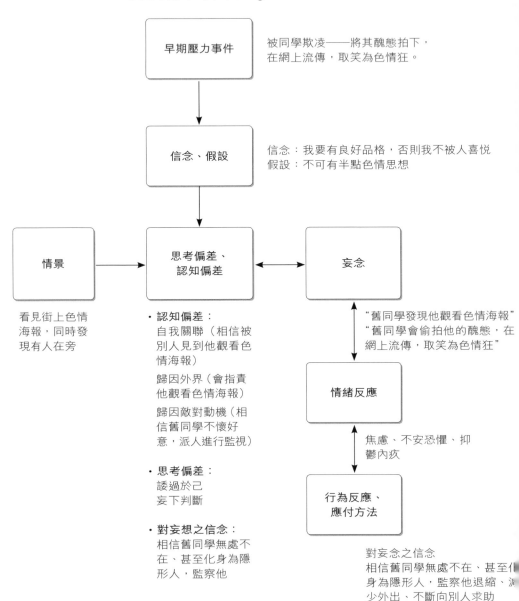

| | |
|---|---|
| **早期壓力事件** | 被同學欺凌——將其醜態拍下，在網上流傳，取笑為色情狂。 |
| **信念、假設** | 信念：我要有良好品格，否則我不被人喜悅<br>假設：不可有半點色情思想 |

**情景**
看見街上色情海報，同時發現有人在旁

**思考偏差、認知偏差**

- 認知偏差：
  自我關聯（相信被別人見到他觀看色情海報）
  歸因外界（會指責他觀看色情海報）
  歸因敵對動機（相信舊同學不懷好意，派人進行監視）

- 思考偏差：
  諉過於己
  妄下判斷

- 對妄想之信念：
  相信舊同學無處不在、甚至化身為隱形人，監察他

**妄念**
"舊同學發現他觀看色情海報"
"舊同學會偷拍他的醜態，在網上流傳，取笑為色情狂"

**情緒反應**
焦慮、不安恐懼、抑鬱內疚

**行為反應、應付方法**
對妄念之信念
相信舊同學無處不在、甚至化身為隱形人，監察他退縮、減少外出、不斷向別人求助

修訂自 Rector N. A.（2004）妄念的認知模式

# 個案介入或治療

### 介入目標

輔導員主要向受助者提供個別輔導，透過認知行為療法協助明仔：

1. 減少明仔殘餘妄念；
2. 減少明仔的恐懼及焦慮情緒；
3. 減少明仔過分強烈罪疚感；

### 介入過程

輔導員除了定期與明仔面談，很多時是透過電話即時處理明仔之恐懼情況。輔導員主要協助他學習以認知行為療法處理殘餘妄念。例如：讓明仔明白到 "有隱形人經常跟蹤他、偷拍他" 這思想，令他產生恐懼、無安全感、無助等負面情緒，這些恐懼及負面情緒，繼而令明仔不斷向別人致電求助，對他人構成滋擾。輔導員協助明仔以理性跟這些思想辯論，讓明仔明白到 "這世界上根本沒有隱形人，因此，絕對沒可能有隱形人跟蹤及偷拍他"。當明仔接受 "世界上根本沒有隱形人" 這說法時，他會感到安心，心裏的恐懼感即時大大減少。

（一）減少受助者殘餘妄念

**妄念一：被人跟蹤外出逛街情況，並被偷拍各種醜態**

輔導員運用引導式探索技巧，協助明仔檢視自動化思想，所問問題包括："發生了甚麼事？"、"這事對你有甚麼意義？"、"有甚麼證據支持這負面思想？"、"有甚麼證據反對這負面思想？"、"有沒有其他更合理的看法？"。

部分輔導對話

　　　輔導員：C　　　　　明仔：M

　　M：今日上午我行商場，經過賣女性內衣的店舖時，我定
　　　　睛看女性內衣達兩秒之久。我現在擔心被人見到。

　　C：這事對你有甚麼意義？

　　M：我擔心被別人恥笑。我擔心被人拍到我看女性內衣的
　　　　情況，再發到網上，來取笑我。

　　C：那麼當時，你有沒有見到有人跟着你？

　　M：見不到有人跟蹤。

　　C：那麼當時，你有沒有見到有人拿着相機拍照？

　　M：沒有留意到。

　　C：你有沒有聽到相機拍照時所發出之"咔"一聲？

　　M：沒有聽到。

　　C：那麼到底有沒有人發現及留意你這行為呢？

　　M：應該沒有人發現及留意這行為。

　　C：既然沒有人發現及留意你這行為，那你擔心甚麼呢？

　　M：你講得有道理，根本沒有人發現我這行為。我不需要
　　　　擔心被人偷拍！

**妄念二：有隱形人進入他家中，偷拍他各種醜態**

　　輔導員繼續運用引導式探索技巧，協助明仔檢視這自動化
思想，檢視有甚麼證據支持和反對這負面思想。此外，輔導員透
過即時構想的行為實驗（behavioural experiment），請明仔舞動
雙手去嘗試觸摸，讓明仔檢視有否隱形人在他家中。

　　部分輔導對話

　　　輔導員：C　　　　　明仔：M

　　M：我擔心有隱形人進入我房間，偷拍我上色情網頁，或
　　　　趁我睡覺時剪掉我的頭髮，偷拍這些醜態，再將相片
　　　　放到網上來取笑我。我真係好擔心！

　　C：這世界根本沒有隱形人。

　　M：可能有隱形人你唔知道！

　　C：現今科技雖然發達，但仍沒有辦法製造隱形人。你可

精神健康與輔導——認知行為治療的理論與案例

試試尋找有關資料看看科技能否製造隱形人？

M：我曾上網搜尋，但沒有發現。但我懷疑有隱形人的存在！

C：好啦，如果真的有隱形人，他也是人，雖然不能被看見，但能被人所觸摸。你這間房不算大，你大可房間內四周快速地舞動雙手，看看能否接觸到隱形人？

（明仔照輔導員説話，嘗試在房間內四周快速地舞動雙手）

C：有沒有接觸到隱形人？

M：沒有。

C：如果你四周舞動雙手都接觸不到，你認為這裏有沒有隱形人？

M：我四周舞動雙手都接觸不到，表示這裏沒有隱形人。

C：對，這房間根本沒有隱形人。這間房只得你和我。

M：你講得有道理，我不應該擔心會有隱形人偷拍我！

C：你現在感覺如何？

M：我現在覺得沒有那麼恐懼及擔心了。

（二）協助受助者處理恐懼焦慮等負面情緒

● 分散注意力（distraction）和再聚焦（re-focusing）

　　明仔喜歡上網，尤其是有趣、好笑的網站。因此，輔導員鼓勵他藉着上一些自己喜歡的網站，分散注意力。此外，明仔亦喜歡看書，尤其是歷史書及漫畫書，看這些書令他很快能集中注意力。明仔覺得閱讀漫畫書能令他很快集中注意力，減少機會去思考被跟蹤、被偷拍等妄念。明仔認為當他在家中或圖書館，閱讀及上網是有效減少妄念及恐懼感的方法，認為可減少及紓緩恐懼情緒。

● 呼吸鬆弛方法

　　當明仔外出逛街出現妄念及恐懼情緒時，他難以使用以上即時上網的方法來分散注意力。輔導員教導他運用呼吸方法，包括：深呼吸法、腹式呼吸法作自我鬆弛，紓緩恐懼情緒。此外，輔導員還鼓勵明仔隨身帶備喜愛的漫畫書，以閱讀再集中注意力，不再理會妄念。

（三）減少受助者過分強烈之罪疚感

- 正常化（Normalize）

輔導員透過面談，讓明仔明白他正處於青春期，有性需要，包括：對性好奇、性幻想、夢遺、自慰和結識異性等，是正常現象，絕大多數青年都和明仔般有着類似的性需要。輔導員透過性教育，增強明仔對性需要的知識，藉此正常化他的性需要。正常化（並非合理化）有助減少明仔的孤單感，讓他明白有問題（或性需要）的，不只他一人，有很多與他年紀相若的基督徒，同樣面對相同處境。除了接受輔導員講解外，明仔曾嘗試致電一些男性舊同學，他們都承認曾有性幻想和自慰行為，令明仔更加接受很多青年都有類似的情況，令他覺得有性幻想和自慰等行為並非如想像中那麼大問題。

- 改變不良規條（dysfunctional rule）

明仔比較偏重基督教提及的神是聖潔和公義的，要求自己過聖潔生活，否則便是罪人，會被神責罰，因而為自己定下規條：不容許自己有任何色情慾念。輔導員請明仔留意基督教提及的神，除了是聖潔和公義外，也有無限大愛。明仔表示知道神是愛，只有他肯認罪，神會寬恕他的罪，包括：心存淫念、自慰等。透過讓明仔明白神會寬恕他"道德上"的錯誤，包括：性幻想和自慰等，輔導員能協助明仔多些接納自己。這樣，輔導員便協助明仔修訂其固有之的不良規條——不容許自己有任何色情慾念，並重新訂定新規條——減少自己的色情慾念。明仔表示會為這新規條作出努力。輔導員進一步和他探討減少慾念的方法，明仔表示減少上色情網站，避開四周張貼之色情海報等。

- 編排日常活動（re-schedule daily activities）

輔導員與明仔檢視其日常活動，發現明仔對找尋工作缺乏信心及動機，因此，他多留在家中上網或看書。輔導員遂鼓勵他重新編排日常活動。與其父親商討後，他決定報考英文科高級程度會考，報讀夜校英文課程，以應付是次考試。明仔表示，這考試對他不構成很大壓力，他只會盡力而為，每星期花約兩整天上課及溫習。後來，明仔考完高級程度會考後，參加了再培訓和商用普通話課程。此外，明仔繼續保持他的興趣，每天看書及上網。同時，每逢星期六及日返教會崇拜及團契，近期更參與教會辦舉的聖經學習班。明仔表示參加課程時，因專注上堂，妄念顯著減少。因此，明仔表示會好好編排其日常活動，發展多些興趣，減少妄念。

## 治療或介入成效

1)  據輔導員觀察和明仔的自我報告，他的恐懼情緒得到紓緩。縱使明仔仍有妄念，仍擔心別人跟蹤及偷拍他，仍有恐懼及負面情緒，但妄念出現的次數明顯減少，最重要的是妄念對明仔產生影響的嚴重程度已大大減少，至少他大大減少情緒失控，大叫大喊的現象。在輔導初期，明仔因妄念出現恐懼和焦慮，每日致電十多次電話予父親和輔導員，但在輔導後期，明仔會一星期一兩次感到十分恐懼和焦慮，並致電數次電話予父親和輔導員。

2)  明仔能學習質疑和否定他的被害妄念，也學習到運用一些鬆弛方法，如看漫畫、分散注意力及祈禱，去處理由被害妄念引發的恐懼及負面情緒。雖然現在這些殘餘妄念及恐懼仍會出現，但他有信心能以不同方法處理及紓緩這些情緒，而情緒對他的影響程度亦顯著減少。

3) 明仔能訂下生活目標及計劃。長遠來說，明仔計劃報讀公開大學的學位課程，期望以數年時間完成。短期而言，明仔報考英文科高級程度會考，報讀夜校英文課程，每星期定期上課及溫習。亦考慮當義工及積極參與教會活動，令生活較充實及有意義。

# 第五章

## 靈性認知行為治療

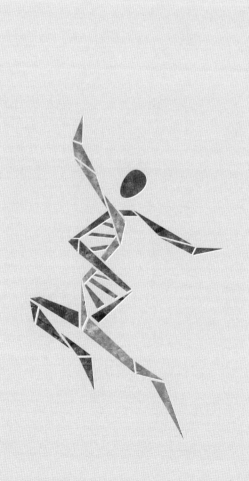

楊劍雲

# 第一節　靈性與精神健康

　　阿晶在香港出世，在港接受教育達大專程度。畢業後，曾任職文職工作多年，後被升任行政主任，但因工作壓力太大，開始患上精神病，被診斷為躁狂抑鬱症。阿晶現仍須定期覆診及接受藥物治療。她一直單身，與姊姊同住一私人單位內。阿晶相信她的躁狂憂鬱症不會痊癒，相信憂鬱週期會不斷出現，會持續困擾她。憂鬱情緒對她的生活做成很大影響，令她不能工作、不能外出活動、不願意接觸朋友、不能完成任何學習課程和計劃等。她覺得難以處理和無法逃避這精神病，並相信一生會被精神病所控制和摧毀！為此她感到十分沮喪、無助和無希望。

### 靈性的定義

在精神健康輔導專業內，有關靈性（spirituality）的研究文獻中，對靈性存在不同的定義，但卻沒有一個公認的有關靈性的定義。[1]一般來說，現代研究人員普遍視靈性為個人對超越的神或上帝的主觀和個人經驗。[2]靈性和宗教（religious）被認為是不同的概念，且靈性被視為比宗教更為廣泛的概念。例如，學者 Canda 定義靈性為"人出於對個人、對社會、對宇宙的存在意義和道德關係的一種探索"。[3]而 Canda 對宗教的定義則為："宗教是有關信仰和禮儀習俗的社會機構，並涉及社會人士的支持和傳統的維護"。[4]對靈性缺乏一個公認的定義，可能反映研究員對靈性出現了跨文化、跨宗教和跨學科的研究，[5]同時，亦反映不同的學者對靈性有不同的概念建構。[6]本文主要採納心理學家 Parament 及 Zinnbauer（2005）對靈性的概念，將靈性定義為人對超越的神或上帝的搜索。

## 靈性對精神病治療和痊癒的正面影響

過往多年，靈性和宗教都被認為對個人的精神健康是有負面影響的，因此，靈性與宗教可能對精神病的治療所起到任何積極作用，都很少能引起研究人員的關注。[7]然而近期的研究發現，靈性對精神疾病的治療和痊癒起着正面和重要的作用，包括：

[1] Burke, 2006.
[2] Hadzic, 2011.
[3] Canda，1990 年，頁 13。
[4] Canda，1997 年，頁 173。
[5] McCarroll, O'Connor, & Meakes, 2005.
[6] Parament & Zinnbauer, 2005.
[7] Koenig, 2005.

靈性能減輕精神分裂症、抑鬱症和焦慮症的症狀，能降低自殺率，降低藥物濫用率，改善生活質素，和促進精神病的痊癒。[8]在美國的調查亦顯示，超過一半的嚴的精神病患者認為，靈性對他們來說是重要的，[9]並對他們的病情產生積極的影響。[10]同時，大多數嚴重精神病患者表示，他們會運用靈性和宗教的應對方法（spiritual and religious coping skills），以應付日常生活的困難。[11]這些靈性和宗教的應對方法，對他們有積極的效果。[12]

雖然研究人員現普遍承認，靈性對精神病的治療能起到積極作用，但很少研究員探討如何有效地運用靈性治療精神病。一些學者試圖將靈性融入認知行為療法，如：Propst（1996）、Richards & Bergin（2005）和 Hodge & Bonifas（2010）等。這些學者相信認知行為療法是一個高度靈活的治療方法，它可以提供一種的治療框架，適用於所有形式的思想、信念和信仰，包括影響個人的心理和精神健康的宗教信仰。[13]

## 第二節　靈性認知行為治療簡介

類似於傳統的認知行為療法，靈性認知行為治療法（Spiritually cognitive behavioural therapy）的基本目的，是幫助個人了解影響個人的問題／困擾的非理性和不合理的負面思想，然後以理性和合理的正面思想取代這些負面思想。[14]靈性認知行為治療

---

[8]　Bussema, & Bussema, 2007; Fallot, 2007; Koenig, 2005; Koenig, McCullough, & Larson, 2001; Plante & Sharma, 2001; Ralph, 2005; Swinton & Kettles, 2001; Young, 2010.

[9]　Bellamy, Jarrett, Mowbray, MacFartane, Mowbray, & Holter, 2007; Huguelet, Mohr, Borras, Gillieron & Brandt, 2006.

[10]　Coursey & Lindgern, 1995.

[11]　Tepper, Rogers, Coleman & Malony, 2001.

[12]　Fallot, 2007; Plante & Sherma, 2001; Tepperet a., 2001; Walsh, 2013.

[13]　Sperry, 2001.

[14]　Propst, 1996; Hodge & Bonifas, 2010.

法，與傳統的認知行為療法不同之處，是嘗試運用個案的個人靈性／宗教的世界觀、信念、誡命、宗教經典著作、詩歌和默想等，去抗衡他們所持的非理性和不合理的負面思想。[15]

除了使用傳統認知行為療法的輔導手法外，如：引導發現（guided discovery）、認知重建（cognitive restructuring）和行為實驗（behavioural experiment）等輔導技巧外，不同的靈性介入方法（spiritual interventions）均被靈性認知行為治療法，適當地加以修訂和運用。[16] 靈性認知行為治療法的靈性介入法的輔導技巧可分為三類：認知介入法、情緒介入法和行為介入法等。認知介入法包括：討論靈性信念（discussing spiritual be-liefs）、參閱宗教經典著作（reading spiritual／religious teach-ings）、心靈對質（spiritual confrontation）、寫作靈性日記（writing spiritual dairy）、閱讀靈性的著作和見證（exploring spiritual experiences of others）。情緒介入法包括：祈禱（pray）、冥想（meditation）、正念（mindfulness）、唱聖歌（singing spiritual songs）、精神意象（spiritual imagery）和寬恕（forgiveness）。行為介入法包括：鼓勵靈性／宗教實踐（spiritual practice）（如參加崇拜、團契和退修會）、示範靈性價值和實踐（modeling spiritual values）、接受牧師的祝福（receiving spiritual bless-ing）、放棄不健康的行為（giving up unhealthy behaviour）、參與慈善服務（charity service）等。

靈性認知行為治療法已被持有不同宗教信仰，而患上不同情緒問題或精神病的人士採用。研究證據顯示，靈性認知行為治療法有效治療抑鬱症。[17] 此外，靈性認知行為治療法比傳統認知

---

[15] Richards & Bergin, 2005.
[16] Richards & Bergin, 2005; Aten & Leach, 2009.
[17] Hodge, 2006.

療法，更有效幫助持有宗教信仰的精神病患者。[18]

　　以下筆者以個案研習方式，介紹如何運用靈性認知行為治療法於精神病患者的輔導服務上。

<h1 style="text-align:center">第三節　個案工作實例<br>—— 以信仰改善負面信念</h1>

## 轉介原因

　　案主阿晶覺得難以處理躁狂憂鬱情緒對她生活造成的影響，並為此感到沮喪、無助和無希望，因而被醫生轉介予輔導服務。

## 接案評估

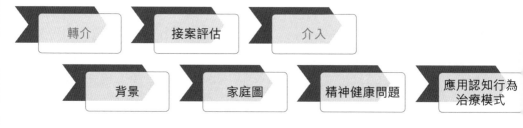

### 一、家庭背景

　　阿晶一直單身，與姊姊同住一私人單位內。阿晶與姊姊關

18 Hathaway & Tan, 2009; Rosmarin, Auerbach, Bigda-Peyton, Bjorgvinsson, & Levendusky, 2011.

係欠佳，二人常因生活小事而互相指責。阿晶與父親關係一直欠佳，年幼時父親常常責備她，近年，阿晶常入院治療，又失業，父親為此感到十分失望。阿晶對父親又愛又恨，心裏十分矛盾。最近，父親較少和阿晶說話，母親多數成為阿晶與父親溝通的橋樑。哥哥和妹妹均已婚並搬離原生家庭。母親、哥哥和妹妹都關心阿晶，他們會主動定期與她聯絡，並在有需要時，提供關懷、和給予意見。

## 二、家庭圖

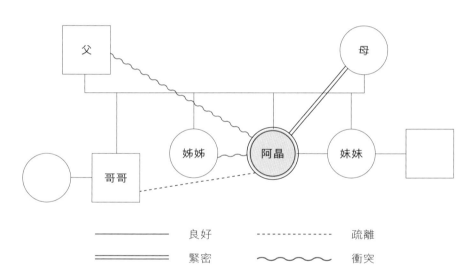

| —————— 良好 | - - - - - - - - 疏離 |
| ══════ 緊密 | ～～～～～ 衝突 |

## 三、精神健康問題

### 兒童及青少年期

阿晶父親對兒女期望很高，期望阿晶的學業成績優異，未來事業有卓越發展。兄姊和妹自幼的學業成績和校內表現一直保持良好，都能考上大學。相比下，阿晶的學業成績只屬一般，父親常為此不滿，並歸咎她不夠勤力讀書。此外，父親以較嚴厲的方法管教阿晶，督促她在學業成績和品行上作出努力，以致能有優異的表現。當阿晶沒有努力讀書和溫習，爸爸便非常生氣，並會責罵她。阿晶常常覺得父親偏愛兄姊和妹，對阿晶態度則十分惡劣，自己常常被父親責罵，有時甚至體罰。阿晶在嚴厲管教下感到挫敗和不開心，並產生一種負面核心信念："我表現不夠好"和"我不被別人喜愛"。然而，其母親較體恤阿晶，常鼓勵她不可放棄自己，令她建立較正面的規條："我必須把每件事情做好"和正面假設"只要我比一般人努力，我定能進步，改善學業成績"。在阿晶努力讀書下，有一兩科的成績有明顯進步。雖然如此，阿晶仍覺得："我表現不夠好"和"我不討父母親歡喜"。

大專期

阿晶一直努力讀書，會考成績有明顯進步，能唸大專程度商科高級文憑課程。她有一班要好的同學和朋友，成績也屬中等，她們沒想過升讀大學，但期望畢業後找份穩定的工作，例如會計文員、銷售員、地產代理等。阿晶在這些好友支持下，建立了一種正面的信念："我 OK！"和期望"雖然不能升讀大學，但只要努力，定能找份收入穩定的工作，自食其力"。畢業後，阿晶曾任職文職工作數年，後再修讀兼讀制學士課程。這些正面的信念和期望令阿晶在大專階段和工作初期生活愉快。

工作壓力引發精神病

畢業後，案主曾任職文職工作數年。為爭取良好工作表現和進升機會，案主一方面努力工作，另一方面修讀兼讀制學士課程。後來，案主轉新公司並被獲聘為行政主任。但因工作和讀書壓力太大，阿晶經常感到焦慮、緊張和睡眠欠佳。在升任為行政主任不久，便被上司解僱。遭解僱後她的情緒和精神狀況欠佳。後來，更被醫生診斷為躁狂憂鬱症（Bipolar II）。患病後，阿晶無論在工作、情緒控制、人際關係和家庭關係等多方面的表現都每況愈下，並曾嘗試連續失業兩年多。同時，精神病復發再次引發案主的負面核心信念：“我不被別人喜愛”、“我無用”。

## 認知行為治療的應用

案主患有躁狂憂鬱症，有時會處於情緒高漲時期，有時則處於情緒低落時期。在接案初期，當阿晶處於情緒高漲時期，她會想完成很多計劃，其中之一是尋找工作。但她所尋找的工作，往往超越她實際工作能力。阿晶表示最困擾她的是她處於憂鬱的時期。在那時期，她會有典型憂鬱徵狀：情緒低落、對事物失去興趣、食慾不振、身體疲倦乏力、投訴身體不適……等等。憂鬱情緒對她的生活造成很大影響，令她不能工作、不能外出活動、不願接觸朋友等。

### 案主對精神病患持負面信念
### （Negative beliefs on mental illness）

在接案初期，阿晶相信她的躁狂憂鬱症不會痊癒，相信憂鬱週期會不斷出現，會持續地困擾她。她覺得難以處理和無法逃避這精神病，為此她感到沮喪、無助和無希望。

精神病病發，再次引發阿晶的負面核心信念：“我不被別人喜愛”、“我無用”。例如，當面對搵工面試失敗時，案主立即認為自己：“永遠找不到工作”（災難化思想）及“被前老闆無理解僱所害，令我工作狀況越來越差（妄下判斷）”。當阿晶受情緒影響，失去動力上課，以致未能完成學習課程時，案主則立即認為："精神病病況反覆，令我永遠不能完成任何課程"（以偏概全）。當阿晶皮膚病惡化令身體不適時，她便立即認為："我的病例不能痊癒，只會每況愈下"（災難化思想）。阿晶更不時流露負面核心信念："我無用"和"我不被別人喜愛"。此外，她更建立一些對精神病患的負面觀點和假設（中介信念）：

"我的精神病永遠不能痊癒！"

"我一生被精神病所控制和摧毀！"

"無論我做甚麼，都無法改善病情！"

這些對精神病患的負面觀點和假設，令阿晶覺得難以處理和無法逃避所患的精神病，為此她感到沮喪、無助和無希望。

## 認知模式（Cognitive model of hopelessness）

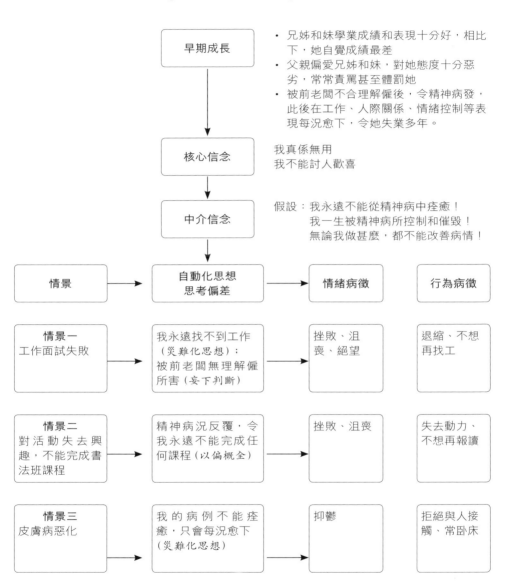

| | |
|---|---|
| **早期成長** | • 兄姊和妹學業成績和表現十分好，相比下，她自覺成績最差<br>• 父親偏愛兄姊和妹，對她態度十分惡劣，常常責罵甚至體罰她<br>• 被前老闆不合理解僱後，令精神病發，此後在工作、人際關係、情緒控制等表現每況愈下，令她失業多年。 |
| **核心信念** | 我真係無用<br>我不能討人歡喜 |
| **中介信念** | 假設：我永遠不能從精神病中痊癒！<br>我一生被精神病所控制和催毀！<br>無論我做甚麼，都不能改善病情！ |

| 情景 | 自動化思想<br>思考偏差 | 情緒病徵 | 行為病徵 |
|---|---|---|---|
| **情景一**<br>工作面試失敗 | 我永遠找不到工作（災難化思想）；<br>被前老闆無理解僱所害（妄下判斷） | 挫敗、沮喪、絕望 | 退縮、不想再找工 |
| **情景二**<br>對活動失去興趣，不能完成書法班課程 | 精神病況反覆，令我永遠不能完成任何課程（以偏概全） | 挫敗、沮喪 | 失去動力、不想再報讀 |
| **情景三**<br>皮膚病惡化 | 我的病例不能痊癒，只會每況愈下（災難化思想） | 抑鬱 | 拒絕與人接觸、常臥床 |

修訂自 Beck J.S.（2011）認知治療模式

# 個案介入或治療

介入目標　　運用輔導技巧　　成效評估

## 介入目標

　　輔導員透過靈性認知行為治療法，協助案主以她的基督教信仰觀念，修正阿晶以下對患病的消極想法，並協助她從絕望中重建希望（from despair to hope）：

　　"我的精神病永遠不能痊癒！"

　　"我一生被精神病所控制和摧毀！"

　　"無論我做甚麼，都無法改善病情！"

## 介入過程

（一）針對受助者表示"我一生被精神病所控制和摧毀！"

　　輔導員運用認知重建技巧（cognitive restructuring），幫助阿晶以她的信仰觀念，取代她對患病的負面信念。阿晶是一名基督徒，輔導員協助她反思基督教教義有關苦難（suffering）的教導，以正面思想："我可以依靠上帝，克服我的痛苦和困難"，取代她對患病的負面信念："我一生被精神病所控制和摧毀！"。

　　部分輔導對話

　　　　輔導員：C　　　　阿晶：A

　　　　A：當我患上精神病後，無法穩定地工作，甚至失業多時！我現在申請綜緩以維持生活……我覺得自己毫無用處，毫無價值……

　　　　C：當妳無法穩定地工作，妳有甚麼想法？

　　　　A：我認為我的工作表現和生活被精神病所控制和破壞，令我長期失業。（災難化思想）

　　　　C：當妳無法穩定地工作，妳覺得妳的工作表現和生活被精神病所控制和破壞。在那個時候，你有甚麼感受？

A： 我感到沮喪，很不開心，覺得自己無用。

C： 所以，妳對精神病有消極的想法，即“我的工作表現和生活被控制和破壞”，導致妳感覺沮喪，很不開心和無用的。對嗎？（輔導員試圖讓案主明白她的消極的想法導致負面情緒和感受）

A： 對。

C： 所以，如果你想改善妳的負面情緒，是需要糾正妳對精神疾病的負面想法。

A： 我想改善負面情緒，但我應怎樣做？

C： 你可以從妳的基督教信仰改變對精神疾病的負面想法。例如，從基督教的角度來看，對妳來說，患上精神病是一種“苦難”，對嗎？

A： 是的！患上精神病和失業是苦難。這些苦難令我十分痛苦！

C： 從基督教的觀點，妳如何怎面對這些苦難？

A： 嗯，我覺得……

在輔導員的引導下，阿晶視患上精神病和生活困難是“苦難”，然後將她對“苦難”的觀點，進行探討，並與《聖經》有關“苦難”的教導進行比較。此外，輔導員給了阿晶的家課（home assignment），請她閱讀《聖經》的教義和基督徒有關“苦難”的見證。她表示很感興趣，並從中有所學習。

後來，阿晶漸漸能夠以正面信念取代上述對患病的負面信念。她開始接受精神病是她苦難的來源，但更重要的是，她能透過這些苦難的經驗中，學會依靠她的神，接受、忍耐和面對這些苦難。在輔導後期，阿晶表示：“患上精神病和失業是我的苦難。在過去，我一直質疑，為甚麼上帝給了我這些苦難。這些苦難曾令我感到十分痛苦……現在，在重新思考《聖經》教導之後，我已經改變了觀點。現在，我接受這些苦難不是神造成的。相反，是神給我的力量，幫助我面對這些苦難和困難。現在，我已經學會了依靠神，與精神病共存。"

（二）針對受助者表示"我永遠不能從精神病中痊癒！"

　　輔導員通過幾種輔導技巧，幫助阿晶改變另一個負面想法："我永遠不能從精神病中痊癒！"。

　　首先，輔導員通過行為實驗（behavioural experiment）這輔導技巧，以阿晶從皮膚病痊癒的經驗，重新檢視她不能從精神病中痊癒的負面思想。過去數年，阿晶患上皮膚病。在一次抑鬱期中，她感到情緒低落、不能外出活動、不願意接觸朋友，更表示背部皮膚病惡化，感到十分痕癢，影響其專注力，覺得十分辛苦。阿晶曾接受皮膚專科治療，但醫生不能確診，服藥後病情略有改善，但她擔心皮膚病不久會再次惡化，因此感到十分憂慮，令其抑鬱情緒進一步惡化。阿晶相信其皮膚病將不能痊癒。輔導員與阿晶商討後，她嘗試找私人執業皮膚專科醫生治療，由家人支付醫藥費。阿晶初期對醫生表示懷疑，但最終決定接受藥物治療。兩個多月後，皮膚病明顯改善，間中有少許痕癢，不再影響其日常生活。隨着皮膚病得以改善和痊癒，阿晶的抑鬱情緒也有所改善。她承認以往曾誤信皮膚病和精神病都難以痊癒，然而，藉此皮膚病得以改善的經驗下，重新檢視她對精神病都難以痊癒的負面信念，並開始相信精神病和皮膚病一樣，在適當治療下都會改善，甚至可以痊癒。

　　其次，輔導員幫助阿晶從基督教教義，建立正面思想（alternative positive thinking）："神會保守和帶領我的人生！"，取代她對精神病患的負面信念："我不能從精神病中痊癒！"。事實上，阿晶這負面信念是她對未來生活持災難化思想，因而引致憂慮和抑鬱情緒。輔導員幫助她從基督教教有關"依靠神的保護"這角度，來看她目前的生活狀況，並進行自我反省。輔導員鼓勵阿晶透過祈禱（pray），向她的神講述她的生活問題和困難。例如，輔導員鼓勵阿晶除服用精神科藥物外，可透過祈禱——靈性應付技巧（spiritual coping skill），來幫助自己有更好的睡眠質素。後來，阿晶表示：

"我每夜晚都向神祈禱。我告訴神我的擔憂。祈禱後，我感覺更好，睡得更好！例如，在一次找工面試前，我感到很焦慮。當我祈禱後，我的焦慮減少。我相信神會幫助我面對工作面試……"

通過運用祈禱（靈性應付技巧），阿晶得以從她的基督教信仰中，建立積極的信念："神會保守和帶領我的人生！"，取代患精神病的消極信念："我不能從精神病中痊癒！"。在輔導後期，阿晶發展了未來生活會變得更好的信念，並說：

"患上精神病和失業，當然是我的苦難。不過，我知道神會幫助我。祂會保護我，使我有更好的生活。例如，你也知道，我和父親的關係一直很差，近兩年，他很少跟我說話……最近，我和父親的關係改善了很多，我開始約他喝茶與打麻雀，我和我父親的關係漸漸改善……"

（三）針對受助者表示"無論我做甚麼，都無法改善病情！"

輔導員通過幾種輔導技巧，幫助阿晶改變另一個負面想法："無論我做甚麼，都無法改善病情！"。

首先，輔導員運用了正常化技巧（normalization technique），讓阿晶明白無論是否患上精神病，每個人都要面對生活困難，包括工作壓力，甚至被解僱的危機。例如，阿晶表示她的妹妹要面對工作和經濟壓力，擔心在經濟不景氣下失業。阿晶要面對搵工困難和失業的問題，她的妹妹也一樣。輔導員邀請阿晶去評價，阿晶和妹妹之間誰人面對的工作和經濟壓力較大。她難以判定。她表示自己已失業兩年多，依靠綜緩金生活，因而不太擔心失業問題，反而妹妹則常擔心失業，令她不能支付樓宇按揭而破產，妹妹承受的壓力和憂慮也不少。正常化技巧能讓阿晶明白她的工作和經濟困難，並非獨有事件，也非特別嚴重，其他人同樣面對類似的問題，藉此減少阿晶的孤單感，提升她面對困難的信心。

其次，輔導員幫助阿晶改變自己的歸因問題方式（attribution style），協助她明白要承擔個人責任，去面對現時的生活困難和壓力，而不是埋怨別人以往的過錯。如上述所言，阿晶總是誤把她的失業，甚至患上精神病的狀況，埋怨和歸咎於多年前她的前老闆的錯誤——不合理地解僱她。所以，每當阿晶遇到生活困難和挫折，便常常表達她的憤怒，並指責、埋怨和歸咎於前老闆的錯。輔導員幫助阿晶改變了她這種歸咎別人的歸因方式（re-attribution）。在面談中，輔導員幫助阿晶反映其歸因方式和相關的負面後果。每當阿晶面對失業問題時，她往往埋怨和歸咎於前老闆的錯誤。然而，埋怨和歸咎別人是一種自我防衛的方法，卻不是處理困難的恰當和有效方法。經面談後，阿晶開始重新檢視是否需要以此種態度面對人和事。

部分輔導對話

輔導員：C　　　　　阿晶：A

A：患上精神病後，我無法尋求合適的工作。甚至當我被聘用，由於受精神病影響，我不能工作超過一個月……（情緒變得憤怒）都是我前老闆的錯，他不公平地解僱我。是他令我患上精神病和失業。我恨他！

C：我注意到，當你沒有尋到一份工作，妳感到失望和沮喪。然後，妳憤怒地埋怨前老闆多年前解僱。當妳表達妳的埋怨和憤怒後，會否感覺好些？

A：我只想表示前老闆的錯誤。這是他的錯，他應得的！

C：但是，妳有否留意到，妳正嘗試將現在的失業問題和沮喪，歸咎於多年前被解僱這事？

A：嗯……

C：歸咎於前老闆的錯誤，可能對妳現時面對失業問題感

覺好些。但是，單單歸咎前老闆，能否幫妳處理目前
的失業問題？
A： 你的說法也有道理……
C： 妳覺得導致妳目前的失業問題，有甚麼可能原因？
A： 嗯，我想我失業可能是由於……

經面談後，阿晶洞察其面臨困難時的歸因方式（attribution style），開始重新檢視這歸因方式對她待人處世的好處和壞處。此外，輔導員嘗試提升阿晶處理困難，如失業和人際衝突，的解難能力（problem solving skills）。例如，輔導員協助她面對失業問題的解難和應付方法，如申請綜緩、尋找兼職工作、學習新職業技能等。阿晶終於決定一方面依靠綜緩維持生活，另一方面尋找兼職工作。後來，她開始學習中國書法和繪畫班，並計劃將來擔任短期課程的興趣班兼職導師，教授書法、繪畫、種盆栽等。漸漸，阿晶開始改變她的歸因方式（re-attribution），學會積極面對目前的困難。在輔導後期，阿晶改變了她對患病的負面想法："無論我做甚麼，我都不能改善病情！"。

## 治療或介入成效

介入目標　　運用輔導技巧　　**成效評估**

輔導員能透過靈性認知行為治療，成功協助案主建立從精神病中痊癒的希望和信心。在輔導結束後，案主能夠發展從病患痊癒的希望。整個痊癒旅程，亦是案主的靈性旅程。雖然她仍然患有躁狂抑鬱症，案主把它視為一個"苦難"，並由此引起不少損失和痛苦經驗。然而，通過"苦難"，案主亦獲得了很多東西，而且可以重新建立自己的生活，包括：不為金錢憂慮、發掘自己的潛能和興趣、改善跟家庭成員的關係，以及加強她的基督教信

仰等。靈性認知行為治療能幫助案主建立從精神病中痊癒的希望，協助她相信自己可以依靠信仰克服"苦難"。最後，案主能夠從精神病中發展一種積極的信念，認為她的神會保護和帶領她未來的生活，改變她受精神病控制摧毀的消極信念。現在，案主相信她的精神病可以逐漸痊癒，並認為自己是一個有用的人，可以回饋社會。

### 反思和討論

雖然靈性已被研究員認為是促進精神病痊癒的重要因素，[19] 很少學者和研究員探討如何有效地運用靈性介入法去協助精神病患者痊癒。這個案研究顯示，靈性認知行為療法能協助精神病患者，從絕望中建立希望，藉此促進他們從精神病患中痊癒。

通過這個案研究，在運用靈性認知行為療法上，有以下各點值得注意。

首先，輔導員對精神病患者的支持和關懷是非常重要的。[20] 為了能顯示對案主的支持，輔導員需與案主建立協作關係（collaborative relationship），正如上述案例所描述。其次，靈性認知行為治療可以協助案主處理各種困擾，包括靈性和非靈性的困擾。如本案例中，案主的靈性問題包括：無論在何景況，人是被神所愛的；依靠神的保護和引導來面對生活；苦難的得與失等。另一方面，非靈性的問題包括：自我概念；發展個人的潛能；消除對精神病的消極信念；從身體疾病經驗痊癒等。第三，靈性認知行為治療的介入技巧，沒有必要限制於靈性介入技巧，如祈禱、學習宗教教導、閱讀信徒的見證故事和聆聽宗教詩歌等。靈性認知行為療法的介入技巧也包括傳統的認知行為療法的輔導技巧，包括：引導發現、認知重建和行為實驗等，正如本案例所

[19] Young & Ensing, 1999; Davidson et al., 2005; Bussema & Bussema, 2007; Fallot, 2007; Walsh, 2013.
[20] Ridgway, 2001; Davidson et al, 2005.

精
神
健
康
與
輔
導
──
認
知
行
為
治
療
的
理
論
與
案
例

顯示。第四，建立希望是促進病患者痊癒的一個重要因素，[21] 然而，鮮有學者和研究員發展如何協助病患者從絕望中建立痊癒的希望。如在本案例所示，靈性認知行為治療能協助病患者從絕望中建立痊癒的希望，透過協助病患者從他們的信仰和宗教教義，如："苦難的積極意義"、"得與失"、"依靠上帝的保護，引導人們的生活" 等，能有效協助病患者從絕望中建立希望，促進他們的痊癒。

### 總結

從以上個案研習所示，靈性認知行為治療是一個可行的治療法，能協助病患者從絕望中建立希望，促進他們的痊癒。然而，由於單一案例研究結果所限，以上結果未能應用於不同疾病和處境下的精神病患者。建議將來進行更多研究工作，特別是較大規模的隨機對組研究，進一步驗證靈性認知行為療法的療效。

---

[21] Young & Ensing, 1999; Ridgway, 2001; Turner-Crowson & Wallcraft, 2002; Davidson et al., 2005.

# 第六章

## 自我污名：

## 內化負面觀點與偏見

楊劍雲

陳潔深

# 第一節　自我污名簡介

污名（Stigma）是羞恥或丟臉的標誌，令人與精神病患者分隔。[1] 污名分為由社會污名（social stigma）和自我污名（self-stigma）兩種。[2] 在香港及其他華人社會，精神病患者常常經驗和遭受社會污名。例如一項香港調查報告指出，超過半數的精神病患者認為他們曾遭受社會污名。[3] 此外，另一研究發現社會污名和歧視態度在香港不同羣體均會出現，包括：一般社區居民[4]、僱主[5]、精神科醫護專業人士[6] 和病患者家屬。[7] 患了精神病的人往往被社會人士認為是：不可預知的、危險的、不正常的、怪異的、情緒不穩定和自尊感低的。[8] 社會污名對精神病患者在就業、社交、朋輩支持，和家庭照顧等多方面，均有負面影響，影響精神病患者的痊癒進展。[9] 此外，社會污名會造成一個嚴重後果，就是精神病患者認同和內化了社會污名的負面觀點和信念，並引致自我污名。[10]

精神病患者自我污名的問題在中國和西方社會均十分普遍。近期的調查研究顯示，在美國 36.1% 的精神病患者呈現自我污名的問題；[11] 在歐洲則有 41.7%。[12] 在香港和廣州市，則分別有 38.3% 和 49.5%。[13]

在西方和華人社會的研究指出，自我污名的問題對精神病

[1]　Byrne, 1999.
[2]　Corrigan et al., 2011.
[3]　Chung & Wong, 2004; Lee, Lee, Chiu, & Kleinman, 2005.
[4]　Tsang, Tam, Chan & Cheung, 2003.
[5]　Tsang et al., 2007.
[6]　Chien, Yeung & Chan, 2014; Lee, Chiu, Tsang, Chiu, & Kleinman, 2006.
[7]　Lee et al., 2005.
[8]　Chien et al.,2014; Lee et al., 2005; Tsang et al.,2003; Tsang et al.,2007.
[9]　Chien et al.,2014; Lee et al., 2005; Philips, Pearson, Li, Xu & Yang, 2002; Tsang et al.,2003.
[10]　Corrigan, Watson & Barr, 2006.
[11]　West, Yanos, Smith, Roe & Lysaker, 2011.
[12]　Brohan, Elgie, Sartorius & Thornicroft,2010.
[13]　Young & Ng, 2015.

患者的生活產生不利影響，如自尊感、自我效能感和生活質素都降低，同時增加精神病症狀，影響他們的痊癒進展。[14]

## 中國傳統文化與自我污名

　　由於受中國傳統文化價值觀，特別是儒家思想的影響，[15] 精神病患者被視社會上"沒有能力的人士"，因而不能"遵守儒家思想五倫的要求"，對家庭和社會和諧造成破壞，被視為對家庭和社會帶來"羞恥"。在這種傳統中國文化影響下，精神病患者往往會認同這種對精神病患者的負面信念（即社會污名），而產生自我污名，並會感受到羞愧、丟臉、恥辱等。

　　雖然中國傳統價值觀強調集體主義，和家庭對精神病患者的照顧，許多病患者家屬照顧者都會經驗到社會污名，並在社區內感到羞辱（shame）和丟臉（loss of face）。[16] 這些社會污名增加家屬照顧者對病患者的照顧負擔和痛苦（caring stress and pain），並令照顧者對病患者產生負面情緒和批評，[17] 這些負面情緒和批評，對病患者來說，成為家屬照顧者向他們傳播的社會污名。[18] 此外，有些精神病患者需依靠家庭提供財政支持，以維持他們的日常生活，病患者往往被家庭和社區人士視為"依賴"，甚至成為"家庭的負累"（family burden）。[19] 在這樣的傳統文化價值和家庭成員的負面態度的影響下，精神病患者往往認同這種觀點，相信他們是"家庭的負累"，因此產生"羞愧"、"丟臉"和"內疚"的感受。

---

[14] Boyd, Adler, Otilingam & Peters, 2014; Corrigan et al., 2006; Gerlinger, Hauser, De Hert, Lacluyse, Wampers & Correll, 2013; Livingston & Boyd, 2010; Ritsher, Otilingam, & Grajiales, 2003; Fung, Tsang, Corrigan, Lam & Cheng, 2007; Tang & Wu, 2012; Young, Ng, Pan & Cheng, 2015.

[15] Lam et al., 2010; Lee et al., 2005; Yang, 2007.

[16] Lam etal., 2010; Lee et al., 2005; Yang, 2007.

[17] Mak & Cheung, 2012; Philips, Person, Li, Xu & Yang, 2002.

[18] Chien et al., 2014; Lee et al., 2005.

[19] Hsiao, Klimidis, Minas & Tan, 2005; Lam et al., 2010; Yang, 2007.

最後，中國文化有關命運（fate）的觀念，讓精神病患者相信患上精神病是"命運/上天的安排"，[20] 他們只能"認命"，接受命運安排，忍受着社會污名和各種生活困難，令他們產生無助感（helpless）和失去希望（hopeless）。

## 第二節　自我污名的認知模式

根據 Corrigan et al.(2006)，自我污名是由於精神病患者內化了社會污名的負面觀點和信念而生的。當中涉及幾個過程：社會定型的認識（stereotyped awareness）、社會定型的認同（stereotyped agreement）、自我內化（self-concurrence）和自尊感降低（self-esteem decrement）。社會定型（stereotype）是指社會人士對精神病患者的固有看法。正如前述，香港社會對精神病患者普遍存在負面的社會定型（negative stereotype），精神病患者往往被社會人士認為是：不可預知的、危險的、不正常的、怪異的、情緒不穩定和自尊感低。[21] 當某些社會人士認同這些對精神病患者的負面社會定型，便會令他們對精神病患者有恐懼、憂慮、抗拒等負面情緒，繼而作出相關的負面行為，如：拒絕和病患者共事、交往，甚至想辦法解僱病患者等。

然而，除了社會人士普遍知道和傳播這些負面社會定型外（如：精神病患者是情緒不穩定的），精神病患者亦在他們的生活中常常經驗和注意到（aware）這些負面社會定型。有些病患會對這些定型置之不理，但研究發現，很多會認同（agree）這些定型（如：我同意在某些情況下，精神病患者會變得情緒不穩定），並進一步內化（internalize）這些定型，認為他們出現了

精神健康與輔導——認知行為治療的理論與案例

---

20　Lam et al., 2010; Ng et al.,2013.
21　Chien et al., 2014; Lee et al., 2005; Tsang et al., 2003; Tsang et al., 2007.

這些定型的特點（如：我是情緒不穩定的）。然後，這些定型的思想和信念（如：我是情緒不穩定的），會為病患者帶來負面情緒（如：我很不開心），成為他們的負面核心信念（如：我很無用！）。請參閱下圖。

## 自我污名的認知模式

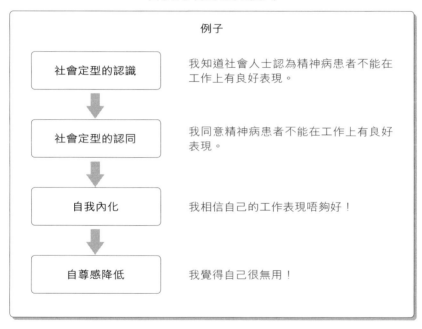

## 第三節　認知行為治療小組抗自我污名

由於自我污名對精神病患者的生活和痊癒產生各種負面影響，幫助他們抵抗自我污名（Anti-self-stigmatization）因而變得十分重要。研究顯示，可以透過短期治療小組減低精神病患者的自我污名問題。[22] 同時，學者和研究員指出，認知行為治療小組能有效幫助精神病患者減少自我污名問題。[23]

下文將介紹如何運用認知行為治療小組，協助精神病患者抵抗自我污名。

### 先導計劃——"抗自我污名"

1. 小組名稱：自我轉化
2. 服務目的：
   - 協助組員破解社會污名的錯誤，以保持心理健康
   - 協助組員自我保護，並以正面態度面對社會污名下之壓力
   - 促進組員以正面態度接納病患，多欣賞自己，建立復元希望
3. 服務對象及人數：
   - 18 歲之以上
   - 經醫生診斷後患有精神病
   - 經評估後，受社會污名影響者（ISMI≥60）
4. 小組活動日期及時間：
   - 每星期聚會一次，每節 90 分鐘，共 10 節
5. 小組形式：
   - 小組遊戲、短講、彼此分享、家課，約8-10人一組。

---

[22] Macinnes et al., 2008; Luckstead et al., 2011.
[23] Corrigan et al., 2011; Knight 等，2006.

## 6. 小組活動大綱

| 節數 | 主題 | 活動目標 | 備註 |
|------|------|----------|------|
| 第一節 | 彼此共鳴 | →促進組員間互相認識，建立安全感<br>→讓組員掌握整個小組的性質、目的、內容、期望、守則及契約<br>→組員分享對社會偏見的經驗和所受之影響 | |
| 第二節 | 情緒 ABC | →協助組員明白 ABC 模式<br>→組員分享對社會偏見的了解<br>→組員分享社會偏見對心理健康之影響<br>→組員分享對社會偏見的應付方法<br>→鼓勵組員破解社會偏見的錯誤，以保持心理健康 | 學習運用認知行為治療法之 ABC 模式，探討社會偏見對組員思想、情緒、行為的影響 |
| 第三節 | 社會偏見對對碰 | →協助組員辨別和破解一般社會偏見（如精神病人有暴力傾向，精神病人是智障的，精神病患可傳染等） | 破解一般不合理的社會偏見（irrational beliefs） |
| 第四節 | 患病不是我的錯 | →協助組員辨別和破解特別社會偏見：患病是病人的錯<br>→協助組員探討病因<br>→協助組員明白病因：壓力太大承受不了，令腦介質失調，引發精神病徵狀 | • 患病是病人的錯，屬思考偏差之諉過於己（personalization）<br>• 學習運用餅圖（piechart）處理諉過於己 |
| 第五節 | 復元有望 | →協助組員辨別和破解特別社會偏見：精神病永遠不會好<br>→協助組員分享復元路上起伏乃正常現象<br>→協助組員回顧往昔的成長，明白促進精神健康的保護原素<br>→協助組員訂定短期目標，促進精神健康 | • 精神病永遠不會好屬思考偏差之災難化思想（catastrophic thinking）<br>• 學習運用正常化技巧（normalization）處理災難化思想 |
| 第六節 | 我不是負累 | →協助組員辨別和破解特別社會偏見：患病成為別人的負累<br>→協助組員探討能照顧自己的地方，肯定自我<br>→協助組員明白互相照顧是美德，若照顧者將來患身體疾病，也需組員的照顧 | • 患病成為別人的負累屬思考偏差之非黑即白／對與錯／好與不好）思想（absolute thinking）<br>• 學習運用量度尺技巧（scaling questioning）處理非黑即白思想 |

| 第七節 | 我有我強項 | →協助組員認識自我的優點，肯定自我 | 透過行為實驗（如列出自己的優點，並向別人求證），協助組員認識自我的優點 |
|---|---|---|---|
| 第八節 | 行得正企得正，無有怕！ | →協助組員減低擔憂被歧視的焦慮感，和自己嚇自己的思想<br>→學習自我鬆弛 | • 擔心被歧視屬思考偏差之自我預言，自己嚇自己的災難化思想<br>• 學習運用打破焦慮（breaking cycle of worry）、去災難化（de-catastrophic thoughts），和自我鬆弛（relaxation）等技巧處理災難化思想 |
| 第九節 | 自己保護自己，免遭歧視！ | →協助組員正面面對歧視<br>→學習自我鬆弛<br>→促進組員自我保護策略 | 透過社交技巧訓練，協助組員正面面對歧視（堅定而非暴躁） |
| 第十節 | 愛中成長 | →總結及鞏固在整個小組過程中學習的內容<br>→讓組員彼此檢討回顧學習成果<br>→讓組員彼此鼓勵和支持 | 總結和整合認知行為治療法各種技巧 |

### 7. "自我轉化"小組每節活動詳細內容

| 第一節小組活動 | | | |
|---|---|---|---|
| 主題及目標 | 時間 | 詳細小組內容 | |
| 主題：彼此共鳴<br>1. 促進組員間互相認識，建立安全感<br>2. 讓組員掌握整個小組的性質、目的、內容、期望及訂立小組約章、畢業要求<br>3. 分享組員對社會偏見的了解 | 20分鐘 | ➤ 歡迎組員<br>➤ 工作員自我介紹<br>➤ 彼此認識：<br>　帶組員輪流介紹自己，內容包括喜歡別人怎樣稱呼自己、嗜好、喜愛的食物、參加小組目的等 | 名牌、<br>小組出席表 |
| | 20分鐘 | 小組介紹：<br>➤ 申明小組成立之性質、目的及主題，派發小組每節內容一覽表，向組員簡介內容及對組員的期望，例如主動、投入、每節課堂後要做功課等<br>➤ 小組約章的遵行協議<br>➤ 說明畢業條件：<br>　出席至少 8 次<br>　如需缺席，需事前請假<br>　準時出席<br>➤ 派發並簽署"參與小組同意書"<br>　透過簽署"同意書"，讓組員在心態上準備投入小組的學習 | 小組每節內容一覽表、小組約章、參與小組同意書 |
| | 10分鐘 | • 短講：<br>甚麼是社會偏見？ | |
| | 20分鐘 | ➤ "社會偏見知多少"練習：<br>➤ 活動方法：<br>　邀請各組員在紙上，寫下有關社會偏見的個人經歷、感受和處理方法<br>　完成後交給工作員<br>　工作員讀出紙上的內容<br><br>• 工作員回應重點：<br>　指出社會偏見是組員普遍遇到的經歷，令他們產生負面情緒<br>　鼓勵組員在小組裏學習正面處理社會偏見和歧視 | 紙、筆 |

| | 10<br>分鐘 | 講解功課：<br>➢ 家課一目的：增強組員察覺自己對事情產生的情緒、生理及行為反應<br>➢ 派發工作紙<br>➢ 告訴組員，工作員在每節會選出一位組員頒發特別獎，表揚該組員在家課上的良好表現，譬如：<br>a) 用心做功課<br>b) 遇到不明白地方會主動詢問工作員<br>c) 嘗試運用課堂學到的"認知行為治療法"知識，解決生活上遇到的問題<br>（對組員的表揚亦有助強化小組的正面行為） | 工作紙 |
|---|---|---|---|
| | 5<br>分鐘 | 欣賞時間：<br>邀請組員說出對另一位組員或自己在今次小組表現值得欣賞的地方<br><br>目的：<br>• 引導組員明白懂得"欣賞自己"和"欣賞別人"的重要性<br>• 鼓勵組員培養"欣賞"的思考習慣<br>• 透過欣賞組員投入，尊重其他組員等良好表現，增強組員遵守小組約章的動力<br>• 互相欣賞，增強小組的凝聚力 | |
| | 5<br>分鐘 | 總結今次活動內容：<br>• 鼓勵組員多留意社會偏見的謬誤及對自己情緒的影響<br>• 欣賞組員的參與和分享<br>• 徵詢組員的同意，在每節小組前工作員會致電組員，提醒下次開組日期。如果組員在功課上遇到問題，可以發問<br>• 預告下次小組日期及主題："認知行為治療法"之 ABC 模式 | |

備註：
(1) 在小組第一節開始之前，工作員嘗試安排個別或小組形式面見組員，對他們的需要作出初步了解
(2) 工作員在每節準備茶點，以增強小組氣氛，使組員輕輕鬆鬆學習和分享

| 第二節小組活動 | | | |
|---|---|---|---|
| 主題及目標 | 時間 | 詳細小組內容 | 物資預備 |
| 主題："認知行為治療法"之 ABC 模式<br>• 協助組員明白 ABC 模式 | 30 分鐘 | ➤ 功課分享：<br>• 邀請組員逐一分享上週完成的家課<br>• 先邀請較主動的組員分享，再邀請其他<br>• 鼓勵組員專心聆聽其他組員的分享，互相學習和支持<br>• 工作員會收集組員家課，小組後工作員在家課上寫上意見，並在下節派回給組員<br><br>➤ 工作員回應重點：<br>1. 如有部分組員未能完成功課，可於組內加以鼓勵<br>2. 對已完成家課的組員加以讚賞<br>3. 利用組員已完成的家課<br>• 藉此與小組重點溫習上一節的學習<br>• 糾正組員對課堂內容任何不正確的理解<br>• 總結他們的得着 | 小組出席表 |
| | 15 分鐘 | 短講：<br>➤ 介紹"認知行為治療法"之 ABC（Anticipating event, Belief, Consequence）模式<br>• 派發第二課筆記 | 第二課筆記 |
| | 15 分鐘 | "ABC" 遊戲：<br><br>活動目的：<br>讓組員體驗想法（belief）的重要性：對同一件事情（anticipating event），可以有很多不同的想法（belief），縱使結果（consequence），即感受，是一樣的。<br><br>a) 活動方法：組員分成兩組進行<br>b) 工作員提出一個處境：某人在巴士站"送車尾"（anticipating event），但結果他的心情很愉快（consequence）<br>c) 以五分鐘為限，兩組各自討論該人有甚麼可能想法，令他心情愉快<br>d) 每組輪流講出一個可能想法<br>e) 直至哪一組不能再提出任何想法，另一組勝出<br>f) 頒發獎品予勝出組，以增強遊戲的趣味性<br>g) 如打和，兩組皆獲獎品 | |

| | 15<br>分鐘 | ➤ 彼此分享：邀請組員分享他們對 ABC 模<br>式的想法與感受<br>➤ 工作員澄清有關概念及解答問題 | |
|---|---|---|---|
| | 5<br>分鐘 | ➤ 講解功課：家課二目的：：增強組員察<br>覺自己的想法<br>➤ 派發工作紙<br>➤ 解答組員的問題 | 工作紙 |
| | 5<br>分鐘 | 欣賞時間：<br>跟第一節活動內容的 "欣賞時間" 一項相同 | |
| | 5<br>分鐘 | ➤ 總結今次活動內容：強調思想/ 信念（而<br>不是事件本身），會決定人的情緒反應<br>➤ 欣賞組員的參與和分享<br>➤ 預告下次小組日期及主題：社會偏見對<br>對碰 | |

| 第三節小組活動內容 | | | |
|---|---|---|---|
| 主題及目標 | 時間 | 詳細小組內容 | 物資預備 |
| 主題：社會偏見對對碰<br>• 協助組員辨別和破解<br>一般不合理的社會偏<br>見 | 30<br>分鐘 | ➤ 功課分享：參考第二節活動內容的功課<br>分享一項<br>➤ 派發工作員寫上意見的第一堂家課<br>➤ 頒贈特別獎予一位組員 | 小組出席表 |
| | 20<br>分鐘 | ➤ 短講：介紹甚麼是理性思想和非理性思<br>想<br>➤ 派發及講解第三課筆記一<br>➤ 派發及簡解第三課筆記二 | 第三課筆記一<br>和筆記二 |
| | 15<br>分鐘 | "那是非理性思想？" 遊戲：<br><br>活動目的：<br>增加組員察覺非理性思想的能力<br><br>活動方法：<br>a) 組員分成兩組<br>b) 工作員分派每組同樣的 23 項字條<br>c) 以五分鐘為限，兩組各自抽出非理性<br>思想的字條，並想出其非理性的原因<br>d) 每組輪流說出一個非理性想法的字<br>條，並提供原因<br>e) 建議每位組員都有機會發言，鼓勵沉<br>默的組員參與 | 23 項遊戲字條 |
| | 10<br>分鐘 | 彼此分享：<br>➤ 邀請組員分享他們對非理性思想的體會<br>和感受<br>➤ 工作員澄清有關概念及解答問題 | |

| | 5<br>分鐘 | 講解功課：<br>➤ 家課三目的：增強組員留意自己的非理<br>　性想法<br>➤ 派發工作紙<br>➤ 解答組員問題 | 工作紙 |
|---|---|---|---|
| | 5<br>分鐘 | 欣賞時間：<br>　參考第一節活動內容的<br>　"欣賞時間"一項 | |
| | 5<br>分鐘 | 總結今次活動內容：<br>➤ 重申組員能辨別非理性思想的重要性<br>➤ 欣賞組員的參與和分享<br>➤ 預告下次小組日期及主題：患病不是我<br>　的錯 | |

| 第四節小組活動 | | | |
|---|---|---|---|
| **主題及目標** | **時間** | **詳細小組內容** | |
| 主題：患病不是我的錯<br>1. 協助組員辨別和破解<br>　社會偏見：患病不是<br>　我的錯<br>2. 協助組員探討病因 | 30<br>分鐘 | 功課分享：<br>➤ 參考<br>　■ 功課分享一項<br>➤ 派發工作員寫上意見的第二堂家課<br>➤ 頒贈特別獎予一位組員 | 小組出席表 |
| | 30<br>分鐘 | 短講：<br>➤ 介紹諉過於己 / "攬晒上身"（personal-<br>　ization）是一種非理性想法，而今次的主<br>　題"患病是病人的錯"是其中一個典型例<br>　子<br>➤ 引導組員探討病因<br>➤ 教導餅圖（pie chart）技巧，協助組員拆<br>　解非理性想法："患病是病人的錯"<br>➤ 派發及講解第四課筆記一和筆記二的爭<br>　辯方法 | 第四課筆記 |
| | 15<br>分鐘 | 彼此分享：<br>➤ 邀請組員分享對今次主題、餅圖技巧和<br>　第四課筆記的想法和感受<br>➤ 工作員澄清有關概念及解答問題 | |
| | 5<br>分鐘 | 講解功課：<br>➤ 家課四目的：讓組員練習在課堂上教授<br>　的爭辯方法，來處理自己的非理性想法<br>　"患病是自己的錯"。如果組員沒有這非<br>　理性思想，可以處理另一個諉過於己的<br>　想法<br>➤ 派發工作紙<br>➤ 解答組員的問題 | 工作紙 |

| | 5<br>分鐘 | 欣賞時間：<br>➤ 參考欣賞時間一項 | |
| | 5<br>分鐘 | 總結今次活動內容：<br>➤ 鼓勵組員破解"患病是病人的錯"的謬誤想法<br>➤ 建議組員正面處理諉過於己的思想<br>➤ 欣賞組員的參與和分享<br>➤ 預告下次小組日期及主題：復元有望 | |

| 第五節小組活動 | | | |
|---|---|---|---|
| 主題及目標 | 時間 | 詳細小組內容 | 物資預備 |
| 主題：復元有望<br>1. 協助組員辨別和破解特別社會偏見：精神病永遠不會好<br>2. 協助組員了解復元路上起伏乃正常現象<br>3. 協助組員訂定短期目標，促進精神健康 | 20<br>分鐘 | 功課分享：<br>➤ 參考功課分享一項<br>➤ 派發工作員已寫上意見的第三堂家課<br>➤ 頒贈特別獎予一位組員 | 小組出席表 |
| | 20<br>分鐘 | 短講：<br>➤ 講解災難性思想(catastrophic thinking)<br>➤ 是另一種非理性想法，而今次主題"精神病<br>➤ 永遠不會好"是其中一個典型的例子<br>➤ 邀請組員分享自己有沒有"精神病永遠不會<br>➤ 好"的想法<br>➤ 運用正常化技巧(normalization)，引導組員明白精神病在香港很普遍，並舉出多位知名人士也曾患上精神病，並過着正常人的生活；明白復元路上起伏乃正常現象<br>➤ 派發並講解第五課筆記一和筆記二的爭辯方法 | 第五課筆記一和筆記二 |
| | 20<br>分鐘 | 堂上練習：<br>➤ 派發工作紙<br>➤ 邀請組員想像如果將來過着好生活，那"好的生活"會怎樣？譬如在家庭關係、健康、經濟、人際關係等等會怎樣好？<br>➤ 又想像如果將來過着壞生活，會是怎樣？ | 堂上練習工作紙 |

| | 10 分鐘 | ➤ 彼此分享：<br>　各組員輪流分享堂上練習<br><br>➤ 工作員回應重點：<br>• 讓組員明白將來生活好與壞，在乎自己採取甚麼行動<br>• 引申到精神病是可以復元的，關鍵在於患者有沒有好好照顧自己和採取積極行動建立正常人的生活 | |
| | 10 分鐘 | 講解功課：<br>➤ 所謂"千里之行，始於足下"，邀請組員訂立一個短期目標，有助他們走向"好的生活"，並在下星期開組前完成<br>➤ 目的：讓組員體驗和實踐自己訂立的目標<br>➤ 派發工作紙<br>➤ 解答組員問題 | 工作紙 |
| | 5 分鐘 | 欣賞時間：<br>➤ 參考欣賞時間一項 | |
| | 5 分鐘 | 總結今次活動內容：<br>➤ 指出如其他疾病一樣，當患者好好料理精神病，他們能過着好生活<br>➤ 鼓勵組員運用爭辯方法和積極行動去處理災難性思想<br>➤ 欣賞組員的參與和分享<br>➤ 預告下次小組日期及主題：我不是負累 | |

## 第六節小組活動

| 主題及目標 | 時間 | 詳細小組內容 | 物資預備 |
|---|---|---|---|
| 主題：我不是負累<br>1. 協助組員辨別和破解特別社會偏見：患病成為別人的負累<br>2. 協助組員探討能自己照顧自己的地方，肯定自我<br>3. 協助組員明白互相照顧是美德，若照顧者將來患病，也需組員照顧 | 10 分鐘 | 功課分享：<br>➤ 參考功課分享一項<br>➤ 派發工作員已寫上意見的第四堂家課<br>➤ 頒贈特別獎予一位組員 | 小組出席表 |

| | 10<br>分鐘 | "視覺大挑戰"遊戲：<br>➤ 播放"視覺大挑戰"簡報<br>➤ 內有多張美麗圖片，挑戰組員能否看出圖中問題的答案<br><br>➤ 活動目的：<br>• 營造輕鬆有趣的學習氣氛<br>• 引導組員明白，從多角度觀察和思考，可以找出更多的可能性 | 電腦、<br>投影幕、<br>"視覺大挑戰"簡報 |
|---|---|---|---|
| | 5<br>分鐘 | 短講：<br>➤ 介紹非黑即白 / 對與錯 / 好與不好"的思想（absolute thinking）是一種非理性想法，而今次的主題"患病成為別人的負累"是其中一個典型例子 | |
| | 20<br>分鐘 | 短講：<br>➤ 介紹量度尺技巧（scaling questioning），是處理非黑即白 / 對與錯 / 好與不好"思想的方法<br>➤ 送贈間尺給每位組員，用以輔助講解第六課<br>➤ 筆記一和筆記二的爭辯方法引導組員留意，自己有沒有用到過高或過低的標準來量度自己，或者用了別人（如家人）的量度標準來評價自己。這些做法容易令自己提出不合理的自我要求，令人情緒困擾<br>➤ 鼓勵組員把獲贈的間尺放在當眼地方，提醒自己多用此技巧 | 第六課筆記一和筆記二 |
| | 20<br>分鐘 | 小組分享：<br>➤ 邀請組員分享自己有沒有"患病成為別人負累"的想法<br>➤ 鼓勵組員留意自己能自我照顧的地方，並發掘可以作出貢獻的各方面<br>➤ 指出每個人都會患病，但也可以在自己的崗位作出貢獻。例如，歌手鄭秀文曾患抑鬱症，現在她用自己的歌曲鼓勵其他人<br>➤ 與小組一起欣賞鄭秀文的勵志歌《戰勝自己》，並派發歌詞 | 電腦、<br>投影幕、<br>鄭秀文的歌及歌詞《戰勝自己》 |
| | 10<br>分鐘 | 彼此分享：<br>➤ 邀請組員分享他們對今次主題和量度尺技巧的想法及感受<br>➤ 工作員澄清有關概念及解答問題 | |

| | | | |
|---|---|---|---|
| | 5分鐘 | 講解功課：<br>➤ 家課六目的：<br> • 增強組員應用量度尺技巧的能力<br> • 藉着寫下能照顧自己的地方，讓組員更肯定自己<br>➤ 派發工作紙<br>➤ 解答組員問題 | 工作紙 |
| | 5分鐘 | 欣賞時間：<br> 參考欣賞時間一項 | |
| | 5分鐘 | 總結今次活動內容：<br>➤ 鼓勵組員多運用量度尺技巧，肯定自我，破除"自己是別人負累"的想法<br>➤ 欣賞組員的參與和分享<br>➤ 預告下次小組日期及主題：我有我強項 | |

| 第七節小組活動 | | | |
|---|---|---|---|
| **主題及目標** | **時間** | **詳細小組內容** | **物資預備** |
| 主題：**我有我強項**<br>• 協助組員認識自我的優點，肯定自我 | 15分鐘 | 功課分享：<br>➤ 參考<br> 功課分享一項<br>➤ 派發工作員已寫上意見的第五堂家課<br>➤ 頒贈特別獎予一位組員 | 小組出席表 |
| | 30分鐘 | ➤ 組員在每一張小咭紙上，寫以下三項：<br> • 每一位組員的名字<br> • 該組員的優點<br> • 寫上自己的名字，讓那組員知道是誰欣賞對方這些優點<br>➤ 直至寫完所有組員的小咭紙為止（名字、其優點及自己的名字）<br>➤ 每位組員從其他人中，收齊所有屬於他的小咭紙<br>➤ 利用工作員提供的顏色紙、貼紙，顏色筆和閃彩筆等，創作一張讚賞自己的心意卡<br>➤ 在歡樂的氣氛中，為組員和他的心意卡拍照，讓組員增添美好回憶，加強他們開心的感覺<br>➤ 鼓勵組員把送給自己的心意卡放在當眼地方，提醒自己擁有的強項及才華 | 美術材料、示範作品 |

| | 30 分鐘 | ➤ 組員分享：<br>目的：<br>　透過分享，讓組員更肯定自己<br><br>➤ 分享重點：<br>(1) 當別人讚自己時，你有甚麼感受？<br>(2) 送這份美好和珍貴的禮物給自己時，你有甚麼感覺？<br>(3) 你最喜歡自己甚麼優點？<br>(4) 在平日生活裏，怎樣看出你的優點？ | |
| | 5 分鐘 | 講解功課：<br>➤ 家課七目的：增強組員察覺自己對事情產生的負面自我評價，並嘗試用理性想法取代非理性思想<br>➤ 派發工作紙<br>➤ 解答組員問題 | 工作紙 |
| | 5 分鐘 | 欣賞時間：<br>➤ 參考欣賞時間一項 | |
| | 5 分鐘 | 總結今次活動內容：<br>➤ 鼓勵組員多欣賞自己<br>➤ 嘉許組員的參與和分享<br>➤ 預告下次小組日期及主題：行的正，企的正，無有怕！ | |

| 第八節小組活動 | | | |
| --- | --- | --- | --- |
| 主題及目標 | 時間 | 詳細小組內容 | 物資預備 |
| 主題：行的正，企的正，無有怕！<br>1. 協助組員減低擔心被歧視的焦慮，和自己嚇自己的思想<br>2. 學習自我鬆弛 | 20 分鐘 | ➤ 功課分享：參考功課分享一項<br>➤ 派發工作員已寫上意見的第六堂家課<br>➤ 頒贈特別獎予一位組員 | 小組出席表 |
| | 10 分鐘 | ➤ 小組分享：<br>　邀請組員分享他們被歧視的感受<br><br>➤ 工作員回應重點：<br>➤ 以同理心回應<br>➤ 運用小組技巧，促進組員間的共鳴感和互相支持 | |

| | 5<br>分鐘 | 短講：<br>　引導組員明白擔心被歧視是一種非理性<br>　想法，是"自己嚇自己"的災難性思想 | |
|---|---|---|---|
| | 15<br>分鐘 | ➢ 彼此分享：<br>　邀請組員分享他們紓緩情緒的方法<br><br>➢ 工作員回應重點：<br>　總結組員的心得 | |
| | 23<br>分鐘 | 分享打破焦慮（breaking cycle of worry）<br>的方法：<br><br>介紹以下兩種打破焦慮的途徑：<br>　1）學習自我鬆弛（relaxation）<br>　2）投入自己喜歡的活動，例如唱歌<br><br>1）鬆弛練習<br>➢ 帶領組員進行約 15 分鐘的鬆弛練習<br><br>2）投入自己喜歡的活動<br>➢ 與小組一邊看 Youtube 一邊唱歌<br><br>已準備的歌曲包括：<br>《摘星》、《紅日》、《每一步》、《憑着<br>愛》、《生命有價》、《我的驕傲》、《戲班<br>小子》、《明日恩典》、《陽光路上》、《漫<br>步人生路》、《阿信的故事》、《偶然遇上<br>的驚喜》 | 電腦、<br>投影幕、<br>Youtube 歌曲<br>歌詞、<br>鬆弛練習光碟 |
| | 10<br>分鐘 | 講解功課：<br>➢ 家課八目的：讓組員察覺阻礙自己能夠<br>　自我肯定的思想，並嘗試用理性想法取<br>　代非理性思想<br>➢ 派發工作紙<br>➢ 解答組員問題 | 工作紙 |
| | 5<br>分鐘 | 欣賞時間：<br>　參考欣賞時間一項 | |

| | 2 分鐘 | 總結今次活動內容：<br>➤ 鼓勵組員多留意自己的想法和產生的情緒<br>➤ 建議組員多練習去災難化思想（de-cata-strophic thoughts）<br>➤ 欣賞組員的參與和分享<br>➤ 預告下次小組日期及主題：自己保護自己，免遭歧視（一） | |

| 第九節小組活動 | | | |
| --- | --- | --- | --- |
| 主題及目標 | 時間 | 詳細小組內容 | |
| 主題：自己保護自己，免遭歧視（一）<br>1. 教導組員自我保護技巧和策略 | 10 分鐘 | ➤ 功課分享：<br>1. 參考功課分享一項<br><br>➤ 工作員回應重點：<br>➤ 鼓勵組員察覺並破解自我否定的想法讓組員明白先接受自己的好壞，喜歡自己，接受自己不完美，才能自我肯定和有效處理歧視<br>➤ 指出重建自我肯定的思想，是促進保護自己的重要一環<br>➤ 派發工作員已寫上意見的第七堂家課<br>➤ 頒贈特別獎予一位組員 | 小組出席表 |
| | 2 分鐘 | 簡介：<br>➤ 當遇到社會歧視，組員會不自控和快速地產生強烈的負面情緒，繼而作出不合適的回應，不單不能保護自己，更可能造成自我傷害<br><br>➤ 引申學習以下各方面的重要性：<br>• 處理憤怒和情緒低落的方法<br>• 運用恰當的身體語言<br>• 利用"我"句子（I-Message）的溝通方法<br>• 掌握堅定而非暴躁的溝通技巧 | |
| | 15 分鐘 | 短講：<br>➤ 教導處理憤怒情緒的技巧<br>➤ 分享轉化低落情緒的方法 | |

| | 10<br>分鐘 | 活動目的：<br>➤ 讓組員體會身體語言在自我保護的溝通<br>　上扮演重要角色<br><br>活動方法：<br>➤ 三人一組<br>➤ 一人做傾訴者，一位聆聽者，一位觀察<br>　員<br>➤ 傾訴者：用兩分鐘時間向聆聽者說出一<br>　個被歧視的經歷，令他有憤怒或低落情<br>　緒<br>➤ 聆聽者：留意自己的思想、情緒、生理<br>　及行為反應<br>➤ 觀察員：觀察傾訴者和聆聽者的身體語<br>　言<br>➤ 傾訴者：再用兩分鐘向聆聽者說另一件<br>　覺得自己做得很正確，能肯定自己的事<br>　情<br>➤ 聆聽者：留意自己的思想、情緒、生理<br>　及行為反應<br>➤ 觀察員：觀察傾訴者和聆聽者的身體語<br>　言 | |
|---|---|---|---|
| | 15<br>分鐘 | ➤ 彼此分享：<br>　組員分享在活動中的感受、想法和觀察<br>　到甚麼<br><br>➤ 工作員回應重點：<br>引導組員留意 1. 不同的情緒表達會表現出<br>　　　　　　　　不同的身體語言<br>　　　　　　　2. 不同的身體語言亦會帶出<br>　　　　　　　　不同的溝通效果<br>　　　　　　　3. 在社交溝通上，能表達自<br>　　　　　　　　我肯定的身體語言，是有<br>　　　　　　　　效保護自己的方法 | |
| | 15<br>分鐘 | 短講：<br>➤ 教導用 "我" 句子（I-Message）的溝通<br>　方法<br>➤ 教授堅定而非暴躁的技巧去指出對方的<br>　錯誤和表達自己的感受、需要和意見 | |

| | 19<br>分鐘 | ➤ 彼此分享：<br>邀請組員分享運用以上策略的感受和想法 | |
| | | ➤ 工作員回應重點：<br>情況合適時，工作員會邀請組員做角色扮演，進一步示範以上教導的自我保護策略及社交技巧 | |
| | 2<br>分鐘 | 講解功課：<br>➤ 家課九目的：讓組員繼續練習認知行為治療法<br>➤ 派發工作紙<br>➤ 解答組員問題 | 工作紙 |
| | 2<br>分鐘 | 總結今次活動內容：<br>➤ 強調學習自我保護策略對精神健康的重要性<br>➤ 欣賞組員的參與和分享<br>➤ 預告下次小組日期及主題：愛中成長 | |

| 第十節小組活動 ||||
| --- | --- | --- | --- |
| 主題及目標 | 時間 | 詳細小組內容 | 物資預備 |
| 主題：愛中成長<br>1. 總結及鞏固在整個小組過程中的學習內容<br>2. 讓組員彼此檢討回顧學習成果<br>3. 讓組員彼此鼓勵和支持 | 15<br>分鐘 | 功課分享：<br>➤ 參考功課分享一項<br>➤ 派發工作員已寫上意見的第八堂家課<br>➤ 頒贈特別獎予一位組員 | 小組出席表 |
| | 30<br>分鐘 | "寶物創作"活動：<br><br>➤ 活動目的：<br>➤ 介紹保持正面態度的另一個方法<br>➤ 增強組員維持心理健康的自信心<br><br>➤ 活動成功關鍵：<br>工作員組前準備有不同類型<br>圖片的雜誌，供組員有足夠的選擇，工作員亦可鼓勵組員帶舊雜誌 | 示範作品、<br>多類型雜誌、<br>顏色筆、<br>A3 和 A4 顏色紙 |

| | | 活動方法： | |
|---|---|---|---|
| | | ➤ 邀請組員做一件寶物，放在自己的情緒管理百寶盒裏 | |
| | | ➤ 工作員事前準備一個示範作品當場展示，令組員明白做甚麼寶物 | |
| | | ➤ 在眾多的雜誌裏，組員剪下可以提醒自己正面信念，給與正能量，令自己心情舒暢、愉快和有動力的圖片，貼在心儀的顏色紙上 | |
| | | ➤ 亦可用顏色筆修飾這創作 | |
| | | ➤ 提醒組員不宜用理性分析，只需用直覺和感性，選擇令組員有自我感覺良好的圖片 | |
| | 15 分鐘 | ➤ 彼此分享：<br>在安全和信任的學習環境下，組員分享他們的作品<br><br>➤ 工作員回應重點：<br>肯定組員的理性信念和正能量<br><br>➤ 拍照<br>在輕鬆歡樂的氣氛中，為組員和寶物拍照，讓組員增添美好的回憶，加強他們開心的感覺 | |
| | 25 分鐘 | 總結及檢討：<br>➤ 工作員與小組簡單回顧每節小組內容<br>➤ 鼓勵組員分享自己的學習成果<br><br>工作員回應重點：<br>➤ 鞏固組員在整個小組過程中的學習<br>➤ 鼓勵組員彼此支持 | |
| | 5 分鐘 | 大合照 | |

8. 小組活動物資

---

### 第一課

## 【小組契約】

1. 每課準時出席，不遲到，不早退
2. 或需缺席者，請在上課前向工作員／中心請假
3. 聽從工作員的安排，不自行其是
4. 遵守保密原則，未經允許不可將小組成員所分享的隱私告訴他人
5. 真誠對待他人、關注組員表現、欣賞彼此優點、給每個人表達自我的機會
6. 積極參與小組討論，真誠地與他人分享自己的經驗體會，與他人溝通、交流和互動
7. 尊重他人的自由。在小組討論時要尊重他人的意願，不可強迫他人發言；尊重他人的想法，遇意見不同時可以爭論但不可人身攻擊
8. 學會傾聽。在他人談及自己的體會時應認真傾聽

我並會遵守這小組契約的規則。　　　　　　簽署：＿＿＿＿＿＿＿＿＿

見證人：＿＿＿＿＿＿＿＿＿

日期：＿＿＿＿＿＿＿＿＿

小組核心為：守時、保密、尊重他人。

第二課筆記

(A) 發生事件　⟸　(B) 信念　⟹　(C) 情緒及行為反應

ABC 模式理論指出 "發生事件" 是會影響我們的情緒和感受，不過最關鍵影響我們情緒和感受的是我們的想法和信念。我們對 "發生事件" 的非理性想法直接引致我們產生負面情緒。

| 發生事件 | 信念 / 思想 | 情緒後果 |
|---|---|---|
| 見工面試後不被錄用 | ➤ 這完全是我的問題，是我面試表現差<br>➤ 這份工不錄用我，我好難再找到工作了<br>➤ 我得不到這份工作，我就是一個失敗者 | ➤ 自責、沮喪、灰心、抑鬱、煩擾、挫敗<br>➤ 失去信心、意志消沉、緊張徬徨 |
| 見工面試後不被錄用 | ➤ 這次我不被錄用，可以是很多原因導致，未必是純綷與我面試表現有關。不過我會好好反省，改善我可以改進的地方<br>➤ 申請這份工作不成功，並不是世界末日，日後仍有其他工作職位我可以申請<br>➤ 我不被錄用，不代表我無用，我在生活其他方面都做得好好 / 不錯 | ➤ 心境平靜<br>➤ 積極面對困難<br>➤ 抱有信心<br>➤ 接受自己及尊重別人的權利，不強加壓力在自己身上 |

第二堂練習

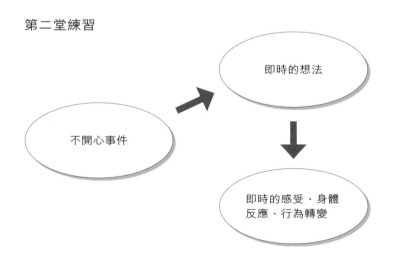

### 第三課筆記

| | 對精神病 / 精神病患者的信念 | | 對精神病 / 精神病患者的信念 |
|---|---|---|---|
| 1 | 精神病患者沒有作為，好像一個廢人 | 11 | 復元人士不能過正常的生活 |
| 2 | 有精神病的人就會殺人 | 12 | 復元人士永遠不會成長 |
| 3 | 精神病即是弱智 | 13 | 復元人士需要依賴別人照顧 |
| 4 | 要吃精神科藥物的人就是不正常的人 | 14 | 復元人士比非復元人士有較少朋友 |
| 5 | 精神病的人很懶惰，只識飲飲食食，常睡覺 | 15 | 復元人士難以融入社會 |
| 6 | 只要努力所有人都能夠有進步 | 16 | 精神病永不會痊癒 |
| 7 | 所有人都有權去拒絕他人的要求，而不需要感到內疚或覺得自己自私 | 17 | 精神病患者是計時炸彈 |
| 8 | 所有人都有權去提出要求，而對方亦有權拒絕自己的要求 | 18 | 精神病患者是癲人 |
| 9 | 所有人都有權被尊重，亦必須要尊重他人 | 19 | 精神病患者是無用的 |
| 10 | 在不影響他人的情況下，所有人都有權去做自己想做的事情 | 20 | 精神病患者是黐線的 |

### 第三堂練習

自己一個非理性的想法 / 信念

它是非理性的原因

**第四課練習**

頁底提出各方面導致患上精神病的原因，嘗試回顧自己患病的成因，運用以下的餅圖 (Pie Chart)，處理自己"諉過於己"/"攬晒上身"的非理性思想。

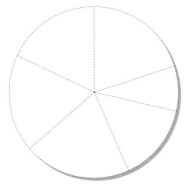

A. 其實患病不是自己衰，
   是因為 _____ (　%)
B. 其實患病不是自己衰，
   是因為 _____ (　%)
C. 其實患病不是自己衰，
   是因為 _____ (　%)
D. 其實患病不是自己衰，
   是因為 _____ (　%)
E. 其實患病不是自己衰，
   是因為 _____ (　%)
F. 其實患病不是自己衰，
   是因為 _____ (　%)
G. 其實患病不是自己衰，
   是因為 _____ (　%)

> 患精神病可以有很多不同的原因構成，包括以下各方面：
> • 家庭
> • 讀書 / 工作
> • 過往的生活經歷
> • 壓力事情 / 創傷經歷
> • 意外，譬如交通意外
> • 父母或具影響力的人，對自己的期望及看法
> • 其他人對自己的評價，及怎樣對待自己
> • 生命中重要的人，譬如父母，對自己的接納程度及評價
> • 其他

第五課筆記

社會偏見 "精神病永遠不會好" 是屬於認知偏差之 "災難性思想"。

以下是對應這想法的爭辯方法：

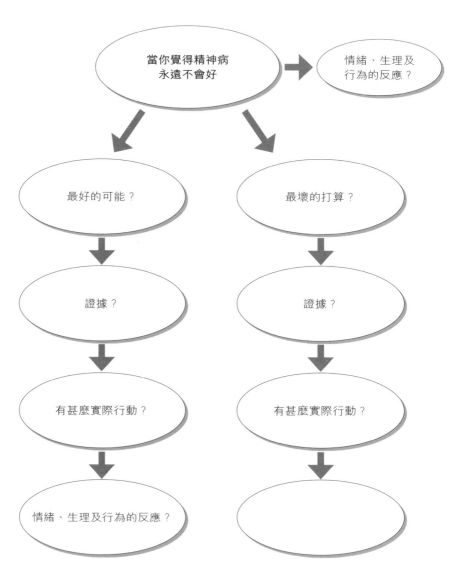

第五課堂上練習

想像五年或十年後，你過着美好的生活，那生活是怎樣的？如果是差勁的生活，又是怎樣的？

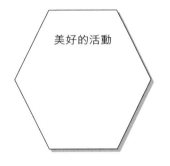美好的活動

差勁的生活

第五課家課：行動記錄表

你的姓名：＿＿＿＿＿＿＿＿＿＿＿

| 行動： | 日期 | | 完成：✓<br>無完成：✗ |
|---|---|---|---|
| | 月 | 日 | |
| | 月 | 日 | |
| | 月 | 日 | |
| | 月 | 日 | |
| | 月 | 日 | |
| | 月 | 日 | |
| | 月 | 日 | |

### 第六課筆記

以下是運用量度尺技巧，處理一般非黑即白／對與錯／好與不好思想的爭辯方法。

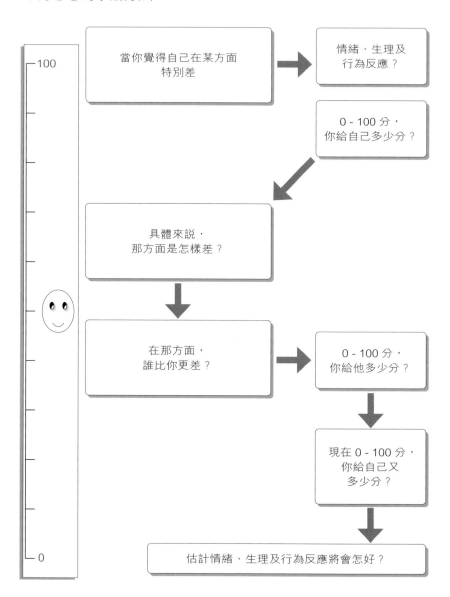

第七課練習

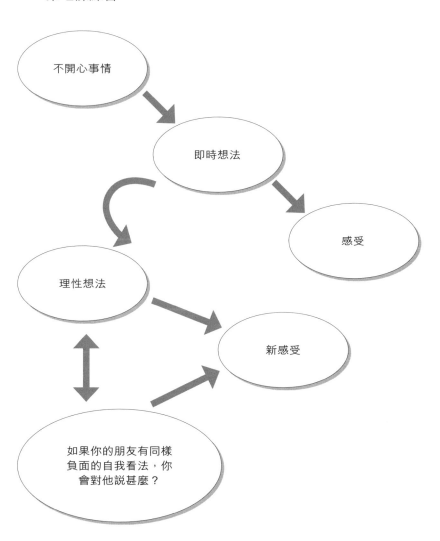

不開心事情

即時想法

感受

理性想法

新感受

如果你的朋友有同樣
負面的自我看法,你
會對他説甚麼?

### 第十堂家課

請你寫下參加九次小組後的感受／想法（可以簡單或詳細寫），好讓 _____ 姑娘在小組完結時，可以給你多些意見。你可以回應以下一項或多項題目，或自行寫你想寫的感受／想法。

參加這小組：

◇ 能協助你辨別社會大眾對精神病的偏見／歧視，及它對你心理健康的影響嗎？

◇ 你多了認識自己？

◇ 你學會欣賞自己？

◇ 你多認識一些處理情緒／減壓的方法？

◇ 你多了動力處理問題？

◇ 你認識多一些朋友互相支持？

◇ 你覺得自己掌握到幾多認知行為治療法？

◇ 你能在生活上／復元路上應用認知行為治療法嗎？

◇ 在應用認知行為治療法上，你遇到甚麼困難？

# 第七章

## 積極認知行為治療的實踐

吳日嵐

潘佳雁

趙芊嵐

蘇細清

# 第一節　積極認知行為治療簡介

認知行為治療的主要概念是人的思想、情感、行為和非自主生理反應彼此互相關連。[1] 認知行為學者認為 "認知" 是包含人的思維方式、知識體系、資訊解讀、對外在世界的主觀理解和想法等。當一個人對自我及外在世界有不當或扭曲的理解時，便很容易引致心理困擾甚至心理失常。[2] 若個人對自我及外界事物能採取較正面的評述時，便可以產生較正面的思緒和行為；相反，較負面的評述便會引發負面的思緒和行為。

積極認知行為治療（Positive cognitive behavioural therapy）希望在傳統的認知行為治療基礎上，結合正向心理學（Positive psychology）的正面元素，[3] 加強協助個人尋找人生中的正面經驗，以及建立更積極的信念及自我評述，從而逐步培養正面的情緒及積極的行為，將積極正面的思維模式轉化成一門生活哲學。[4]

積極認知行為治療與傳統認知行為治療相異之處主要有三方面，首先是視野的轉移，由問題導向轉向 "優勢導向"（strength based）。傳統認知行為治療着眼於處理及解決問題及非理性思想，深入分析問題背後的誘因，致力糾正問題；而積極認知行為治療則着重尋找及建立 "優勢及能耐視角"（strengths and assets），除了對問題作基本的了解外，並將注意力集中於發掘問題以外的正面經驗及期盼，協助個人了解及建立正面的目標以帶來積極的轉變。

第二點是融合 "全人系統化概念"（Whole-person systemic approach），積極擴闊個人的不同領域認知層面，使個人能以較

---

[1]　鄭黃浪詞，1997。
[2]　Ng et al., 2013.
[3]　Seligman & Csikszentmhalyi, 2000.
[4]　吳日嵐、蘇世清，2013。

全面及整合的思維方式來理解自己與人事物理。一個人對自我及外在世界的理解往往會受着自己過去、現在的經驗及對將來的期望所影響，同時亦會透過不同的層面去作出自我評述，包括：對自己、對別人及對別人（眼中）的我〔見表 7.1 〕。筆者提出一個簡單的 POET 思維模式，引導個人能易地（place and situation）、易人（other perspective）、易事（alternate event）及易時（time）而處，擴展個人視野的向度，重整個人對自己及外在世界的主觀信念。有關 POET 思維模式會於本文第二節詳細闡釋。

積極認知行為治療的第三個特點是着重治療關係的平衡，鼓勵輔導員作 “積極無為的介入”（non-directive positive intervention）。在傳統認知行為治療關係中，輔導員傾向採取較主導的位置來協助案主辨斥其偏執的思想。然而過度或過急地推倒其積習的偏執思想，可能會掏空了案主一直以來沿用的自我防衛能力，反而打亂受助者的自助步伐，扼殺其進步空間，令其思緒更加紊亂及無助。就此，筆者借鑑中國傳統道家 “無為不爭” 的思想，鼓勵輔導員在輔導過程中順應自然，依循案主的步伐，隨着個人正面之處因勢利導。

同時，亦採納中國文化哲學思想 “正反相生” 的概念，在負面之處以子之能耐之矛，攻子之負面之盾，令矛盾得以轉化。[5] 所謂 “人之生也柔弱，其死也堅強；萬物草木之生也柔脆，其死也枯槁。故曰：堅強者死之徒也，柔弱者生之徒也”[6]。輔導員可以應用中國文化中 “以退為進”、“以柔克剛” 的道理在積極認知行為治療上。輔導員能體悟到事物 “反” 的規律而不強行辯斥，或絕對地推翻受助者個人的核心價值觀念，反而順應案主的自然發展步伐，將個人的 “問題” 改變為 “解決問題” 的基礎，便可

---

[5] 同註 4。

[6] 《老子第七十六章》。

恰當地轉化個人負面思緒。總之，"積極無為的介入"是"無為即有為"，以順應自然的無為之道，在輔導過程中幫助案主轉化樂觀思維，從柔弱變成柔韌，達至"守柔曰強"的目的。

表 7.1　個人對過去、現在及將來的主觀經驗

|  | 過去 | 現在 | 將來 |
|---|---|---|---|
| 對我自己 | 我如何看過去的我 | 我如何看現在的我 | 我如何看將來的我 |
| 對別人 | 我如何看過去的別人 | 我如何看現在的別人 | 我如何看將來的別人 |
| 對別人（眼中）的我 | 我如何看別人對"過去的我"的看法 | 我如何看別人對"現在的我"的看法 | 我如何看別人對將來我的看法 |

　　中國人在遇到心理困擾時，一般未必會直接向專業人士求助，反而會請求民間方術堪輿之士給他們指點迷津，得到一些抒困見解或建議。這看來像民間的認知行為"治療"。心理學上，認知行為治療的主要概念是人的思想、情感和行為生理反應是互相關係的。[7] 而中國人一般較多將個人問題歸因於外在因素，例如命運、運氣。[8] 一般來說，尋求輔導者的投訴內容都是以情感、行為或生理病徵的問題為主，只有非常少部分案主能主動指出自己的負面想法是問題的核心。一般人都會把心理困擾看成實際生活上的問題，包括：個人或家人的命運、學業或教養、金錢、愛情或關係、前途或工作及個人性格等。但從認知行為的角度來看，這些看似是外在的問題，卻反映了中國人一些普遍的內在負面核心信念，這些信念大致可分為三個範疇，包括個人責任（responsibility）、個人安全（safety），和個人決定（choice）（見表 7.2）。這些負面的核心信念容易令當事人在日常生活中產生

精神健康與輔導——認知行為治療的理論與案例

---

[7]　同註 1。
[8]　同註 2。

失能或失效的主觀感知。[9] 如表所見，相同的負面核心信念可能
在日常生活中不同的範疇重複出現，而當中有些細微的差異。

表 7.2　中國人的負面信念範疇（Negative belief system）

| | 命運 | 學業 / 教養 | 金錢 | 愛情 / 關係 | 前途 / 工作 | 性格 |
|---|---|---|---|---|---|---|
| **責任**<br>• 錯在我 | 我應該得到不幸；<br>我是無足輕重的 | 我很愚蠢；<br>我讓人失望 | 我是無足輕重的；<br>我是沒有價值的 | 我不應該得到愛；<br>我很醜陋 | 我是失敗者；<br>我不夠好 | 我是失敗者；<br>我能力不足 |
| • 我做錯了 | 我很糟糕 | 我應該了解清楚我是不會成功的 | 我是可恥的；<br>我犯錯了 | 我不討人喜愛；<br>我是有缺陷的人 | 我無法勝任；<br>我犯錯了 | 我不能放鬆自己 |
| **我不安全 /危險** | 我應該死去；<br>我的安全受到威脅 | 我不能相信自己的判斷；<br>我處於危機中 | 我很無助；<br>我不值得信賴 | 我不能保護自己；<br>我不能相信自己的判斷 | 我不能為自己爭取；<br>我不能相信自己的判斷 | 我不能忍受下去；<br>我不能相信自己的判斷；<br>我不能為自己爭取 |
| **我不能控制 / 選擇** | 這機會不屬於我；<br>我是懦弱的；<br>我不能掌控所有事情 | 我不能放下包袱；<br>我要成為一個完美的人 | 我不能得到我想要的；<br>我不能信任別人 | 我是懦弱的；<br>我不能表達自己的情感 | 我一定要把事情做得完美；<br>我不能選擇讓自己放下包袱 | 我不能選擇讓自己放下包袱；<br>我不能控制自己 |

---

9　Shapiro, 2001.

## 第二節　積極認知行為治療法

以下是有關積極認知行為治療法在實踐方面的要點：

- **建立合作目標及治療關係**
  **（Cooperative objectives and therapeutic relationship）**

輔導理論一致強調輔導員與案主關係的重要性。[10] 建立治療關係的目的：（1）確立一個安全的治療環境，讓案主能有信心將問題或困擾向輔導員訴說；（2）向案主解說認知行為治療的過程及步驟，減少案主對治療的迷思，並得到案主的同意（Informed consent）以作治療。

- **輔導關係（Counselling relationship）**

輔導關係是指輔導員與案主之間相互交流且具質素的關係，案主在尋求輔導員幫助時一般正處於危機之中，或是備受困擾，他們極度希望獲得輔導員的支援。他們需要被理解，並在面談過程中能與輔導員產生連繫，從而處理他們所關注的問題和困難。在輔導的過程中，輔導員需要考慮案主的期望，並反映案主的感受，令他們感到其需要被理解，令案主在面談過程中能與輔導員產生連繫及建立同理心。聆聽及展示對案主的理解，是與案主建立有質素的輔導關係的核心技巧。

- **積極聆聽（Active listening）**

聆聽不只需要聽到案主的聲音，同時亦要準確理解案主說話的含意。除了聆聽及理解案主的字面含意，還要了解案主的語音提示，觀察案主的身體語言，同時考慮案主的個人及社會環境因素。積極聆聽除了能準確理解案主傳達的訊息，同樣亦要展示對案主訊息的理解（見表 7.3）。[11]

---

[10] Nelson-Jones, 2005.
[11] 同註 10。

表 7.3　積極聆聽的作用

1. **建立關係**：若案主感受到自己是為輔導員所明白和理解的，輔導員與案主會較容易建立融洽的治療關係。

2. **建立信任**：信任是相信案主真誠、正直及可靠。同時，輔導員也需要對案主建立其真誠、正直及可靠性的一面。

3. **求同存異**：透過表達對案主的理解，輔導員可以為雙方的關係築起一道橋樑，而非阻隔雙方的高牆。

4. **協助案主表達**：案主一般較害羞和焦慮，亦可能會覺得透露自己的問題或困難是危險的。積極聆聽可以讓案主感到安全、被接納和被理解，從而協助他們講述自己的故事，分享他們的內心世界。

5. **協助案主理解其感受**：透過積極聆聽可以協助案主感受及明白他們自己內在的情緒，幫助他們反思箇中的經驗及表達情緒是正常的。

6. **收集資料**：輔導員若能夠做到積極聆聽，大部分的案主也願意與輔導員合作，並提供相關資料。故此輔導員不需要直接詢問案主而得到他們在日常生活中的困擾及處理問題的狀況。

7. **建立治療關係**：輔導員在治療過程中對案主有積極的影響。透過對案主的不同文化背景及狀況的理解，確立案主對輔導員的可信賴性，並讓案主培養自助的技巧。

8. **協助案主承擔責任**：若案主能感受輔導員支援及聆聽他們的處境，他們會較容易洞察個人的責任，自行處理問題。積極聆聽可以減少案主的自我防衛並幫助他們面對挑戰，讓案主可以有更大的權力及自主性去建構對事件的意義及建立相應行動。

- **尊重與接納**（Respect and acceptance）

　　所有輔導或治療關係都要建立在輔導員對案主的尊重及接納的基礎上。尊重是指能夠視案主為真實的個體，重視他們的獨特性。尊重同時能夠容讓案主在不受剝削及控制下，了解自己的問題及建立解決問題的方法。

　　接納包括尊重案主的個別性、有獨立的思想及感受、不會對案主有好與壞的價值批判。接納每個人都會有犯錯的可能及獨特的能耐。

- **建立穩定情緒**（Client stabilization）

　　案主一般都是以個人壓力、情感或行為問題為主要訴求來向輔導員求助，如果案主正在處於高壓下，情緒不穩定狀態或有行為生理病徵，輔導員應先幫助案主處理相關的問題。可以由情緒層面以不同方法介入，[12] 如：描述情緒反應（labeling emotional response）、呼吸和放鬆（breathing & relaxation）、引導意象鬆弛（guided imagery relaxation）、分散注意力（distraction）、重新專注（refocusing）、正念（mindfulness）、建立正向情緒（positive emotion）。行為層面介入法則包括，如：重新調整活動日程（activity re-scheduling）、技能培訓（skills training）、行為實驗（behavioural experiment）、增強解決問題的技巧（problem solving skills）、等級任務分配（graded task assignment）、暴露療法（exposure therapy）、適當的應付技巧（appropriate coping skills）、家課（homework assignment）、參與有意義和開心的日常活動（engagement in meaning and pleasurable activities）等幫助案主建立一個較佳的治療基礎。待案主情緒平伏下來或行為問題得到緩解後，才進行認知行為治療。幫助案主減低壓力，建立平伏心理狀態時，較常使用的方法是肌肉鬆弛練習（見表 7.4）。

### 表 7.4　肌肉鬆弛練習

| | |
|---|---|
| 1. | 閉上雙眼，開始深呼吸。深呼吸六次，每次呼氣的時間都會感到更加放鬆。 |
| 2. | **頭部**<br>注意力集中到雙眼上。雙眼的眼皮會感到很重……很重（深深吸一口氣，慢慢呼出來）。<br>眼部肌肉、面部及下巴開始放鬆（深深吸一口氣，慢慢呼出來），頭頂亦進入一種鬆弛狀態（深深吸一口氣，慢慢呼出來）。 |

---

[12] 楊劍雲，2013。

| 3. | 頸部、手 |
|---|---|
| | 頸部肌肉開始放鬆，越來越放鬆……越來越放鬆。 |
| | 肩膊、手臂、雙手和十隻手指都正在放鬆（深深吸一口氣，慢慢呼出來），放鬆的感覺正在流向我的每一隻指尖。 |
| 4. | 上半身 |
| | 放鬆的感覺會漸移到我的身體上半部……（深深吸一口氣，慢慢呼出來），胸腔正在放鬆（深深吸一口氣，慢慢呼出來）。 |
| | 胃部的肌肉亦放鬆，進入一個更深的鬆弛狀態（深深吸一口氣，慢慢呼出來）。 |
| 5. | 下半身 |
| | 盤骨、大腿、膝蓋、小腿……雙腳亦越來越放鬆……腳跟到腳趾也會感到越來越放鬆……（深深吸一口氣，慢慢呼出來）。 |
| 6. | 一會兒，從10數到1，每數1聲，我的身體就會有雙倍的放鬆感覺，我會進入到一個更鬆弛的狀態。10……9……放鬆……8……7……6……放鬆……5……4……繼續放鬆……3……2……1……進入更鬆弛的狀態……好好享受呢一種鬆弛的感覺。 |

- 認知行為檢視（Cognitive behaviour therapy review）

　　為了幫助案主認識認知行為治療，輔導員可以先向案主介紹認知行為治療的基本模式（A-B-C model），讓案主明白思想、情感、行為和非自主生理反應的相互關係，並使案主了解外在刺激或事件（antecedents）、對事件的想法（beliefs）和後果（consequences）三者的關係。因此案主如果受到過往不良經驗影響，便會形成偏執或扭曲思想，產生負面的自我評述。[13] 表7.5 為偏執思想的特質例子。

---

[13] Corey, 1994.

表 7.5　偏執思想的特質

| | |
|---|---|
| 1. | **針對自己**："這是在説我這個人。"<br>例子：我今天和老闆打招呼，他不理會我，"他一定是對我的工作非常不滿意。" |
| 2. | **毫無邏輯**：想法是"絕對化"、"非黑即白"、"以偏概全"、"妄下判斷"、"完美主義"等。<br>例子：我的兒子測驗只得 80 分，我不是一位好母親。 |
| 3. | **牛角尖式的思想**："窮途末路"<br>例子：我考不上大學，甚麼都完蛋了！ |

　　認知行為治療是建基於對個人自決（self-determination）的理念。案主使用自身內在世界的經驗（subjective experience）對事件或外在刺激的客觀世界（A）賦予主觀意義（B），從而影響個體的感受及行為反應（C）。因此認知行為治療的目的，是幫助案主對外在世界或事物建立新的或積極的主觀思想，及正面的感受，從而可以自由地選擇新的回應方法，並對外在世界事物賦予新的意義。

## 個案歷史（Case history）

　　任何治療方法都必須先向案主搜集資料。積極認知行為治療除了會諮詢案主的主要投訴或問題、個人成長及疾病歷史外（見表 7.6），並會特別強調評估案主的個人資源及能耐的重要性。這些個人資源或能耐將來或可以幫助案主建立對外在世界事物的新想法及新意義。

## 表 7.6　案主背景資料

A 個人背景資料（Identifying information）

_____

B 主要問題（Presenting problem）

_____

C 當前問題的歷史（History of present problem）

1. 事件（Events）：_____

2. 情緒徵狀（Emotion）：_____

3. 認知徵狀（Cognitive）：_____

4. 行為徵狀（Behaviour）：_____

5. 身體徵狀（Physical）：_____

D 精神病史（Psychiatric history）如有精神疾史，請詳細述說：

_____

F 精神狀況（Mental status check）

1. 意識狀況（Orientation）：_____

2. DSM-V:_____

G 其他疾病（Medical history）

_____

# 個案評估（Case assessment）

　　認知行治療是針對案主當下的困擾的治療模式（specific situation or event），目的是透過幫助案主重新認識該事件，建立另類的或積極性的想法，從而計劃或推動新的行為方案。在治療的起點，輔導員首先幫助案主對困擾事件及其困擾程度作出初步評估。案主可能同時面對不同事件的困擾，輔導員宜對每個事件、對案主的負面想法、情緒或感受及身體感覺逐一評估（見表7.7）。

表 7.7　事件、負面信念、情緒及感受評估表

| 1. | **困擾事件評估（Disturbing situations）：** |
| | 幫助案主主動討論第一件至最後一件困擾的事件。 |
| | "現在，在你腦海內，那件事件最壞的情況是甚麼呢？＿＿＿＿＿＿ |
| | 或當你想起這事件時，你察覺到甚麼呢？＿＿＿＿＿＿＿ |

2.　**了解負面的想法或信念（Negative belief）：**
當你看這件事件／景象時，這事件現在對你有些甚麼不好的想法呢？對自己有甚麼負面的想法？＿＿＿＿＿＿＿＿＿＿＿＿＿＿＿＿
例如："我得不到這份工作。"這想法怎樣影響你看自己或令你對自己（能力）有何想法？或即是說你是一個怎樣的人？＿＿＿＿＿＿＿＿＿

3.　**情緒評估（Emotion）**[14]：
當你想到這事件時，和"我應該得到不幸。"不好的想法時，你現在有甚麼情緒或感受呢？＿＿＿＿＿＿＿＿＿
你現在覺得這事件對你做成有多少困擾／不安呢？ 0 代表沒有困擾／不安，10 最困擾／不安。"。

```
    0    1    2    3    4    5    6    7    8    9    10
沒有困擾                                              非常困擾
```

4.　**身體感覺評估（Body sensation）：**
請你嘗試感受自己身體，有沒有哪個部份有不舒服的感覺？＿＿＿＿＿＿＿＿＿＿＿＿＿

5.　**事件、思想、情緒、行為記錄表**

| 事件發生 | 偏執／扭曲想法（例如：命運、愛情、前途／工作、學業／教養、金錢、性格等） | 情緒反應 | 行為反應 | 身體反應 |
|---|---|---|---|---|
| | | `0 10 20 30 40 50 60 70 80 90 100` | | |
| | | `0 10 20 30 40 50 60 70 80 90 100` | | |
| | | `0 10 20 30 40 50 60 70 80 90 100` | | |

---

14　同註 9。

精神健康與輔導——認知行為治療的理論與案例

## 情緒及行為處理
## （Emotional and behavioural management）

在治療過程中，案主可能會出現情緒波動的情況。輔導員需讓案主決定是否需要暫定治療。如有需要，應先幫助案主處理一下情緒及行為相關的問題。做鬆弛練習以建立平穩的心理狀態，才能進行下一步的認知行為治療（見表 7.8）。可以透過鬆弛練習（意象鬆弛或肌肉鬆弛練習）、系統減敏治療（systematic desensitization）和建立適當解決問題的方案（problem solving）等幫助案主內心達到平靜平和的心理狀態以繼續接受治療。

表 7.8　鬆弛練習（Relaxation exercise）

---

讓你先進行一個鬆弛練習，我建議練習 ＿＿＿＿＿＿（例如：腹式呼吸法）。請你舒適地坐在椅子上，閉上雙眼，開始放鬆。吸氣⋯⋯呼氣⋯⋯吸氣⋯⋯呼氣⋯⋯

請說出你的放鬆程度。0 表示完全放鬆，100 表示非常緊張。＿＿＿＿

0　10　20　30　40　50　60　70　80　90　100

請你在家感到焦慮、緊張或有空時，可以自行嘗試鬆弛練習（例如：腹式呼吸法）。

---

- 優勢 / 能耐視角評估（Strengths and assets）

當輔導員與案主進行評估及訂立治療方案時，不單要明白案主當前面對的困境，評估應付問題的能力。並且要幫助案主了解自身的可能優勢或能耐，[15] 以幫助案主提升自我改變的能力。優勢評估主要目的是幫助案主整理個人的不同人生事項，檢視個人在不同生活領域中的可能優勢，特別是那些過往曾建立或運用的資源，包括個人系統、家庭活動、羣體參與、社區活動、組織活動、社會參與等（見表 7.9）。

---

[15] 同註 12。

表 7.9　能耐分析（Personal strengths analysis）

| 個人系統（Individual） | 家庭活動（Family） | 羣體參與（Group） |
|---|---|---|
| 1. 成長背景（Developmental history）： | 1. 親子關係（Parent-child relationship）： | 1. 朋友支援（Peer support）： |
| 2. 知性發展（Intellectual development）： | 2. 兄弟姊妹關係（Sibling relationship）： | 2. 同學支援（Classmate support）： |
| 3. 情緒健康（Emotional health）： | 3. 親友支援（Relativesupport）： | 3 興趣小組（Interest groups）： |

| 社區活動（Living community） | 組織活動（Organization） | 社會參與（Society） |
|---|---|---|
| 1. 學校生活（School life）： | 1. 工作（Employment）： | 1. 關注社會／國際議題（Social concern）： |
| 2. 社區服務（Social service）： | 2. 義工參與（Voluntary service）： | 2. 公民參與（Civic engagement）： |
| 3. 社區資源（Community resources）： | 3. 宗教生活（Religious life）： | 3. 社會融合（Socialinclusion）： |

- **建立積極正面的信念（Alternate beliefs）**

　　積極認知行為治療的重要一環是幫助案主加強認識自己的能耐，把負面消極信念轉變成正面積極的信念，從而建立正面的情緒及積極行為（見表 7.10）。

　　當你想起這件事件時，除了不好的想法外，你現在想自己可以有些甚麼可能更好的想法呢？你想自己可以是怎樣的呢？

表 7.10　中國人的積極信念範疇（Positive belief system）

| | 命運 | 學業/教養 | 金錢 | 愛情/關係 | 前途/工作 | 性格 |
|---|---|---|---|---|---|---|
| 責任<br>• 我很好 | 我應該讓自己快樂；<br>我很重要 | 我能從中學習到我滿意自己的方式 | 我很重要；<br>我有價值 | 我能擁有愛；<br>我很好（吸引/可愛） | 我能成功；<br>我對自己的能力感到滿意 | 我能成功；<br>我對自己感到滿意 |
| • 我可以做到 | 我很好；<br>我很滿意自己 | 我已全力以赴；<br>我可以成功 | 我值得別人尊敬；<br>我能從中學習 | 我惹人喜歡；<br>我相當健康 | 我能處理得當；<br>我能從中學習 | 我可以成功；<br>我能放鬆對自己的要求 |
| 我是安全的 | 我仍可以生存；<br>我很平安 | 我可以相信自己的判斷；<br>過去了，我現在安全了 | 我能自我肯定；<br>我值得信賴 | 我能保護自己；<br>我可以相信自己的判斷 | 我能為自己爭取；<br>我可以相信自己的判斷 | 我能堅持下去；<br>我可以相信自己的判斷；<br>我能為自己爭取 |
| 我可以為自己選擇 | 我可以為自己製造機會；<br>我很堅強；<br>我有能力處理 | 我能選擇讓自己放下包袱；<br>我能忠於自己的決定 | 我能得到我想要的；<br>我能相信別人 | 我很堅強；<br>我能適切地展示自己的情感 | 我在乎自己的決定；<br>我能選擇讓自己放下包袱 | 我能選擇讓自己放下包袱；<br>我現在有能力自控 |

- 積極信念真實評估（Elevation of positive belief）

　　"當你現在想到這事件/景象時，"我對自己感到滿意。"的想法對你現在來說有多真實呢？

　　1是最不真實，7是非常真實。　　1　2　3　4　5　6　7"

## 認知重組（Cognitive restructuring）

　　認知行為學者認為，人對自我的理解是受自我或外在世界對自我評述的主觀經驗所影響。我們的自我價值是受過往主觀的自我評述和行為強化的經驗所決定。[16] 人的不當情感或行為是由

---

[16] Corey, 1994.

個人對外在世界事件不正確或偏執的主觀經驗或想法所引起的。這些偏執思想包括：諉過於己、以偏概全、非黑即白、誇大或貶低、災難化、妄下判斷、完美主義等。因此，改變不當情感或行為是建基於改變個人對自己的偏執想法。這就好像面對一面鏡子一樣，當我們用一面扭曲的鏡子去看自己時，我們是不能對自己得到正確評價的。要改變這種對自己不良的評價，我們唯有去找另外一面較好的鏡子。因為換了鏡子，轉了新對照參考（frame of reference），我們對自我及外在世界將會產生不同的看法及體會。改變對照參考是衝擊及改變案主固有的負面想法，從而帶來認知重組。

### POET 認知重組模式
### （POET Positive cognitive restructuring）

　　除了幫助案主學習新的應付技巧（coping skills）和疑難解決方法（problem-solving）外，輔導員需要幫助案主重組對自己及外在世界的認知，從而轉變對自己的偏執思想。筆者提出一個簡單 POET 模式（見表 7.11），幫助案主改變對照參考，易地（place &situation）、易人（other perspective）、易事（alternate event）、易時（time）而處，從而 360 度重整對自己及對外在世界的主觀信念。

表 7.11　POET 模式認知重組策略

| P<br>(地) | Place & Situation<br>易地而處 | 如換了別的處境，別人會對你有甚麼不同的評價？<br><br>你對自己有何新想法？ |
|---|---|---|
| O<br>(人) | Other Perspective<br>物是人非 | 如換了別的人物，例如朋友或家人，他們會對你有甚麼不同的評價？<br><br>你對自己有何新的想法？ |
| E<br>(事) | Alternate Event<br>事過境遷 | 如換了別的成功事件，別人對你有甚麼不同的評價？<br><br>你對自己有何新的想法？ |
| T<br>(時) | Time<br>時空轉移 | 如換了別的時間，例如一年前或五年後，當時的你會對自己有甚麼不同的評價？<br><br>你對自己有何新的想法？ |

　　當案主可以接受從另外一個或多個角度去重新檢視對自己的想法時，他對自己的認識或能力的理解將會更全面，思想變得較開放，情感可能會更正面，並能積極地迎接新的挑戰（見表 7.12）。

表 7.12　積極認知行為解説圖

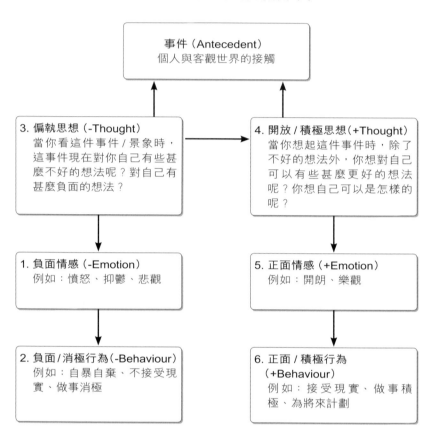

## 解説及結束治療（Debriefing & closing）

　　輔導員在治療後期需要選擇適當的時刻結束療程。當輔導員確定已達到治療目標，案主能建立自我認知重組能力時，通常便結束積極認知行為治療。但與其他治療方法一樣，治療的結束可以由案主與輔導員協商訂定的。輔導員不應該讓案主在情緒不穩定的狀態下離開治療室。如遇到這情況，輔導員應可使用一些情緒介入法，如鬆弛練習幫助案主回復穩定情緒才結束治療。除了給予案主繼續的支持外，輔導員並需要幫助案主鞏固認知行為的成果，運用積極情緒及行為管理方法，從而達至知行合一的成果。

### 運用積極情緒及行為管理
### （Positive emotion and behaviour management）

輔導員幫助案主檢視一下這次積極認知行為治療面談的經驗，以便案主從中肯定對自我或外在世界的積極想法及體驗，達至抱持正面情感和進行較積極的行為。提醒案主可以選用一些情緒或行為層面介入方法去處理不當的情緒或行為。案主可以留意自己積極的認知行為，並記錄下來以作下次面談討論。這些積極情緒或行為記錄可包括：感恩日記、感恩信件、原諒的經歷、正面積極記憶、當下生活時刻、參與有意義活動及創造美好愉快一天的經驗。

### 知行合一（Integration of belief and behaviour）

幫助案主維持開放思想，建立正向情緒或計劃新的行動方案。為確保案主在平和狀態下結束這次療程，輔導員可建議在完結前與案主一起做一個鬆弛練習及對自身鬆弛狀態作評估，並告訴放鬆程度。例如：0 表示完全放鬆，100 表示非常緊張：

```
0   10   20   30   40   50   60   70   80   90   100
```

### 總結

建議案主將未來一週發生較深刻的情境或思想，如有的話，用日記方式記錄下來。這可以包括一切正面或負面的現象，如回憶、夢境、想法或事件。

"我們今天所做的事情或東西可能會在這次會面後給你帶來持續的轉變及影響，你可能會或可能不會察覺到新的領悟、想法、回憶或夢境。如果有的話，可以留意一下，或用紙筆記錄下來。你也可以用鬆弛練習去消除任何不安或困擾。記着每天做一個鬆弛練習。我們在下次見面時可以處理這些新的東西，如果你有需要，可以打電話給我。再見！"

## 第三節 積極認知重組研習——龜兔賽跑的啟迪

相信大家對伊索寓言《龜兔賽跑》的故事都耳熟能詳，在原著故事中，懶惰而驕傲的兔子因為貪睡，輸給了努力以赴的烏龜。箇中寓意言簡意賅，除了突顯烏龜不妄自菲薄、努力不懈的精神外，亦藉着兔子帶出了"驕兵必敗"的訊息。今天我們嘗試溫故知新，藉着故事中烏龜和兔子在比賽中的心路歷程，來認識"POET積極認知重組"（POET Positive cognitive restructuring）及了解當中所着重的"優勢及能耐視角"（strengths and assets）的重要性。現在，就讓我們一起從故事的另一個層面來體驗積極思維的影響力！

很久以前，森林裏住了一羣動物，當中有烏龜、兔子、猴子、狐狸、小狗、長頸鹿、松鼠、貓頭鷹和公雞。牠們之中以兔子最驕傲，認為自己在森林裏跑得最快，常常嘲笑烏龜跑得最慢，並斷言烏龜不敢跟牠賽跑。眾動物都不值兔子所為，於是齊聲支援烏龜，鼓勵牠跟兔子一較高下。比賽開始，烏龜與兔子一齊站在起跑線上等待貓頭鷹發號司令。

"預備，一、二、三、開始！"哨子聲一響，兔子如箭般向前方跑去，遙遙領先。烏龜心想："我天生就跑得慢，是不會跑贏兔子的。"烏龜遠遠落在兔子後面。兔子跑了一會兒回頭看不到烏龜的蹤影，便施施然在大樹下睡覺。烏龜開始有點望塵莫及的感覺，心想 "我一開始就不應該參加這比賽的。"，可是為了不讓同伴失望，烏龜唯有堅持一步一步地向前行。

途中牠經過盛開的玫瑰花，穿過叢林，靜靜地越過睡了覺的兔子，默默地向着終點邁進。兔子一覺醒來看不見烏龜，以為牠還在滯後，誰知當兔子到達終點時，才發覺烏龜早已與森林的朋友們慶祝勝利了！

烏龜勝利背後其實經歷了多番認知的掙扎，在整個比賽過程中，牠是如何放下自己的弱點並堅持自己的目標，最終取得勝利呢？我們嘗試用 POET 認知重組的模式去分析一下烏龜的想法（見表 7.13）。

表 7.13　烏龜的 POET 策略

換了別的處境
(**P**lace)

曾有一次烏龜不幸被野狼捉住，並差點把牠烤熟來吃，最終烏龜危急智生，巧言令野狼誤信能將牠淹死在河中，最後成功脫險。從這個處境來看，烏龜會對自己的能力有何正面的評價呢？

換了別人的角度
(**O**ther　Perspective)

在森林觀賽的動物中，貓頭鷹算是最聰明的了。如果換了是貓頭鷹，牠又會對烏龜有何正面的評價呢？貓頭鷹或許會覺得烏龜為人老實、正直及不驕傲，即使牠行動緩慢，但仍貫徹始終，最終定能取得成功。

換了別的成功事件
(Alternative **E**vent)

烏龜可有想起自己從前救人的事件？牠曾經在滂沱大雨時從河上背了一個跌進河裏的漁夫到岸邊，拯救了他的性命。
從這個救人的事件來看，烏龜對自己又有何正面的評價呢？

換了別的時間 (**T**ime)

烏龜的壽命可能有數百年之久，牠可有想到一百年後的自己會如何全面地評價自己呢？回顧以往跟兔子的比賽，也只不過是個回憶，我相信勝負不只在乎誰走得比較快，因為世事未必有絕對的終點。最重要的，是能在時間的長流裏積極面對生命中不同的挑戰，並在過程中全心投入。

## 烏龜的思想轉化——從負面到積極開放的思想

我們的思想好比一個漩渦（spiral），當我們腦海充斥着很多負面思緒時，很容易誘發更多負面偏執的想法，驅使我們把各樣人事想得更糟更壞。相反，如果我們能採取較積極開放的想法，每事都試着朝向樂觀的一面去想，便能一步一步找着新轉機。現在，讓我們仔細探索龜兔賽跑故事的三個主要場景，嘗試比較採取負面偏激的想法及積極開放的想法的不同之處（見表 7.14）。

### 表 7.14　烏龜積極信念建立的過程

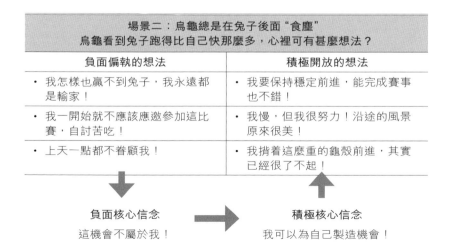

| 場景一：輸贏在起跑線 當烏龜被兔子恥笑，你認為牠有甚麼想法？ | |
| --- | --- |
| 負面偏執的想法 | 積極開放的想法 |
| • 我天生就跑得慢，注定輸在起跑線，命運對我很不公平！ | • 雖然我跑得慢，但我有堅忍的耐力！ |
| • 我跑得慢，永遠都沒出色！ | • 所謂"只要有恆心，鐵杵磨成針！" |
| • 我就是比不上兔子，牠嘲笑我是應該的！ | • 未到最後，都不知誰勝誰負！ |
| **負面核心信念** 我不能成功的！ | **積極核心信念** 我是能全力以赴的！ |

| 場景二：烏龜總是在兔子後面"食塵" 烏龜看到兔子跑得比自己快那麼多，心裡可有甚麼想法？ | |
| --- | --- |
| 負面偏執的想法 | 積極開放的想法 |
| • 我怎樣也贏不到兔子，我永遠都是輸家！ | • 我要保持穩定前進，能完成賽事也不錯！ |
| • 我一開始就不應該應邀參加這比賽，自討苦吃！ | • 我慢，但我很努力！沿途的風景原來很美！ |
| • 上天一點都不眷顧我！ | • 我揹着這麼重的龜殼前進，其實已經很了不起！ |
| **負面核心信念** 這機會不屬於我！ | **積極核心信念** 我可以為自己製造機會！ |

烏龜在兔子睡覺時慢慢趕上來，終於比兔子快一步衝線，你認為烏龜贏了兔子那一刻，牠內心會有怎樣的想法呢？

| 負面偏執的想法 | 積極開放的想法 |
|---|---|
| • 這次只是幸運罷了！ | • 原來凡事都有例外！ |
| • 如果不是兔子讓賽，我也不會贏！ | • 我真棒，能堅持到最後！ |
| • 這是我第一次贏，也可能是最後一次！ | • 我雖然是走得比兔子慢，但我堅毅不屈的精神也值得被欣賞！ |
| • 雖然我這次贏了，但其他人可能都不會認為我實至名歸！ | • 兔子雖然比我跑得快，最重要是能沉着氣，盡力去完成比賽！ |
| • 贏了又怎樣，我確實是走得比兔子慢！ | • 勝利的結果證明我的努力沒有白費！ |

負面核心信念 → 積極核心信念

我不會取得最終成功！     我是可以成功的！

## 《龜兔賽跑》對積極認知重組的啟迪

常言道："喜樂在乎主觀的心，不在乎客觀的事"。透過龜兔賽跑這個故事，我們可以體會到積極的核心信念是，如何令烏龜保持一個正面開放的態度來迎接賽事，無論烏龜在賽事最後成功與否，擁有積極開放的想法總會讓牠更能投入過程之中，並更從容地去面對得失。所謂的"積極"認知，並非要將事物的本質"絕對地"由負變成正，而是"相對地"把負面的轉化得比較正面，正如烏龜不用去奢求擁有如兔子般快的速度，而是好好發揮自己的能耐，把握自己的優勢，慢而穩定地努力向前行，在穩中求勝，這就是積極認知重組概念當中所提倡的"優勢及能耐視角"。當中要突顯的，是烏龜學會"看得開、看得化"，藉着POET的思考模式，烏龜學懂不會將自我的價值建立在一次比賽的成敗當中，而是對自己有更中肯、更全面的了解及肯定。所以，即使烏龜最後在比賽中輸了，仍不會抹殺自己其他“過龜之處”，從而掌握令自己積極面對得失成敗的關鍵。

人生就如一場龜免賽跑的歷奇，我們每個人都可能有過像烏龜般的經歷，在人生旅途上中遇到一些出人意表的情況，踫到喜悅成功的美事。即使遇上未盡人意的時候，我們都可以嘗試採取「捨偏執、取開放」的態度，從經驗中尋找正面的元素，從中學習，建立積極樂觀的人生。( 見表 7.15)

表 7.15　烏龜的正面信念及情緒歷程

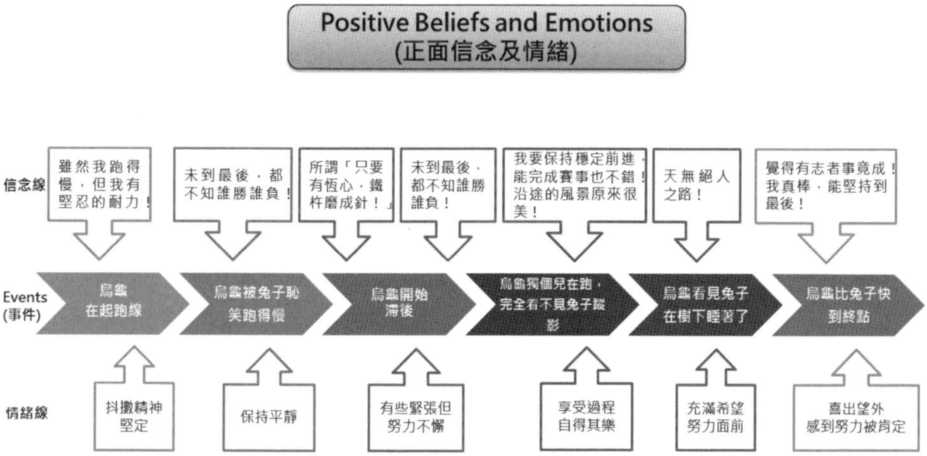

附錄

附錄一

# 內化污名量表

以下是一些形容你對自己和生活感受的句子。請仔細閱讀，然後圈選一個你認為最能代表你感受的答案。如果句子很能表達你的感受，請選擇 4 號（十分同意）；如果你很不同意的話，請你選擇 1 號（十分不同意）。請為每句句子圈選答案。

| | | 1<br>十分<br>不同意 | 2<br>不同意 | 3<br>同意 | 4<br>十分<br>同意 |
|---|---|---|---|---|---|
| 1 | 患上精神病令我感到跟世界格格不入 | 1 | 2 | 3 | 4 |
| 2 | 精神病摧毀我一生 | 1 | 2 | 3 | 4 |
| 3 | 未曾患過精神病的人是難以明白我的 | 1 | 2 | 3 | 4 |
| 4 | 患有精神病令我感到尷尬和羞恥 | 1 | 2 | 3 | 4 |
| 5 | 患上精神病令我對自己感到失望 | 1 | 2 | 3 | 4 |
| 6 | 我感到自己比唔上無患精神病的人 | 1 | 2 | 3 | 4 |
| 7 | 一般人對精神病患者的印象適用於我 | 1 | 2 | 3 | 4 |
| 8 | 別人能夠從我的外表知道我是精神病患者 | 1 | 2 | 3 | 4 |
| 9 | 精神病患者有暴力傾向 | 1 | 2 | 3 | 4 |
| 10 | 患上精神病令我很多時候需要別人為我作決定 | 1 | 2 | 3 | 4 |
| 11 | 精神病患者不能過美好和有意義的生活 | 1 | 2 | 3 | 4 |
| 12 | 精神病患者不應該結婚 | 1 | 2 | 3 | 4 |
| 13 | 患上精神病令我不能對社會作出貢獻 | 1 | 2 | 3 | 4 |
| 14 | 別人因為我患上精神病而歧視我 | 1 | 2 | 3 | 4 |
| 15 | 別人認為我得了精神病就不能有甚麼成就 | 1 | 2 | 3 | 4 |
| 16 | 別人因我患有精神病而忽略或輕視我 | 1 | 2 | 3 | 4 |
| 17 | 別人因為我患上精神病，常常將我當作細路仔那樣看待和提供幫助 | 1 | 2 | 3 | 4 |

精神健康與輔導——認知行為治療的理論與案例

| 18 | 因為我患上精神病，沒有人有興趣接近我 | 1 | 2 | 3 | 4 |
|---|---|---|---|---|---|
| 19 | 我很少講自己，因為我不想我的病成為其他人的負擔 | 1 | 2 | 3 | 4 |
| 20 | 我的社交活動比從前減少，因為精神病患令我的外表和行為變得古怪 | 1 | 2 | 3 | 4 |
| 21 | 精神病的負面印象令我被"正常"社會孤立 | 1 | 2 | 3 | 4 |
| 22 | 我避開社交場合以免令我的家人及朋友感尷尬 | 1 | 2 | 3 | 4 |
| 23 | 跟沒有患精神病的人在一起，令我感到格格不入及比不上人 | 1 | 2 | 3 | 4 |
| 24 | 我避免接近那些沒有精神病的人，以免被排擠 | 1 | 2 | 3 | 4 |
| 25 | 與其他明顯是精神病患者一同在公眾場合出現，我仍感到自在 | 1 | 2 | 3 | 4 |
| 26 | 整體上，我能夠過我想過的生活方式 | 1 | 2 | 3 | 4 |
| 27 | 即使患有精神病，我能過一個美好和充實的生活 | 1 | 2 | 3 | 4 |
| 28 | 精神病患者對社會作出重要貢獻 | 1 | 2 | 3 | 4 |
| 29 | 與精神病共存，令我成為一個堅強的生存者 | 1 | 2 | 3 | 4 |

Young, K. W., Ng, P., Pan J. Y., & Cheng, D. ,"Validity and reliability of Internalized Stigma of Mental Illness (Cantonese) *Research on Social Work Practice*, 2015, pp1-8.

附錄二

# 認知行為治療常用輔導技巧

認知行為治療的介入技巧十分多元化。這些介入技巧一般來說，可分為三大類：認知治療法、情緒治療法和行為治療法。[1]

## 認知治療法（Cognitive interventions）

### 1. 思想記錄（Thought record）

思想記錄是受助者用以記錄其負面自動化思想。受助者須記錄在甚麼處境下，引發自動化思想及相關的情緒和行為反應。輔導員可與受助者檢視這些負面思想，並建立更合理的正面思想（positive thinking），以取代這些負面思想。思想記錄的形式有幾種，較常用的思想記錄可參考表 8.1。

表 8.1

| 情景 | 思想 | 情緒反應 | 理性及正面思想 | 新情緒結果 |
|---|---|---|---|---|
|  |  |  |  |  |
|  |  |  |  |  |
|  |  |  |  |  |

### 2. 引導性探索（Guided discovery）

輔導員以提問簡單問題方式（simple questions）協助受助

---

[1] MacLaren & Freeman, 2007; Beck, J. S., 1995; Freemanetal., 2004; Kuehlwein, 2002; Mulhern, Short, Gant & Mills, 2004.

者檢視他的負面思想。這些問題包括：在甚麼處境下出現抑鬱情緒？當你有抑鬱情緒時，你心中出現甚麼自動化思想？有甚麼證據支持和反對這些自動化思想？有沒有其他可能的觀點看待同一處境？這事對你有甚麼意義？如果真的發生，那又會如何？這事情的最壞情況是甚麼，那又會如何？

### 3. 建立合理的正面思想（Positive alternative thinking）

當受助者明白負面思想會帶來其他更多負面思想、情緒及行為時，輔導員須協助受助者建立合理的正面思想，以取代負面思想。這正面思想最好由受助者自行構思和表達出來。此外，輔導員可進一步協助受助者檢視保留負面思想的好處和壞處，並與之比教正面思想的好處和壞處。透過此比較，輔導員可鼓勵受助者以正面思想取代負面思想。輔導員也可問：如果你的朋友遇到相同的處境，你會用甚麼說話勸他？如果當你的朋友知道你的處境，會用甚麼說話勸你？藉此讓案主明白相同處景可以有不同的看法。

### 4. 辨明中介及核心信念
### （Identify intermediate and core beliefs）

在辨別受助者的自動化思想後，輔導員可運用"往下想"技巧，辨別受助者的中介及核心信念。輔導員可以提問：這想法對你有甚麼意義？輔導員持續這樣做會發掘出受助者更深層次的信念。輔導員持續提問某自動化思想對受助者有甚麼意義，會探討出其中介信念；持續提問某中介信念對受助者有甚麼意義，會探討出其核心信念。

### 5. 認知概念化（Case conceptualization）

在輔導初期，輔導員多先處理受助者之自動化思想。然而，當需要處理受助者較深層次的中介和核心信念時，輔導員可藉着繪畫認知概念圖，將引發抑鬱情緒之情景、自動化思想、中介信念、核心信念之間和抑鬱情緒行為的關係組織和聯繫起來，以促進輔導員對受助者的了解。輔導員也可展示此認知概念化表予受助者，藉此提升受助者的自我了解。

### 6. 理性－情緒角色扮演（Rational-emotional role play）

受助者很多時表達頭腦上接受新的正面思想，及明白這些正面思想的好處，但他們往往覺得舊的負面思想較正確和合乎當時情景。輔導員可透過理性－情緒角色扮演，協助他們處理這內心矛盾。例如，受助者可扮演"輔導者"角色，而輔導員扮演"受助者"角色。首先由輔導員複述受助者的負面思想和支持這負面思想的理據，其次，由受助者扮演的"輔導者"，以各種理據駁斥這些負面思想，和說服"受助者"這角色接受新的正面思想。另一種角色扮演的方法，是以"空椅"方式進行。在面談室內放置兩張相對的空椅。首先讓受助者坐在第一張空椅，複述其舊有的負面思想和支持理據。後再安排受助者坐在另一張空椅，向着第一張空椅，挑戰舊有的負面思想，並表達新的正面思想和支持理據。

### 7. 行為實驗（Behavioural experiment）

行為實驗是指受助者在其個人生活經驗範圍內，收集相關資料，來直接驗證他所持的思想、假設、規則和信念。這是一個重要而有力的技巧。行為實驗可以在面談室內或外進行。輔導員與受助者共同訂定驗證的思想和信念所需要的準則和資料，再透過行為實驗得出的資料和結果，支持或否定受助者的思想和信念。

### 8. 想像法（Mental imagery）

並非所有自動思想都能以語言表達出來，有些會在受助者的腦海中以影像方式浮現並影響他們。輔導員可運用幾種想像法協助他們處理這些負面的腦海影像。首先,輔導員可請受助者想像其他影像,取代這些做成負面情緒的影像(cognitive replacement)。例如,當受助者擔心在別人面前表演而感到害怕時,輔導員可請他想像自己能輕鬆表演和被人讚賞的情景。其次,輔導員可邀請受助者在演出前,在腦中彩排(cognitive rehearsal)表演的技巧,以增加自信。此外,當受助者出現負面影像時,輔導員亦可協助受助者進一步想像,在此壓力的情景下如何抒緩情緒,並以有效的應付方法妥善處理壓力(coping imagery)。

### 9. 教育性輔助品

輔導員可以運用書本、VCD、工作坊、研討會等輔助方法,幫助受助者改變其負面思想和信念。

## 情緒治療法(Emotive intervention)

### 1. 分散注意力(Distraction)和再聚焦(Refocusing)

當受助者因某事件引發情緒困擾時,受助者有時未必能立刻修正其自動化思想,輔導員可教導受助者嘗試分散注意力。這些分散注意力的方法一般是受助者過往曾經運用而可行的方法,如:上網、聽歌、聽收音機、看電視、飲冰水、致電親友傾訴等。此外,如受助者身邊有些工作需要完成,可嘗試再聚焦於眼前的工作,重新專注及嘗試完成這些工作。

### 2. 鬆弛練習(Relaxation exercise)

輔導員可鼓勵受助者運用他們熟悉而可行的鬆弛方法,如:洗面、洗澡、聽音樂、散步、做適量運動、睡眠、祈禱等。亦可教導他們一些鬆弛技巧,包括:腹式呼吸法、肌肉鬆弛法、意象鬆弛法等。

### 3. 應付卡（Coping card）

當受助者受負面情緒困擾，可以嘗試閱讀一張輔導員事前與他一起製作的應付卡。應付卡通常可以讓受助者隨身攜帶，讓他可以隨時閱讀，並寫上遇到負面思想及情緒時，一些可行的應付方法，如：叫自己冷靜、深呼吸、停止思考負面思想、分散注意力、即時離開引發思想及情緒的處境，和致電親友傾訴等。此外，應付卡也可以寫下一些人生金句、金石良言，讓受助者作自我鼓勵。

### 4. 專注覺察（Mindfulness）

專注覺察是指人有意識地、不加批判地將注意力置於此時此刻之上。雖然專注覺察的哲理來自佛教，但近年在認知行為治療法上也被應用於處理情緒困擾。以非批判態度的專注覺察，協助受助者覺察（aware）自己此時此刻的思想、情緒和伴隨的生理反應，嘗試去接受這些思想、情緒和生理反應，而非去控制和逃避它。藉着對負面情緒的覺察和接受，受助者往往感受到情緒得到改善和抒緩。

### 5. 情緒量表（Scaling questions）

這種量表是協助求助者檢核個人想法的情緒指數，讓他認清那個指數是一個情緒失控警戒線，作為一個提醒，避免情況再次變差。例如：

"你說到當老師要求你遞交功課時，你感到焦慮。你的焦慮程度有幾強烈？ 1 是十分鎮靜，10 是十分焦慮。你是多少？"

"這個指數對你來說是一個甚麼樣的程度？"

"有甚麼原因令你有這個程度的焦慮？"

# 行為治療法（Behavioural therapy）

## 1. 活動編排（Activity scheduling）

|  | 星期一 | 星期二 | 星期三 | 星期四 | 星期五 | 星期六 | 星期日 |
|---|---|---|---|---|---|---|---|
| 7-8am | 早餐 |  |  |  |  |  |  |
| 8-9am |  |  |  |  |  |  |  |
| 9-10am |  |  |  |  |  |  |  |
| 10-11am |  |  |  |  |  |  |  |
| 11-12pm |  |  |  |  |  |  |  |
| 12-1pm | 午餐 |  |  |  |  |  |  |
| 1-2pm |  |  |  |  |  |  |  |
| 2-3pm |  |  |  |  |  |  |  |
| 3-4pm |  |  |  |  |  |  |  |
| 4-5pm |  |  |  |  |  |  |  |
| 5-6pm |  |  |  |  |  |  |  |
| 6-7pm | 晚餐 |  |  |  |  |  |  |
| 7-8pm |  |  |  |  |  |  |  |
| 8-9pm |  |  |  |  |  |  |  |
| 9-10pm |  |  |  |  |  |  |  |
| 10pm- | 睡覺 |  |  |  |  |  |  |

　　輔導員可利用以上的活動編排表，協助受助者檢視其日常生活安排。受助者可透過此表了解其精神及情緒狀況如何影響日常生活。另一方面，亦可重新計劃如何更恰當地運用空餘時間，令生活更充實，減少胡思亂想的機會。

## 2. 技巧訓練（Skill training）

　　受助者很多時缺乏恰當的技巧去達致成長和穩定情緒的目標。輔導員可向受助者提供多方面的技巧訓練，包括：社交技巧、自信心、解難技巧、鬆弛練習等訓練。

### 3. 角色扮演（Role playing / Behavioural rehearsal）

透過角色扮演，受助者可從會談中學習到面對困難時所需的具體應付方法和技巧，反覆練習，進一步提升其應付技巧。

### 4. 化繁為簡（Graded task assignment）

受助者有時會覺得面對的困難太複雜，難以處理。輔導員可協助他們將這些複雜的事項，化繁為簡，重新組織為一連串細小和容易完成的事工，好讓受助者能按部就班，一步一步去處理困難事情。

### 5. 強化行為（Reinforcement）

為強化受助者的一些恰當行為，輔導員可與受助者達成協議，如果受助者能改善其行為，便可得到自我獎賞，如：玩電腦遊戲、外出活動等。相反，如果未能改善其行為或實踐承諾時，便要接受自我懲罰，如：多做家務、減少外出活動等。

附錄三

# 積極認知行為治療方案

案主姓名：　　　　　　性別：　　　年齡：　　　日期：

我們常常會對自己的經驗有一些理所當然的想法，很多時這些想法決定 / 影響了我們的情緒或行為，認知行為治療的目的是幫助你去調適你的理所當然 / 負面想法，從而達到積極開放經驗。請你盡量告訴我在你所經驗的事情、感覺及想法。很多時候我們所經歷的事情沒有絕對的對與錯，在這裏也應沒有任何假設。所以請你可以將所有經驗盡量告訴我，想一想這些經驗及事件的聯繫和發展。

## 評估（Assessment）

**情緒 / 行為**
**Emotions /**
**Behaviours:**

請你告訴我最近最困擾你的那些事的不快感覺 / 情緒 / 行為：

1. ＿＿＿＿＿＿＿＿＿＿＿＿＿＿＿＿＿＿

困擾程度：1 最少，100 最多

　　1　10　20　30　40　50　60　70　80　90　100

除此之外，還有沒有其他感覺/ 情緒/ 行為：

2. ＿＿＿＿＿＿＿＿＿＿＿＿＿＿＿＿＿＿

困擾程度：1 最少，100 最多

　　1　10　20　30　40　50　60　70　80　90　100

3. 　　其他：＿＿＿＿＿＿＿＿＿＿＿＿＿＿＿

困擾程度：1 最少，100 最多

　　1　10　20　30　40　50　60　70　80　90　100

| | |
|---|---|
| 自動化思想<br>（情緒/行為的意義）<br>Automatic<br>Thoughts<br>(Meaning on<br>Emotions /<br>Behaviours): | 當你回想這個以上不快事的感覺時，你有些甚麼想法：<br><br>（一）_____<br><br>真實程度：1 非常不真實，7 非常真實<br><br>  1      2      3      4      5      6      7<br>非常不真實                     非常真實<br><br>除此之外，還有沒有其他想法：<br><br>（二）_____<br><br>真實程度：1 非常不真實，7 非常真實<br><br>  1      2      3      4      5      6      7<br>非常不真實                     非常真實<br><br>（三）其他：_____<br><br>真實程度：1 非常不真實，7 非常真實<br><br>  1      2      3      4      5      6      7<br>非常不真實                     非常真實 |
| 核心信念<br>Core Beliefs<br>(Meaning on<br>Meanings on<br>Behaviours or<br>Emotions) | 當你看這件事，想想那些 _____ 感受和 _____ 的想法時，對你自己有些甚麼不好的想法呢？<br>這想法對你自己的看法有甚麼影響 / 使你對自己（能力）有何不同看法。<br><br>1. _____<br><br>2. _____<br><br>3. _____ |

## POET 認知重組（POET cognitive restructuring）

| 引導性探索<br>Guided Discovery | 當你想起這件事件及感覺時，除了對自己不好的想法外，你現在想你可以對自己有些甚麼更好的想法呢？ |
|---|---|

1. 如轉換了人物（如朋友、兄弟姐妹）他們會否對你有不同看法。（如何評價你？）
2. 如轉換了時間（如從前或一年後）你對這想法會否有不同看法？（對這想法懷疑過嗎？）
3. 如轉換了事件，你會否有同樣的想法？（另一角度的好處、壞處是甚麼？）
4. 如轉換了處境（新工作崗位、學校地方）你對現在的想法有甚麼改變？

General Questions:
1. 甚麼可以改變對自己的想法？
2. 你家人 / 朋友會否有不同的想法？
3. 你有否從另一角度看這問題？
4. 不同意的人會怎樣說你呢？

## 再評估（Re-assessment）

| 替代行為<br>Alternative<br>Behaviours | 請你告訴我這新的想法對你工作（學習 / 交友 / 前途）有何好的影響？<br><br>正面影響程度：1 最少，100 最多 _____<br><br>1　10　20　30　40　50　60　70　80　90　100<br><br>有甚麼方法可以使這些正面的影響維持下去？<br><br>_____ |
|---|---|
| 替代信念<br>Alternative Beliefs | 這開放 / 新的想法對你想說有甚麼好處呢？ _____<br>甚麼可以使你繼續這新的《xxx》想法？ _____ |
| 替代情緒<br>Alternative<br>Emotions | 想一想這新的想法，留意一下你自己的感覺，你有任何新的感受（例如情緒）。 _____<br><br>1　10　20　30　40　50　60　70　80　90　100<br><br>正面影響程度：1 最少，100 最多 _____ |

## 完結（Closing）

| | |
|---|---|
| **總結**<br>**Round-up** | 由於時間關係，我們需要暫停下來。你做得很好，我很欣賞你的努力，你覺得如何呢？<br>我提議在完結前一起做一個鬆弛練習。 |
| **面談結束**<br>**Therapy Completed** | 我們今天所做的事情／東西可能會在這次會面後繼續，你可能會或可能不會察覺到新的領悟、想法、回憶或夢境。如果有的話，可以留意一下，或用紙筆記錄下來。記着每天做一個鬆弛練習。下次見面時可以處理這些新的東西，如果你有需要，可以打電話給我。再見！ |

附錄四

# 系統減敏治療方案

案主姓名： 性別： 年齡： 日期：

系統減敏法的目的，是讓你一步一步面對令你緊張的場景，和克服焦慮情緒。我們將進行一連串減敏練習，目的是讓你面對某一緊張情景／事物時，仍能保持情緒鬆弛。

今次練習，是讓你學習面對時（某焦慮／緊張的情境／事物），仍能保持鬆弛情緒。

在進行練習時，如果你感到焦慮／緊張，我們會即時停止練習，並助你放鬆，從而達到積極開放的經驗。

## 主題評估（Assessment of Themes）

**初步評估**
**Assessment**

請你告訴我最近最令你感到焦慮／緊張的情境／事物是：＿＿＿＿＿＿

如：用說話提起或形容那事，焦慮程度：1 最少，100 最多：＿＿＿＿＿＿

| 1 | 10 | 20 | 30 | 40 | 50 | 60 | 70 | 80 | 90 | 100 |
|---|----|----|----|----|----|----|----|----|----|-----|

1. 如聽到那情景相關的聲音或音樂：＿＿＿＿＿＿＿ ，焦慮程度：＿＿＿＿＿
2. 如見到那情景相關的影像或相片：＿＿＿＿＿＿＿ ，焦慮程度：＿＿＿＿＿
3. 如觸摸與那情景相關的事物或卡通公仔：＿＿＿＿ ，焦慮程度：＿＿＿＿＿
4. 如嗅到與那情景相關的氣味：＿＿＿＿＿＿＿＿ ，焦慮程度：＿＿＿＿＿
5. 如接觸那情景相關的人物：＿＿＿＿＿＿＿＿＿ ，焦慮程度：＿＿＿＿＿
6. 如接觸那情景相關的事件：＿＿＿＿＿＿＿＿＿ ，焦慮程度：＿＿＿＿＿
7. 如想像身處那情景：＿＿＿＿＿＿＿＿＿＿＿＿ ，焦慮程度：＿＿＿＿＿
8. 如身處模擬那情景：＿＿＿＿＿＿＿＿＿＿＿＿ ，焦慮程度：＿＿＿＿＿
9. 其他：＿＿＿＿＿＿＿＿＿＿＿＿＿＿＿＿＿＿ ，焦慮程度：＿＿＿＿＿

## 分辨焦慮級數（Identifying Anxiety Hierarchies）

| | |
|---|---|
| **建立減敏項目**<br>Ordering Items | 請你告訴我剛才各項使你焦慮／緊張的事件中，哪項目令你最焦慮。請由最少排至最高。 |

情景／事物 (1) _____

情景／事物 (2) _____

情景／事物 (3) _____

情景／事物 (4) _____

情景／事物 (5) _____

情景／事物 (6) _____

情景／事物 (7) _____

情景／事物 (8) _____

情景／事物 (9) _____

情境／事物 (10) _____

## 鬆弛訓練（Relaxation Training）

| | |
|---|---|
| **鬆弛練習**<br>Relaxation<br>Exercise | 讓你先進行一個鬆弛練習，我建議練習_____（例如：腹式呼吸法）。請你舒適地坐在椅子上，閉上雙眼，開始放鬆。吸氣……呼氣……吸氣……呼氣……<br><br>請你告訴你的放鬆程度。0 表示完全放鬆，100 表示非常緊張：_____ |

| 1 | 10 | 20 | 30 | 40 | 50 | 60 | 70 | 80 | 90 | 100 |
|---|---|---|---|---|---|---|---|---|---|---|

請你在家感到焦慮／緊張或有空時，可以自行嘗試鬆弛練習（例如：腹式呼吸法）。

## 減敏測試（Testing Desensitization）

| | |
|---|---|
| **系統減敏法預演**<br>**Testing and**<br>**Training Imagery**<br>例如坐飛機恐懼症<br>治療練習 | 現請你感覺一下你的座椅，是否很舒適？<br>然後，感覺你的背部靠在椅背上，是否很舒適？<br>現在，請你繼續閉上雙眼，並在想像中嘗試看看你的膝蓋（暫停）。<br>現在，我想請你嘗試看看你的鞋……眼睛請繼續閉上（輔導員介紹鞋的細節）。<br>現在，我想請你嘗試看看向這裏的門，門慢慢打開，你看到你所認識的人<br>＿＿＿＿（是哪一位呢？），他向你打招呼，向你揮手，微笑和送給你喜歡的<br>食物……好了（暫停）。<br>請你告訴你的放鬆程度。0 表示完全放鬆，100 表示非常緊張：＿＿＿＿＿＿ |

0　　10　　20　　30　　40　　50　　60　　70　　80　　90　　100

請你繼續舒適地坐在椅子上，再一次放鬆，閉上雙眼。吸氣……呼氣……吸氣……呼氣……每次呼氣時你覺得越來越輕鬆。

## 減敏程序（Desensitization Procedures）

| | |
|---|---|
| **減敏程序**<br>**Desensitization** | 現在，請你想像 / 聽 / 看 / 嗅 / 觸摸上述令你感到焦慮 / 緊張的情景 / 事物<br>(1)＿＿＿＿＿＿＿＿＿＿。<br>（如受助者是首次接受系統減敏法，請安排受助者從最少程度的焦慮 / 緊張的<br>情景 / 事物開始。）<br>1.　在 5、10 或 15 秒後，我會請你停止想像 / 聽 / 看 / 嗅 / 觸摸一個可能令<br>　　你感到緊張焦慮的情景 / 事物。<br>2.　然後，請你回到讓你平靜 / 放鬆情景，你的感覺如何：＿＿＿＿＿＿<br>3.　請你告訴你的放鬆程度。0 表示完全放鬆，100 表示非常緊張：＿＿＿＿ |

0　　10　　20　　30　　40　　50　　60　　70　　80　　90　　100

4.　如果你還感到焦慮或緊張，縱使只是一點點的增加，請作出停止手勢，我會要求你停止想像 / 聽 / 看 / 嗅 / 觸摸令你感到使你緊張焦慮的情景 / 事物，然後我會幫助你再次放鬆。

5.　整個過程的目的是助你盡量減少對那些情景 / 事物的焦慮感。

6.　（當放鬆程度到達 20 分或以下）看來，當你面對情景 / 事物 (1) 時，你仍能保持放鬆，和克服相關的焦慮情緒。你已能成功克服這緊張的情景 / 事物。

| 繼續減敏程序<br>More Desensitiza-<br>tion | 現在，請你想像 / 聽 / 看 / 嗅 / 觸摸上述令你感到緊張焦慮的情景 / 事物<br>(2) _____ 。<br>現在，請你想像 / 聽 / 看 / 嗅 / 觸摸上述令你感到緊張焦慮的情景 / 事物<br>(3) _____ 。<br>現在，請你想像 / 聽 / 看 / 嗅 / 觸摸上述令你感到緊張焦慮的情景 / 事物<br>(4) _____ 。<br>現在，請你想像 / 聽 / 看 / 嗅 / 觸摸上述令你感到緊張焦慮的情景 / 事物<br>(5) _____ 。<br>(6) _____ (7) _____ (8) _____ (9) _____ (10) _____ |
| --- | --- |

## 完結（Closing）

| 總結<br>Round-up | 由於時間關係，我們需要暫停下來。你做得很好，我很欣賞你的努力，你覺得如何呢：_____ 。<br>我提議在完結前一起做一個鬆弛練習。 |
| --- | --- |
| 面談結束<br>Therapy<br>Completed | 我們今天所做的事情可能會在這次會面後繼續的，你可能會或可能不會察覺到新的領悟、想法、回憶或夢境。如果有的話，可以留意一下，或用紙筆記錄下來。記着每天做一個鬆弛練習。下次見面時可以處理這些新的東西，如果你有需要，可以打電話給我。再見！ |

# 參考資料

American Psychiatric Association (2000). *Diagnostic and Statistical Manual of Mental Disorders: DSM-IV-TR*. Washington, DC: American Psychiatric Association.

American Psychiatric Association (2013). *Diagnostic and Statistical Manual of Mental Disorders* (5th ed.). Washington, DC: American Psychiatric Association.

Arcelus, J., Mitchell, A. J., Wales, J., &Nielsen, S. (2011). Mortality rates in patients with anorexia nervosa and other eating disorders. A meta-analysis of 36 studies. *Archives of General Psychiatry*, 68, 724-31.

Aten, J. D., & Leach, M. M. (2009). *Spirituality and the Therapeutic Process: A Comprehensive Resource from Intake to Termination*. Washington, DC: American Psychological Association.

Auditing Commission (2007). *Student attendance in public school (Report No. 48 of the Director of Audit – Chapter 7)*. Hong Kong: Hong Kong SAR Government. Retrieved from http://www.aud.gov.hk/pdf_e/e48ch07.pdf

Beck, A.T. (1952). Successful outpatient psychotherapy of a chronic schizophrenic with a delusion based on borrowed guilt. *Psychiatry*, 15, 305-312.

Beck, A.T. (1976). *Cognitive therapy and the emotional disorders*. New York: International Universities Press.

Beck, A.T. (1987).Cognitive therapy. In J. K. Zeig (Ed.), *The evolution of psychotherapy* (pp. 149–178). New York: Brunner/Mazel.

Beck, A.T.,& Rector, N.A. (2005). Cognitive approaches to schizophrenia: Theory and therapy. *Annual Review of Clinical Psychology*, 1, 577-606.

Beck, A. T., & Dozois, D. J. A. (2010). Cognitive therapy: Current status and future directions. *Annual Review of Medicine*, 62, 2.1-2.13.

Beck, J. S. (2011). *Cognitive Behaviour Therapy: Basics and Beyond* (2nd ed.). New York: The Guilford Press.

Bellamy, C. D., Jarrett, N. C., Mowbray, O., MacFartane, P., Mowbray, C. T., &Holter, M. C. (2007). Relevance of spirituality for people with mental illness attending consumer-centered service. *Psychiatric Rehabilitation Journal*, 30, 287–294.

Boyd, J. E., Adler, E. P., Otilingam, P. G., & Peters, T. (2014). Internalized stigma of mental illness (ISMI) scale: A multinational review. *Comprehensive Psychiatry*, 55, 221-231.

Broadwin, I.T. (1932). A contribution to the study of truancy. *American Journal of Orthopsychiatry*, 2, 253–259.

Brohan, E., Elgie, R., Sartorius, N., &Thornicroft, G. (2010). Self-stigma,empowerment and perceived discrimination among people with schizophrenia in 14 Europeancountries: The GAMIAN-Europe study. *Schizophrenia Research*, 122, 232–238.

Bulter, A. C. Chapman, J. E., Forman, E. M.,&Becj, A. T. (2006). The empirical status of cognitive behavioural therapy: A review of meta-analysis. *Clinical Psychology Review*, 26, 17-31.

Burke, K. (2006). Religion, spirituality and health.In S. Gehlert, & T. A. Browne (Eds.), *Handbook of Health Social Work*. Hoboken, NJ: John Wiley & Son Inc., 282–394.

Bussema, E. F., & Bussema, K. E. (2007). Gilead revisited: Faith and recovery. *Psychiatric Rehabilitation Journal*, 20, 301-305.

Byrne, P. (1999). Stigma of mental illness: Changing minds, changingbehaviour. *British

*Journal of Psychiatry*, 174, 1–2.

Calugi, S., Dalle Grave, R., Sartirana, M., & Fairburn, C. G. (2015). Time to restore body weight in adults and adolescents receiving cognitive behaviour therapy for anorexia nervosa. *Journal of Eating Disorders*, 3:21. DOI: 10.1186/s40337-015-0057-z

Canda, E. R. (1990). Afterword: Spirituality reexamined. *Spirituality and Social Work Communicator*, 1, 13–14.

Canda, E.R. (1997). Spirituality. In Richard, L.E (Ed.), *Encyclopedia of social work 19th edition supplement*. Washington DC: National Association of Social Workers, 299-309.

Carlbring, P., & Smit, F. (2008). Randomized trial of internet-delivered self-help with telephone support for pathological gamblers.*Journal of Consulting and Clinical Psychology*, 76, 1090-1094.

Chen, S. W. H., &Davenport, D. S. (2005). Cognitive behavioural therapy with Chinese American clients: Cautions and modifications. *Psychotherapy: Theory, Research, Practice, Training*, 42, 101-110.

Cheung, F. M. (2012). Mainstreaming culture in psychology. *American Psychologist*, 76, 721-730.

Chien, W. T., Yeung, F. K. K., & Chan, A. H. L. (2014). Perceived stigma of patients with severe mental illness in Hong Kong: Relationships with patients' psychosocial conditions and attitudes of family caregivers and health professionals. *Administration and Policy in Mental Health and Mental Health Services Research*, 41, 237-251.

Chung, K. F., &Wong, M. C. (2004).Experience of stigma among Chinese mental health patients in Hong Kong. *Psychiatric Bulletin*, 28, 451-454.

Clark, I. (2004). *Dealing with anger &frustration in 12 sessions.A group program*. UK: AMH Woodhaven.Retrieved from http://www.isabelclarke.org/docs/Anger_Programme.pdf

Corey, G. (2013). *Theory and Practice of Counseling and Psychotherapy (9thed.)*. Australia: Belmont, CA: Thomson/ Brooks/ Cole.

Corey, G. (1994). Rational emotive behavior therapy in groups.In G. Corey (Ed.), *Group Counseling*. Belmont, CA: Brooks/Cole Publishing Company, 381-408.

Corrigan, P. W., Watson, A. C., &Barr, L. (2006). The self-stigma of mental illness: Implications for self-esteem andself-efficacy. *Journal of Social and Clinical*, 25, 875–884.

Corrigan, P.W., Roe, D., &Tsang, W.H. (2011). *Challenging the stigma of mental illness: lessons for therapists and advocates*. Chichester, West Sussex, UK: Wiley-Blackwell.

Coursey, R.D.,&Lindgern, K.N. (1995). Spirituality and serious mental illness: A two-part study. *Psychosocial Rehabilitation Journal*, 18, 93-111.

Dahlgren, C.L.,&Rø, Ø. (2014). A systematic review of cognitive remediation therapy for anorexia nervosa – Development, current state and implications for future research and clinical practice.*Journal of Eating Disorders*, 2:26. DOI: 10.1186/s40337-014-0026-y.

Dickerson, F.B. (2000). Cognitive behavioral psychotherapy for schizophrenia: A review of recent studies. *Schizophrenia Research*, 43, 71-90.

Ellis, A. (2001). *Overcoming destructive belief, feelings and behaviour therapy*. Amherst, New York: Prometheus Books.

Fallot, R. D. (2007). Spirituality and religion in recovery: Some current issues. *Psychiatric Rehabilitation Journal*, 30, 261-270.

Feldman, R. (2009) Development across the life span: *Freud's & Erikson'sTheories [Generativityvs Stagnation]*. US: Pearson.

Fowler, D., Garety, P., & Kuipers, E. (1995). *Cognitive behaviour therapy for psychosis:*

*Therapy and practice*. Chichester, UK: Wiley.

Freeman, A., Pretzer, J., Fleming, B., & Simon, K. (2004). *Clinical Applications of cognitive therapy* (2nd). New York: Kluwer Academic/ Plenum Publishers.

Fung, K. M., Tsang, W. H., Corrigan, P. W., Lam, C. S., & Cheng, W. M. (2007). Measuring self-stigma of mental illness in China and its implications for recovery. *International Journal of Social Psychiatry*, 53, 408-418.

Garety, P.A., Fowler, D., &Kuipers, E. (2000).Cognitive behavioural therapy for medication resistant symptoms.*Schizophrenia Bulletin*, 26, 73-86.

Garety, P.A., Kuipers, E., Fowler, D.,&Beddington, P.E. (2001). A cognitive model of positive symptoms of psychosis.*Psychological Medicine*, 31, 189-195.

Gerlinger, G., Hauser, M., De Hert, M., Lacluyse, K., Wampers, M., &Correll, C. U. (2013). Personal stigma in schizophrenia spectrum disorders: A systematic review of prevalence rates, correlates, impact and interventions. *World Psychiatry*, 12, 155-164.

Gould, R.A., Muser, K.T., Bolton, E., Mays, V., &Goff, D. (2001). Cognitive therapy for psychosis in schizophrenia: An effect size analysis. *Schizophrenia Research*, 48, 335-342.

Gregory, V.L. (2010). Cognitive-behavioural therapy for schizophrenia: Application to social work practice. *Social Work in Mental Health*, 8, 140-159.

Hadzic, M. (2011). Spirituality and mental health: Current research and future and direction. *Journal of Spirituality in Mental Health*, 13, 223-235. DOI:10.1080/19349637.2011.616080.

Harrison, G., Hopper, K., Craig, T., Laska, E., Siegel, C., Wanderling, J., ...Wiersma, D. (2001). Recovery from psychiatric illness: A 15 and 25 year international follow up study. *British Journal of Psychiatry*, 178, 506-517.

Hathaway, W., & Tan, E. (2009). Religious oriented mindfulness-based cognitive therapy. *Journal of Clinical Psychology: In session*, 65, 158-171. DOI:10.1002/jclp.20569.

Henrich, J., Heine, S. J., &Norenzayuan, A. (2010). The weirdest people in the World?*Behavioural and Brain Science*, 33, 61-83.

Heynea, D., Sautera, F. M., Van Widenfeltb, B. M., Vermeirenb, R., &Westenberga, P.M. (2011). School refusal and anxiety in adolescence: Non-randomized trial of a developmentally sensitive cognitive behavioral therapy. *Journal of Anxiety Disorders*, 25, 870-878.

Hobbis, I., & Sutton, S. (2005). Are techniques used in cognitive behaviour therapy applicable to behaviour change interventions based on the theory of planned behaviour. *Journal of Health Psychology*, 10, 7-18.

Hodges, J., &Oei, T. P. S. (2007). Would conflicts benefit from psychotherapy? The compatibility of cognitive behavioural therapy with Chinese values.*Behaviour Research and Therapy*, 45, 901-904.

Hodge, D. R. (2006). Spiritually modified cognitive therapy: A review of literature. *Social Work*, 51, 157-166. Retrieved from http://0-search.proquest.com.hkbulib.hkbu.edu.hk/docview/215269532?accountid=11440

Hodge, D. R., & Bonifas, R. P. (2010). Using spiritually modified cognitive behavioral therapy to help clients wrestling with depression: A promising intervention for some older adults. *Journal of Religion & Spirituality in Social Work: Social Thought*, 29, 185–206.

Hofmann, S. G., Asnaani, A., Vonk, I. J. J., Sawyer, A. T., & Fang, A. (2012). The efficacy of cognitive behavioural therapy: A review of meta-analysis. *Cognitive Therapy and Research*, 36, 427-440.

Hofmann, S. G.,&Reinecke, M. A. (2008) (Eds). *Cognitive-behavioural therapy with adults—A guide to empirically-informed assessment and intervention*. UK: Cambrige University Press.

Hsiao, F. H., Kimidis, S., Minas, H., & Tan, E. S. (2005). Cultural attribution of mental health suffering in Chinese societies: The views of Chinese patients with mental illness and their caregivers. *Journal of Clinical Nursing*, 15, 998-1006.

Hsu, S., Lam, L. C., & Wong, L. I. (2014). A Hong Kong school-based survey: Impacts of parental gambling on adolescent gambling behavior and mental health status. *Asian Journal of Gambling Issues and Public Health, 4:3*. DOI: 10.1186/2195-3007-4-3.

Huguelet, P., Mohr, S., Borras, L., Gillieron, C., & Brandt, P.Y. (2006).The spirituality and religion practices among out-patients with schizophrenia and their clinicians.*Psychiatric Services*, 57, 336–372.

Hupp, S. D. A., Reitman, D., & Jewell, J. D. (2008).*Cognitive-behavioral theory. Handbook of clinical psychology, children and adolescents*. Canada: John Wiley and Sons, Inc.

Jauhar, S., McKenna, P. J., Radua, J., Fung, E., Salvador, R., & Laws, K. R. (2014). Cognitive behavioral therapy for symptoms of schizophrenia: Systematic review and meta-analysis with examination of potential bias. *British Journal of Psychiatry*, 204, 20-29.

Kazantzis, N., Whittington, C., & Dattilio, F. (2010). Meta-analysis of homework effects in cognitive and behavioral therapy: A replication and extension. *Clinical Psychology: Science and Practice*, 17, 144–156.

Kennard, B. D., Mahoney, J. R., & Mayes, T. L. (2011). Cognitive behavioral therapy in youth: An update. *Psychiatric Annals*, 41, 226 – 231.

Kessler, R. C., Hwang, I., Labrie, R., Petukhova, M., Sampson, N. A., Winters, K. C., ... Shaffer, H. J. (2008). DSM-IV pathological gambling in the National Comorbidity Survey replication. *Psychological Medicine*, 38, 1351-1360. DOI:10.1017/S0033291708002900

Knight, T.D., Wykes, T.,& Hayward, P. (2006). Group treatment of perceived stigma and self-Esteem in schizophrenia: A waiting list trial of efficacy. *Behavioural and Cognitive Psychotherapy*, 34, 305–318.

Koenig, H.G. (2005). *Faith and mental health*.Philadelphia and London: Templeton Foundation Press.

Koenig, H.G., Larson, D.B., & Weaver, A.J. (1998). Research on religions and serious mental illness.In R.D. Fallot (Ed.), *Spirituality and religion in recovery from mental illness* (pp.81-95). San Francisco: Jossey Bass Publisher.

Koenig, H.G., McCullough, M.E., & Larson, D.B. (2001). *Handbook of religion and health*.UK: Oxford University Press.

Lam, C. S., Tsang, H. W. H., Corrigan, P. W., Lee, Y. T., Beth, A., Kan, S., ... Larson, J. E. (2010). Chinese lay theory and mental illness stigma: Implications for research and practices. *Journal of Rehabilitation*, 76, 35-40.

Ledgerwood, M. D. (2005). Current trends and future directions in the study of psychosocial treatments for pathological gambling. *Current directions in psychological science: A journal of the American Psychological Society, 14*, 89-94. doi:10.1111/j.0963-7214.2005.00341.x.

Lee, M. Y., Ng, S. M., Leung, P. Y.,& Chan L. W. (2009). *Integrative body-mind-spirit social work: An empirically based approach to assessment and treatment*. UK: Oxford University Press.

Lee, M. T. Y., Wong, B. P., Chow, B. W., & McBride-Chang, C. (2006). Predictors of suicide ideation and depression in Hong Kong adolescents: Perceptions of academic and family climates.*Suicide & Life - Threatening Behavior, 36*, 82-96.

Lee, S., Chiu, M. Y. L., Tsang, A., Chui, H., &Kleinman, A. (2006). Stigmatizing experience and structural discrimination associated with the treatment of schizophrenia in Hong Kong. *Social Science & Medicine*, 62, 1685-1696.

Lee, S., Lee, M. T. Y., Chiu, M., &Kleinman, A. (2005).Experience of social stigma by people with schizophrenia in Hong Kong.*British Journal of Psychiatry*, 186, 153-157.

Lee, S., Guo, W. J., Tsang, A., Mak, A. D., Wu, J., Ng, K. L., ...Kwok, K. (2010). Evidence for the 2008 economic crisis exacerbating depression in Hong Kong.*Journal of Affective Disorder*, 126, 125-33.

Lee, S., Tsang, A., & Kwok, K. (2007). Twelve-month prevalence, correlates, and treatment preference of adults with DSM-IV major depressive episode in Hong Kong.*Journal of Affective Disorder*, 98, 129-36.

Li, Z. J., Guo, Z. H., Wang, N., Xu, Z. Y., Qu, Y., Wang, X. Q., ...Kingdon, D. (2015). Cognitive behavioural therapy for patients with schizophrenia: A multicenter randomized controlled trial in Beijing, China. *Psychological Medicine*, 45, 1893-1905.

Lin, Y. N. (2002). The application of cognitive behavioural therapy to counseling Chinese.*American Journal of Psychotherapy*, 55, 46-58.

Livingston, J. D.,&Boyd, J. E. (2010). Correlates and consequences of internalized stigma for people living with mental illness: A systematic review and meta-analysis.*Social Science and Medicine*, 71, 2150-2161.

Lock, J., Le Grange, D., Agras, W. S., Moye, A., Bryson, S. W., & Jo, B. (2010). Randomized clinical trial comparing family-based treatment with adolescent-focused individual therapy for adolescents with anorexia nervosa.*Archives of General Psychiatry*, 67, 1025-32. DOI: 10.1001/ archgenpsychiatry.2010.128.

Loo, J. M., Oei, T., & Raylu, N. (2011). Problem gambling, gambling correlates, and help-seeking attitudes in a Chinese sample: An empirical evaluation. *Psychology, 2*, 342-354. DOI: 10.4236/psych.2011.24054.

Lucksted, A., Drapalski, A., Calmes, C., Forbes, C., DeForge, B.,& Boyd, J. (2011). Ending self-stigma: Pilot evaluation of a new intervention to reduce internalized stigma among people with mental illness. *Psychiatric Rehabilitation Journal*, 35, 51-54.

Macinnes, D.L., & Lewis, M. (2008). The evaluation of a short group programme to reduce self-stigma in people with serious and enduring mental health problems. *Journal of Psychiatric and Mental Health Nursing*, 15, 59–65.

MacLaren, C., & Freeman, A. (2007). Cognitive behavioural therapy:Models and techniques. In T. Ronen, & A.Freeman (Eds.), *Cognitive behavioural therapy in clinical social work practice* New York: Springer Publishing Company, 25-44.

Maine, M. (2000). *Body wars: Making peace with women's bodies.An activist's guide.* Carlsbad, CA: Gürze Books.

Mak, K. K., & Lai, C. M. (2011). The risks of disordered eating in Hong Kong adolescents.*Eat Weight Disorder*, 16(4), e289-92.

Mak, W. W. S., & Cheung, R. Y. M. (2012). Psychological distress and subjective burden of caregivers of people with mental illness: The role of affiliate stigma and face concern. *Community Mental Health Journal*, 48, 270-274.

Maric, M., Heyne,D.A., MacKinnon, D. P., Van Widenfelt, B. M., & Westenberg, P. M.

(2013). Cognitive mediation of cognitive behavioural therapy outcomes for anxiety-based school refusal.*Behavioural and Cognitive Psychotherapy*, 41, 549–564. DOI: 10.1017/S1352465812000756.

McCarroll, P., O'Connor, J.T., & Meakes, E. (2005).Assessing plurality in spirituality definitions. In A.Meier, T.J. O'Connor, & P. VanKatwyk (Eds.), *Spirituality and health multidisciplinary explorations*. Waterloo, On, Canada: Wilfrid Laurier University Press, 43-60.

Miranda, J., Chung, Y., Breen, B. I., Krupnick, J., Siddique, J., Revicki, D. A., &Belin, T. (2003). Treating depression with predominantly low income young minority women.*Journal of American Medical Association*, 290, 57-65.

Miller, M. (2011). *Treatments for Pathological Gambling*. USA: Harvard Health Publications.

Mor, N., & Haran, D. (2009). Cognitive-behavioural therapy for depression.*Israel Journal of Psychiatry and Related Sciences*, 46, 269 – 273.

Mulhern, R., Short, N., Grant, A., & Mills, J. (2004). Working with people who are depressed. In A.Grant,J. Mills, R. Mulhern, & N. Short (Eds.*), Cognitive behavioural therapy in mental health care*. London: Sage publication, 187-201.

Nelson-Jones, R. (2005). Listening skills.In R. Nelson-Jones (Ed.), *Practical Counselling and Helping Skills*. London: Sage, 80-100.

Ng, P., Tsun, A., Su, S. & Young, K.W. (2013). Cognitive behavioural therapy in the Chinese cultural context: A case report. *Asia-Pacific Psychiatry,* 5, 205-211.

Parament, K.I., & Zinnbauer, B.J. (2005). Religiousness and spirituality. In Paloutzian, R.F. (Ed.), *Handbook of psychology of religion and spirituality*. New York: The Guilford Press, 21-42.

Petry, N., & Armentano, C. (1999). Prevalence, assessment, and treatment of pathological gambling: A review. *Psychiatric services,* 50, 1021-1027. DOI:10.1176/ps.50.8.1021.

Pilling, S., Bebbington, P., Kuipers, E., Garety, P., Geddes, J., Orbach. G., ...Morgan C. (2002). Psychological treatments in schizophrenia: I. meta-analysis of family intervention and cognitive behavioural therapy. *Psychological Medicine*, 32, 763-782.

Philips, M. R., Pearson, V., Li, R., Xu, M., & Yang, L. (2002). Stigma and expressed emotion: A study of people with schizophrenia and their family members in China. *British Journal of Psychiatry*, 181, 488-493.

Plante, T.G., & Sharma, N.K. (2001).Religious faith and mental health outcomes.In T.G., Plante, &A.C., Sherman (Eds.), *Faith and health psychological perspective*. New York: The Guilford Press, 240-261.

Propst, L. (1996). Cognitive behavioural therapy and the religious person.In E. Shafranske (Ed.), *Religious and clinical practice of psychology*. Washington, DC: American Psychological Association, 391-408.

Ralph, R. O. (2005). Verbal definition and visual models of recovery: focus on recovery model. In R. O. Ralph, & P. W. Corrigan (Eds.), *Recovery in mental illness—Broadening our understanding of wellness*. Washington, DC: American Psychological Association, 131-146.

Rathod, S., Phiri, P., & Kindon, D. (2010). Cognitive behavioural therapy for schizophrenia.*Psychiatric Clinics of North America*, 33, 527-536.

Rector, N.A. & Beck, A.T. (2001). Cognitive behavioural therapy for schizophrenia: An empirical review. *Journal of Nervous and Mental Disease*, 189, 278-287.

Rector, N.A. (2004). Cognitive theory and therapy of schizophrenia. In R. L., Leahy

(Ed.), *Contemporary Cognitive Therapy*. New York: Guilford Press, 244-268.

Richards, P. S., & Bergin, A. E. (2005). *A spiritual strategy for counseling and psychotherapy* (2nded.). Washington, DC: American Psychological Association.

Ritsher, J. B., Otilingam, P. G., & Grajiales, M. (2003). Internalized stigma of mental illness: Psychometric properties of a new measure. *Psychiatry Research*, 121, 31-49.

Robinson, L., Segal, R., Segal, J., & Smith, M. (2014) *Relaxation techniques for stress relief: Finding the relaxation exercises that work for you.* Retrieved from http://www.helpguide.org.mental/stress_relief_mediation_yoga_relaxation.htm on 8 March 2014

Rosmarin, D. H., Auerbach, R. P., Bigda-Peyton, J. S., Bjorgvinsson, T., & Levendusky, P. G. (2011). Integrating spirituality into cognitive behavioural therapy in an aute psychiatric setting: A pilot study.*Journal of Cognitive Psychotherapy: An International Quarterly*, 25, 287-303.

Scott, J., Kingdon, D., &Turkington, D. (2004). Cognitive-behavioural therapy for schizophrenia. In J. H., Wright (Ed.), *Cognitive-behavioural therapy (Review of Psychiatry Vol. 23 No. 3)*. Washington, DC: American Psychiatric Publishing Inc, 1-24.

Seligman, M. & Csikszentmhalyi, M. (2000). Positive psychology: An introduction. *American Psychologist*, 55, 5-14.

Shapiro, F. (2001). *Eye movement desensitization and reprocessing. Basic principles, protocols, and procedures* (2nd edition). New York: The Guilford Press.

Shek, D. T. L., & Chan, L. K. (1999). Hong Kong Chinese parents' perceptions of the ideal child.*The Journal of Psychology, 133,* 291-302.

Shen, E. K., Alden, L. E., Sochting, I., & Tsang, P. (2006). Clinical observations of a Cantonese cognitive behavioural treatment program for Chinese immigrants. *Psychotherapy, Theory, Research, Practice, Training*, 43, 518-530.

Skinner, B. F. (1953). *Science and Human Behavior*. New York: Macmillan.

Simmons, J., & Griffiths, R. (2009). *CBT for beginners*. London: SAGE.

Smith, J., Birchwood, M., Cochrane, R., & George, S. (1993). The needs of high and low expressed emotion families: A normative approach.*Journal of Social and Psychiatry Epidemiology*, 28, 11-6.

Sperry, L. (2001). *Spirituality in clinical practice: Incorporating the spiritual dimensions in psychotherapy and counseling.* New York: Brunner-Routledge.

Steinhausen, H. C. (2002). The outcome of anorexia nervosa in the 20th century. *American Journal of Psychiatry*, 159, 1284–1293.

Swinton, J., & Kettles, A. (2001). Spirituality and mental health care exploring the literature. In Swinton, J. (Ed.), *Spirituality and mental health care—Rediscovering a forgotten dimension*. London and Philadelphia: Jessica Kingsley Publisher, 64-134.

Synderman, D., & Rovner, B. W. (2009). Mental status examination in primary care: A review. *American Family Physician*, 80, 809 – 814.

Tam, C. K., Ng, C. F., Yu, C. M., & Young, B. W. (2007). Disordered eating attitudes and behaviours among adolescents in Hong Kong: Prevalence and correlates. *Journal of Paediatrics and Child Health*, 43, 811-817.

Tang, I.C., & Wu, H.C. (2012). Quality of life and self-stigma in individuals with schizophrenia.*Psychiatric Quarterly*, 83, 497 – 507.

Tepper, L., Rogers, S.A., Coleman, E.M., Malony, H.N. (2001). The prevalence of religious coping among persons with persistent mental illness.*Psychiatric Services*, 52, 660-665.

The Hong Kong Polytechnic University (2002). *Report on a study of Hong Kong People's participation in gambling activites*. Hong Kong: The Hong Kong Polytechnic University. Retrieved from http://www.hab.gov.hk/file_manager/en/documents/whats_new/gambling/report-eng.pdf

The Hong Kong Polytechnic University (2011). *The study on Hong Kong People's participation in gambling activities*. Hong Kong. The Hong Kong Polytechnic University. Retrieved from http://www.hab.gov.hk/file_manager/en/documents/policy_responsibilities/others/gambling_report_2011.pdf

The University of Hong Kong (2005). *Report on a study of Hong Kong people's participation in gambling activites*. Hong Kong: The University of Hong Kong. Retrieved from http://www.hab.gov.hk/file_manager/en/documents/whats_new/gambling/KeyStat_200514_e.pdf

*The Women's Foundation (2015). New study from the women's foundation finds that gender stereotyping in Hong Kong media has far-reaching consequences for women and girls, for immediate release*. Hong Kong: *The Women's Foundation*. Retrieved from: http://twfhk.org/press-releases

Tsang, H. W. H., Angell, B., Corrigan, P. W., Lee, Y. T., Shi, K., Lam, C. S., ...Fung, K. M. T. (2007). A cross sectional study of employers' concerns about hiring people with psychiatric disorder: Implications for recovery. *Social Psychiatry and Psychiatric Epidemiology*, 42, 723-733.

Tsang, H. W. H., Tam, K. C., Chan, F., & Cheung, W. M. (2003).Stigmatizing attitudes towards individuals with mental illness in Hong Kong: Implication for their recovery.*Journal of Community Psychology*, 31, 383-396.

Turkington, D., Kingdon, D., & Turner, T. (2002).Effectiveness of a brief cognitive behavioural therapy intervention in the treatment of schizophrenia.*British Journal of Psychiatry*, 180, 523-527.

Twomey, C., O'Reilly, G., &Bryne, M. (2015). Effectiveness of cognitive behavioural therapy for anxiety and depression in primary care: A meta analysis. *Family Practice*, 32, 3-15.

Walsh, J. (2013). Spiritual interventions with consumers in recovery from mental illness. *Journal of Spirituality in Mental Health*, 14, 229-241. DOI: 10.1080/19349637.2012.730462

Wardle, H., Moody, A., Spence, S., Orford, J., Volberg, R., Jotangia, D., ...Dobbie, F. (2011). *British gambling prevalence survey 2010*. UK: National Centre for Social Research. Retrieved from http://www.gamblingcommission.gov.uk/PDF/British%20Gambling%20Prevalence%20Survey%202010.pdf

West, M. L., Yanos, P. T., Smith, S. M., Roe, D., & Lysaker, P. H. (2011).Prevalence of internalized stigma among persons with severe mental illness.*Stigma Research Action*, 1, 3-10.

Westbrook, D., Kennerley, H., & Kirk, J. (2007). *An introduction to cognitive behaviour therapy: Skills and applications*. London: Sage Publications.

William, M. W., Koo, F. H., & Haarhoff, B. (2006). Cultural considerations in using cognitive behavioral therapy with Chinese people: A case study of an elderly Chinese woman with generalized anxiety disorder. *New Zealand Journal of Psychology*, 35, 153-162.

Willis, F. (2008). *Skills in cognitive behavioural counseling and psychotherapy*. London: SAGE.

Winters, K., & Kushner, M. (2003). Treatment issues pertaining to pathological gamblers with a comorbid disorder. *Journal of Gambling Studies, 19*, 261-277. DOI:10.1023/

精神健康與輔導——認知行為治療的理論與案例

A:1024203403982.

Wong, F. D. (2007). Cognitive behavioural treatment group for people with chronic depression: A randomized waitlist control design. *Depression and Anxiety*, 25, 142-148.

Wong, F. K. (2009). A six-month follow up study of cognitive-behavioural treatment groups for Chinese people with depression in Hong Kong. *Behavioural Change*, 26, 130-140.

Wong, F. K., Chau, P., Kwok, A., & Kwan, J. (2007). Cognitive behavioural treatment groups for people with chronic physical illness in Hong Kong: Reflections on a culturally attuned model. *International Journal of Group Psychotherapy*, 57, 367-385.

Wong, F. K. (2011). Cognitive behavioral group treatment for Chinese people with depressive symptoms in Hong Kong: Participants' perspectives. *International Journal of Group Psychotherapy*, 61, 439-459.

Wong, P. W. C., Cheung, D. Y. T., Conner, K. R., Conwell, Y., & Yip, P. S. F. (2010). Gambling and completed suicide in Hong Kong: A review of coroner court files. *Primary Care Companion to the Journal of Clinical Psychiatry*, 12(6). DOI: 10.4088/PCC.09m00932blu.

World Federation of Mental Health (2012). *Depression: A global crisis*. USA: World Federation of Mental Health. Retrieved from http://www.who.int/mental_health/management/depression/wfmh_paper_depression_wmhd_2012.pdf

Wykes, T., Steel, C., Everitt, B., &Tarrier, N. (2008). Cognitive behavioural therapy for schizophrenia: Effect size, clinical models and methodological rigor. *Schizophrenia Bulletin*, 34, 523-537.

Yang, L. H. (2007). Application of mental illness stigma theory to Chinese societies: Synthesis and new directions. *Singapore Medical Journal*, 48, 977-985.

Young, K. W. (2010). Spirituality and quality of life for Chinese consumer.*Journal of Religion and Spirituality in Social Work: Social Thought*, 29, 1-13.

Young, K. W., & Ng, P. (2015). The prevalence and predictors of self-stigma of persons with mental illness in two Chinese cities.*International Journal of Social Psychiatry* (in press).

Young, K. W., Ng, P., Pan J. Y., & Cheng, D. (2015). Validity and reliability of Internalized Stigma of Mental Illness (Cantonese). *Research on Social Work Practice*, 2015, 1-8.

《AM730》(2013 年 09 月 02 日):〈中學生精神健康不理想近兩成人中度以上抑鬱〉,香港:AM730,檢索自 http://www.am730.com.hk/article-170559

《文匯報》(2012 年 9 月 16 日):〈中學生精神狀況接近長期病患者〉,香港:文匯報,檢索自 http://paper.wenweipo.com/2012/09/16/HK1209160029.htm

《文匯報》(2012 年 08 月 28 日):〈37％初中生抑鬱女生尤甚〉,香港:文匯報,檢索自 http://paper.wenweipo.com/2011/08/28/HK1108280024.htm

《文匯報》(2014 年 04 月 01 日):〈中學生"學壓"明顯 56% 認有困擾〉,香港:文匯報,檢索自　http://paper.wenweipo.com/2014/04/01/ED1404010003.htm

《東方日報》(2011 年 5 月 8 日):〈"媽媽不快樂"37% 婦女抑鬱〉,香港:東方日報,檢索自 http://orientaldaily.on.cc/cnt/news/20110508/00176_039.html

明報專訊(2012):〈不適應新制壓垮輟學生、助重返校園機構:近兩成抑鬱〉,香港:明報中學文憑網,檢索自 http://life.mingpao.com/htm/hkdse/cfm/news3.cfm?File=20120116/news/gfa1h.txt

明報健康網(2013 年 9 月 2 日):〈升 7 百分點調查:五成中學生現抑鬱徵狀香港中學生精神健康普查(2013)〉,香港:明報健康網,檢索自 http://www.mingpaohealth.com/cfm/

news3.cfm?File=20130902/news/aghd1.txt

　　《蘋果日報》(2013 年 05 月 05 日)：〈初中男生壓力大易抑鬱〉，香港：蘋果日報，檢索自 http://hk.apple.nextmedia.com/news/art/20130505/18249682

　　《蘋果日報》(2013 年 9 月 2 日)：〈功課壓力大　六成中學生抑鬱〉，香港：蘋果日報，檢索自 http://hk.apple.nextmedia.com/news/art/20150326/19090418

　　台灣精神醫學會譯 (2014)：《DSM-5 精神疾病診斷準則手冊》(*Desk Reference to the Diagnostic Criteria from DSM-5*)，台北：合記圖書出版社。

　　吳佑佑 (2012)：《我不是不想上學——拒學孩子的內心世界》，台北：張老師文化。

　　吳日嵐、蘇細清 (2013)：〈天命與我違：中國人認知行為調適的應用〉，楊劍雲著，《精神復康輔導工作——理論與個案》，香港：商務印書館，頁 193-208。

　　青山醫院精神健康學院 (2012)：《飲食失調》，香港：青山醫院精神健康學院，檢索自 http://www3.ha.org.hk/cph/imh/mhi/article_02_01_05_chi.asp

　　香港進食失調中心 (2001)：《肥的疑惑：小學生對體形的不滿與傳媒的影響》，香港：香港進食失調中心檢索自 http://www.hedc.med.cuhk.edu.hk/0404pc.htm

　　香港進食失調康復會 (2014)：《進食失調症之近年本地趨勢》，香港進食失調康復會，檢索自 http://www.heda-hk.org/index.php?option=com_content&view=category&id=49&p=111

　　香港政府政制及內地事務局 (2010)：《中華人民共和國關於〈兒童權利公約〉執行情況的第三、四次合併報告－第二部份：香港特別行政區政府根據〈兒童權利公約〉提交的第二次報告》，香港：香港政府政制及內地事務局，檢索自　http://www.legco.gov.hk/yr11-12/chinese/panels/ca/papers/ca0618-rpt20120525-c.pdf

　　香港特別行政區政府教育局 (2009)：《根據香港教育局通告第 1/2009 號——確保學生接受教育權利》，香港：香港特別行政區政府教育局，檢索自 http://applications.edb.gov.hk/circular/upload/EDBC/EDBC09001C.pdf

　　姜忠信、洪福建譯，Ivy-Marie Blackburn 著 (2000)：《認知治療的實務手冊：以處理憂鬱與焦慮為例》，台北：揚智。

　　劉玉琼、梁玉珍、王定茹 (2008)：《處理學童缺課及輟學問題——家庭為本實務手冊》，香港：香港中文大學社會工作學系新地心理健康工程。

　　澳門工福問題賭徒復康中心 (2007)：《問題賭徒在澳門》，檢索自 www.moief.org/research/problem%20gamblers.pdf

　　謝永齡 (2007)：《青少年病態賭博預防及治療》，香港：中文大學出版社。

　　謝永齡 (2003)：《青少年心理問題》，香港：中文大學出版社，頁 15-38。

　　黃富強、李鳳葵、鄭燕萍編著 (2013)：《家長情緒管理—認知行為介入法的理論及應用》，香港：香港城市大學出版社。

　　鄭黃浪詞 (1997)：〈認知行為介入法——壓力防疫訓練〉，見劉高寶慈、朱亮基〈編，《個人工作與家庭治療》，香港：中文大學出版社。

　　楊劍雲 (2013)：《精神復康輔導工作——理論與個案》，香港：商務印書館。

　　衛生署衛生防護中心 (2014)：《進食失調症面面觀》，香港：衛生署衛生防護中心。檢索自 http://www.chp.gov.hk/files/pdf/ncd_watch_may2014_chin.pdf

　　醫院管理局 (2009)：《2010-2015 年成年人精神健康服務計劃》，香港：醫院管理局。